税务机关绩效管理
理论与实践

Theory and Practice of
Tax Authority Performance Management

付立红◎著

北 京

图书在版编目（CIP）数据

税务机关绩效管理理论与实践/付立红著．
—北京：中国经济出版社，2019.7
ISBN 978-7-5136-5678-8

Ⅰ.①税⋯ Ⅱ.①付⋯ Ⅲ.①税务部门—行政管理—研究—中国 Ⅳ.①F812.42

中国版本图书馆 CIP 数据核字（2019）第 085007 号

策划编辑　汪　京　雷　生
责任编辑　叶亲忠
责任印制　马小宾
封面设计　华子图文

出版发行	中国经济出版社
印 刷 者	北京九州迅驰传媒文化有限公司
经 销 者	各地新华书店
开　　本	710mm×1000mm　1/16
印　　张	20.5
字　　数	320 千字
版　　次	2019 年 7 月第 1 版
印　　次	2019 年 7 月第 1 次
定　　价	48.00 元

广告经营许可证　京西工商广字第 8179 号

中国经济出版社 网址 www.economyph.com 社址 北京市西城区百万庄北街 3 号 邮编 100037
本版图书如存在印装质量问题，请与本社发行中心联系调换（联系电话：010-68330607）

版权所有　盗版必究（举报电话：010-68355416　010-68319282）
国家版权局反盗版举报中心（举报电话：12390）　　服务热线：010-88386794

前 言

绩效管理，是指各级管理者和员工为了达到组织目标，共同参与的绩效计划制定、绩效辅导沟通、绩效考核评价、绩效结果应用、绩效目标提升的持续循环过程，绩效管理的目的是持续提升个人、部门和组织的绩效。

绩效管理在人力资源管理中居于核心地位。人力资源管理包括：人力资源规划、招聘与配置、培训与开发、绩效管理、薪酬管理、员工关系管理六大模块。首先组织的绩效目标是由组织的发展规划、战略和组织目标决定的，绩效目标要体现组织发展战略导向。组织结构和管理控制是部门绩效管理的基础，岗位工作分析是个人绩效管理的基础；其次，绩效考核结果在人员配置、培训开发、薪酬管理等方面都有非常重要的作用，如果绩效考核缺乏公平公正性，上述各个环节工作都会受到影响，而绩效管理落到实处将对上述各个环节工作起到促进作用；绩效管理和招聘选拔工作也有密切联系，个人的能力、水平和素质对绩效管理影响很大，人员招聘选拔要根据岗位对任职者能力素质的要求来进行；通过薪酬激励激发组织和个人的主动积极性，通过培训开发提高组织和个人的技能水平能带来组织和个人绩效的提升，进而促进组织发展目标的实现。组织和个人绩效水平，将直接影响着组织的整体运作效率和价值创造。因此，衡量和提高组织、部门以及员工个人的绩效水平是组织管理者的一项重要常规工作，而构建和完善绩效管理系统是人力资源管理部门的一项战略性任务。

从2006年以来，我在辽宁税务高等专科学校开发并讲授《税务机关绩效管理的理念、流程及技术保障》《影响税务机关绩效管理有效性的因素》《税务干部持续改进绩效的方法》等课题，对绩效管理的理念、理论、主要内容、常用技术等做了系统的梳理。2013年，国家税务总局推行税务系统现行绩效管理办法：一个意见（《国家税务总局关于实施绩效管理的意见》）、两个办法（《国家税务总局机关绩效管理办法》《税务系统绩效管理办法》）和若干配套制度，以及两套绩效考评指标，共同构成总局绩

效管理体系，基本内容可概括为"一大战略、四类内容、十项指标、百个考点、千分衡量"，并在此基础上持续改进和完善。这项工程浩大的管理系统立足于怎样的理论基础、基于怎样的管理理念、践行于怎样的操作系统、持续改进的方向如何等问题，亟须回答。

本书分理论篇与实践篇。理论篇以绩效管理的理论基础、理论依据、技术保障等内容筑牢了绩效管理践行的理论基础，并按绩效管理流程，梳理了绩效管理实践中的理论支撑。实践篇以税务系统正在推行的绩效管理实践为蓝本，梳理了该套绩效管理系统的主要经验，明晰了持续改进的方向。

本书的创新现主要体现在以下几个方面：

第一，针对性强

本书主要针对税务系统及税务干部编写，具有较强的针对性。在已出版的绩效管理方面的专著，针对企业及其员工的内容较多，没有专门针对税务系统及其干部编写的专著。第一部门和第三部门无论是存在的依据和宗旨都有很大的不同，所以在绩效管理的内容、要求、过程、重点方面会有所不同。该书主要围绕税务系统及税务干部的绩效管理展开，具有较强的针对性。

第二，编写体例的创新性

现已出版绩效管理方面的专著，多从绩效管理的内容入手。这样编写的结果，容易导致一些内容的重复，而且理论与实践的应用和衔接不明确。为了避免这样的问题出现，本书在编写的过程中，从逻辑关系上，重新梳理了绩效管理的内容要求，进行了体例的创新，按绩效管理的流程编写。在管理内容完整的基础上，强调了内容之间的内在逻辑联系；又通过分写理论篇和实践篇，实现理论与实践的无缝对接。

第三，观点的突破性

因为本书主要是为税务系统、税务干部提供的培训用书，在编写前做了大量的税务局、所的调研工作。在调研过程中，发现税务干部已有的根深蒂固、习以为常的观念，与科学管理的要求存在着差异、冲突甚至错误。所以，本教材针对这样的情况，提出了一系列的突破性观点，以帮助税务干部树立正确的认知，找到正确的发展方向。例如：如何树立正确的绩效管理理念、如何找到真正的KPI指标，如何实现绩效管理持续改进等，都与税务干部习以为常的想法有很大的不同。

第四，注重理论和操作实务衔接

税务干部作为成人学习者，有着明显的群体特征。他们有独立的自我概念并能指导自己的学习；积累了丰富的生活经验，这些经验对学习来说是丰富的资源；学习需求与变化着的社会角色紧密相关；以问题为中心进行学习，并且对可以立即应用的知识感兴趣；成人的学习动机主要来自内部而不是外部等。因此，此书在编写的过程中，兼顾操作实务的内容，书中有大量的示范性案例和能力训练内容，便于税务干部通过具体演练，获得能力的提升。

本书借鉴了绩效管理研究进程中诸多成熟理论和实践经验，并在参考文献中予以标注，在此一并表达敬意。因能力所限，书中有许多缺点和不足，感谢大家的批评指正！

作　者

2019年5月30日

目 录

理 论 篇

第一章　绩效管理概述 …………………………………………… 003
　　第一节　绩效与绩效管理 ………………………………… 003
　　第二节　绩效管理在人力资源管理中的定位 …………… 022
　　第三节　绩效管理系统 …………………………………… 024

第二章　绩效管理理论 …………………………………………… 030
　　第一节　绩效管理的理论基础 …………………………… 030
　　第二节　绩效管理的理论依据 …………………………… 038
　　第三节　绩效管理的技术保障 …………………………… 049

第三章　绩效计划 ………………………………………………… 075
　　第一节　绩效计划概述 …………………………………… 076
　　第二节　绩效计划的内容 ………………………………… 084
　　第三节　绩效计划的制定 ………………………………… 103

第四章　绩效监控 ………………………………………………… 117
　　第一节　绩效监控概述 …………………………………… 117
　　第二节　绩效沟通 ………………………………………… 127
　　第三节　绩效辅导 ………………………………………… 139
　　第四节　绩效信息的收集 ………………………………… 145

第五章　绩效考核 ………………………………………………… 153
　　第一节　绩效考核概述 …………………………………… 153
　　第二节　组织绩效考核的方法 …………………………… 163
　　第三节　不同类型组织的绩效考核 ……………………… 193

第六章　绩效反馈与考核结果的应用 …………………………… 210
　　第一节　绩效反馈概述 …………………………………… 211

第二节　绩效反馈面谈 …………………………………………… 214
第三节　绩效反馈的效果评估 …………………………………… 221
第四节　绩效考核结果的应用 …………………………………… 223

实践篇

第七章　税务机关绩效管理的实践 …………………………………… 241
第一节　税务机关绩效管理实践概述 …………………………… 241
第二节　税务机关现行绩效管理的主要内容 …………………… 249
第三节　税务机关绩效管理的成效与持续改进 ………………… 262

参考文献 ………………………………………………………………… 279
附录1　《国家税务总局关于实施绩效管理的意见》 ……………… 282
附录2　《全国税务系统组织绩效管理办法》 ……………………… 288
附录3　《国家税务总局对省税务局组织绩效管理实施细则》 …… 293
附录4　《国家税务总局机关组织绩效管理实施细则》 …………… 299
附录5　《全国税务系统个人绩效管理办法》 ……………………… 304
附录6　《国家税务总局对省税务局领导班子成员个人绩效管理
　　　　　实施细则》 ………………………………………………… 308
附录7　《国家税务总局机关个人绩效管理实施细则》 …………… 311
重要术语索引表 ………………………………………………………… 316

理 论 篇

第一章 绩效管理概述

要想对绩效进行有效测量与管理，必须首先弄清楚什么是绩效。不同视角下，对绩效的界定也不完全相同。从管理学的角度看，绩效是组织期望的结果，是组织为实现其目标而展现在不同层面上的有效输出。从经济学的角度看，绩效与薪酬是员工和组织之间的对等承诺关系。从社会学的视角看，绩效意味着每一个社会成员按照社会分工所确定的角色，承担他的那一份职责。与组织行为主体分层一样，绩效也可以按照被衡量行为主体层次的不同，分为组织绩效、群体（主要包括部门和团队两类）绩效和个人绩效三个层次。理查德·威廉姆斯在《组织绩效管理》一书中，将绩效管理的观点归纳为三种体系。第一种观点认为，绩效管理是管理组织绩效的系统；第二种观点认为，绩效管理是管理员工绩效的系统；第三种观点认为，绩效管理是综合管理组织与员工绩效的系统。无论是从基本的概念上看，还是从具体的实际操作上看，绩效管理与绩效考核之间都存在着较大的差异。但是绩效管理与绩效考核又是一脉相承、密切相关的。绩效考核是绩效管理的一个不可或缺的组成部分。绩效考核可以为组织绩效管理的改善提供资料，帮助组织不断提高绩效管理的水平和有效性，使绩效管理真正帮助管理者改善管理水平、帮助员工提高绩效能力、帮助组织获得理想的绩效水平。

第一节 绩效与绩效管理

一、什么是绩效

（一）绩效的界定

正如大哲学家亚里士多德曾经说过的那样，世界上最困难的事莫过于下定义了。时至今日，人们对绩效这一概念的认识仍然存在分歧。就像贝茨和霍尔顿指出的那样，"绩效是一个多维建构，观察和测量的角度不同，其结果也会不同",从不同的学科领域出发认识绩效,所得到的结果也会有所差异。

1. 不同视角下的绩效

(1) 从管理学视角认识绩效

从管理学的角度看,绩效是组织期望的结果,是组织为实现其目标而展现在不同层面上的有效输出。它包括组织绩效和个人绩效两个方面,组织绩效建立在个人绩效实现的基础上,但个人绩效的实现并不能保证组织是有绩效的。只有当组织的绩效按一定的逻辑关系,被层层分解到每一个工作岗位及每一个人时,只要每一个人都达到了组织的要求,组织的绩效就实现了。但是,组织战略的失误可能造成个人的绩效目标偏离组织的绩效目标,从而导致组织绩效的失效。

(2) 从经济学角度认识绩效

从经济学的角度看,绩效与薪酬是员工和组织之间的对等承诺关系。绩效是员工对组织的承诺,而薪酬是组织对员工所做出的承诺。一个人进入组织,他必须对组织所要求的绩效做出承诺,这是进入组织的前提条件,当员工完成了他对组织的承诺时,组织就实现其对员工的承诺。这种对等关系的本质,体现了等价交换的原则,而这一原则正是市场经济运行的基本规则。

(3) 从社会学视角认识绩效

从社会学的视角看,绩效意味着每一个社会成员按照社会分工所确定的角色,承担他的那一份职责。他的生存权利是由其他人的绩效保障的,而他的绩效又保证其他人的生存权利。因此,出色地完成自己的绩效是他作为社会一员的义务,他受惠于社会就必须回馈社会。

2. 绩效的定义

随着管理实践深度和广度的不断增加,人们对绩效的概念和内涵的认识也在不断变化。管理大师彼得·F·德鲁克认为:"所有的组织必须思考'绩效'为何物,这在以前简单明了,现在却不复如是。策略的拟定越来越需要对绩效的新定义。"因此,我们要想测量和管理绩效,必须先对其进行界定,弄清楚它的确切内涵。概括起来,目前对绩效的界定主要有三种观点:第一种观点认为绩效是结果;第二种观点认为绩效是行为;第三种观点则强调员工潜能与绩效的关系,关注员工素质,关注未来发展。

（1）绩效是结果

伯纳丁等认为："绩效应该定义为工作的结果，因为这些工作结果与组织的战略目标、顾客满意度及所投资金的关系最为密切。"凯恩指出，绩效是"一个人留下的东西，这种东西与目的相对独立存在"。从这些定义中不难看出，"绩效是结果"观点认为，绩效是工作所达到的结果，是一个人的工作成绩的记录。一般用来表示绩效结果的相关概念有职责、关键结果领域、结果、责任、任务及事务、目的、目标、生产量、关键成功因素等。对绩效结果的不同界定，可用来表示不同类型或水平工作的要求。对此，我们在设定绩效目标时应注意加以区分。

（2）绩效是行为

随着对绩效问题研究的不断深入，人们对绩效是工作成绩、目标实现、结果、生产量的观点不断提出挑战，普遍接受了绩效的行为观点，即"绩效是行为"。

认为"绩效是行为"，并不是说绩效的行为定义中不能包容目标。墨菲给绩效下的定义："绩效是与一个人工作的组织或组织单元的目标有关的一组行为"。坎普贝尔指出："绩效是行为，应该与结果区分开，因为结果会受系统因素的影响"。他在1993年给绩效下的定义："绩效是行为的同义词，它是人们实际的行为表现，而且是能够通过观察得到的。就定义而言，它只包括与组织目标有关的行为或行动，能够用个人的熟练程度来评定等级，绩效不是行为的后果或结果，而是行为本身……绩效由个体控制下的与目标相关的行为组成，不论这些行为是认知的、生理的、心智活动的或人际的"。博尔曼和莫托威多则指出绩效的二维模型，认为行为绩效包括任务绩效考核和关系绩效两个方面，其中任务绩效指所规定的行为或与特定的工作熟练有关的行为；关系绩效指自发的行为，或与非特定的工作熟练有关的行为。

（3）高绩效与员工素质的关系

随着知识经济的到来，评价并管理知识型员工的绩效也显得越来越重要。由于知识性工作和知识型员工对组织绩效管理带来的新挑战，越来越多的组织将以素质为基础的员工潜能列入绩效考核的范围，对绩效的研究也不再仅仅关注对过去的反映，而是更加关注员工的潜在能力，更加重视素质与高绩效之间的关系。

3. 绩效在实践中的含义

在实际应用中，对绩效的理解可能是以上三种认识中的一种，也可能是对各种绩效概念的综合平衡,一般而言,人们在实践中对绩效有以下几种理解。

(1)"绩效"就是完成工作任务

这一观点出现得比较早,主要的适用对象是一线生产工人或体力劳动者。对于一线生产工人或体力劳动者来说,最主要的问题一直是"这个工作怎么做",或者说"把这件事做到最好的方法是什么",他们的绩效就是完成所分配的生产任务,这个论断直到今天仍然是适用的。不过,由于知识型工作者的工作特点不同于常规的体力劳动,这一观点一般不用来衡量知识型工作者的工作绩效。

(2)"绩效"就是工作结果或产出

这一界定从考核的内容上将考核划分为绩效考核、能力考核和态度考核三种,相对于能力考核和态度考核来讲,绩效考核强调的是结果或产出。实际上,将绩效以"产出/结果"为导向的解释在实际运用中是最为常见的。从绩效考核与管理的实践中,我们可以看到,许多词被用来表示作为"产出/结果"的绩效,如责任、目标、任务、绩效指标、关键绩效指标、关键成果领域等。

(3)"绩效"就是行为

将绩效与结果或产出等同起来的观点在许多心理学的文献中受到了质疑,因为一部分产出或结果,可能是由个体所不可控制的因素决定的;再者,过分强调结果或产出,会使管理者无法及时获得个体活动信息,从而不能很好地进行指导与帮助,而且可能会导致短期效应。绩效作为行为的观点,正是在此基础上,逐渐流行起来的。概括起来,将绩效作为行为的观点主要基于以下事实:

第一,许多工作后果并不一定是由员工的行为所产生的,也可能由与工作毫无关系的其他因素在起作用。

第二,工作执行者执行任务的机会不平等,并不是工作执行者在工作时所做的每一件事都同任务有关。

第三,过分重视结果会忽视重要的程序因素和人际关系因素。

第四,产出/结果的产生可能包含许多个体无法控制的因素,尽管行为也受外界因素的影响,但相比而言,它是在个体直接控制之中的。

第五,实际上,现实中没有哪一个组织完全以产出作为衡量绩效的唯一尺度。

行为通常被认为是工作结果产生的原因之一,而工作结果或产出又是评估员工行为有效性的一种重要方法，即根据员工所取得的结果，来判定他们的行为的有效性。尽管将绩效界定为行为的观点日益为人们所重视和认可，但行为绩效一样，同样面临如何界定的尴尬局面。

(4)"绩效"是结果与过程（行为）的统一体

从实际意义上来讲，将绩效界定为结果加过程是很有意义的，它不仅能更好地解释实际现象，而且一个相对宽泛的界定，往往使绩效更容易被大家接受，这对绩效考核与管理而言是至关重要的。

作为结果和过程的绩效观，既有其优点，也有其缺点。从实际运用的角度来看，单纯将绩效界定为结果/产出或行为/过程，都是有失偏颇的。

一般来讲，不同的组织，或组织中的不同人员，对结果和过程的侧重点不同。第一，高速发展的组织或行业，一般更重视结果；发展相对平稳的组织或行业，则更重视过程。第二，强调反应速度、注重灵活、创新工作文化的组织，一般更强调结果；强调流程、规范，注重稳固工作文化的组织，一般更强调过程。第三，具体到组织不同类别的人员、不同层次的人员，其层级越高，越以结果为主，层级越低，越以过程或行为为主，所谓"高层要做正确的事、中层要把事做正确、基层要正确地做事"讲的就是这个道理。

(5)"绩效"=做了什么（实际收益）+能做什么（预期收益）

这个观点更适合知识型工作者，也比较接近于绩效管理的真正意图——关注未来。它不仅要看员工当前做了什么，也要关注将来还能做什么，能给组织带来什么价值。

综上所述，绩效的含义是非常广泛的，不同时期、不同发展阶段、面对不同对象，绩效就有不同的含义。到目前为止，各界对绩效的内涵仍没有取得共识，这一方面是因为组织的多样性，而缺乏普适性的评估尺度，不同的利益相关者，对于组织的目标与成就的认识，很难达成一致。另一方面是因为，绩效概念还会随着研究和实践的发展，在内涵与外延上发生变化。

本书的研究中，将绩效界定为经过评价的工作行为、表现和结果。对组织而言，绩效就是任务在数量、质量及效率等方面完成的情况；对员工个人而言，绩效就是上级、下级以及同事对其工作状况的评价。

（二）绩效的分层

与组织行为主体分层一样，绩效也可以按照被衡量行为主体层次的不同，分为组织绩效、群体（主要包括部门和团队两类）绩效和个人绩效三个层次。

组织绩效就是组织的整体绩效，指的是组织任务，在数量、质量及效率等方面的完成情况。群体绩效是组织中以团队或部门为单位的绩效，是群体任务在数量、质量及效率等方面完成的情况。个人绩效就是各人所表现出的、能够被评价的、与组织及群体目标相关的工作行为及结果。三个层次的绩效，共同构成了既相互联系、相互依存，又相互影响的绩效系统。组织绩效、群体绩效和个人绩效三个层次，是自上而下层层分解的关系。组织绩效具有最高的战略价值，是绩效管理系统的最高目标。组织绩效和群体绩效是通过个人绩效实现的，离开了个人绩效，也就无所谓组织绩效和群体绩效。个人绩效则是绩效管理系统的落脚点，是组织绩效的基础和保障；脱离了组织绩效和群体绩效的个人绩效是毫无意义的，个人绩效的价值只有通过群体绩效和组织绩效才能体现。

结合绩效的内涵和层次，绩效是指组织及个人履职表现和工作任务的完成情况，是组织期望的，为实现其目标而展现在组织不同层面上的工作行为及其结果，它是组织的使命、核心价值观、愿景及战略的重要表现形式。绩效本身是一个多层次的有机整体，并且影响因素较多，性质构成复杂。

(三) 绩效的性质

对绩效性质的全面把握，有利于我们更加深入地理解绩效的概念。绩效的主要性质包括多因性、多维性和动态性。

1. 多因性

多因性是指绩效的优劣，并不是取决于单一因素，而是受制于主观、客观多种因素的共同影响。影响绩效的内部因素主要包括组织战略、组织文化、组织架构、技术水平以及管理者领导风格等。外部因素主要包括社会环境、经济环境、国家法规政策以及同行业其他组织的发展情况等。在不同情景下，各类因素对绩效的影响作用各不相同。

2. 多维性

多维性是指需要从多个维度或方面去分析与评价绩效。组织绩效应该包括有效性、效率和变革性三个方面。有效性是指达成预期目的的程度；效率是指组织使用资源的投入产出状况；变革性是指组织应付未来变革的准备程度。这三方面相互结合，最终决定了一个组织的竞争力。个人绩效应该综合考虑员工的工作能力、工作态度和工作业绩三个方面的情况。因此，在设计绩效评价体系时，往往要根据组织战略、文化以及职位特征等方面的情况，设计出一个由多重评价指标组成的绩效指标体系。

3. 动态性

动态性是指绩效表现不是一成不变的，而是随着时间推移会发生变化。原来较差的绩效有可能好转，而原来较好的绩效有可能变差，这不仅要求我们要重视绩效评价，更要重视整个绩效周期的全面管理。在确定绩效评价和绩效管理的周期时，就应该考虑到绩效的动态性特征，具体情况具体分析，从而确定恰当的绩效周期，保证组织能够根据评价的目的及时充分地掌握员工的绩效情况，并减少不必要的管理成本。

（四）影响员工绩效的主要因素

绩效的多因性决定了影响员工绩效的因素是多方面的，影响员工绩效的因素主要包括技能、激励、环境及机会四类。可以说绩效是技能、激励、环境及机会的函数。

1. 技能

技能指的是员工的工作技巧与能力水平。影响员工技能的因素有天赋、智力、精力、教育、培训等。组织为了提高其员工的整体技能水平，一方面可以在招聘录用阶段进行科学甄选，另一方面还可以通过在员工进入组织后，提供各种类型的培训或依靠员工个人主动学习来提高其技能水平。

2. 激励

激励作为影响员工绩效的因素，是通过改变员工的工作积极性来发挥作用的，为了使激励手段能够真正发挥作用，组织应根据员工个人的需求、个性等因素，选择适当的激励手段和方式。

3. 环境

影响员工工作绩效的环境因素，可以分为组织内部环境因素和组织外部环境因素。组织内部环境因素，一般包括工作场所的布置与物理条件、工作设计的质量以及工作任务的性质、工具设备原材料的供应、上级的领导作风与监督方式、组织的结构与政策、薪酬结构与水平、培训机会、组织文化和组织气氛等。组织外部环境因素，通常包括社会政治、经济状况、市场的竞争强度等。组织内部环境和外部环境，都会影响员工的工作能力、工作态度，从而影响员工的工作绩效。

4. 机会

机会是一种偶然性，对员工来说被分配到什么样的工作，往往在客观之外还带有一定的偶然性。例如，某员工自学了很多自动化方面的先进技术，在帮同事顶岗期间，由于生产线存在问题而亟须改进，他所提出的改进意见，为企业节约了一大笔资金，因而创造了他在原本职位上无法创造的工作绩效。我们可以认为机会给他的工作绩效产生了重大的影响。机会实际上是可以把握的，绩效管理者应该善于为员工创造这样的机会。

二、什么是绩效管理

（一）绩效管理的界定

绩效管理本身代表着一种管理思想和管理理念，是对绩效相关问题系统思考的集中体现，关于绩效管理的内涵很多学者都进行了论述。理查德·威廉姆斯在《组织绩效管理》一书中，将绩效管理的观点归纳为三种体系：第一种观点认为，绩效管理是管理组织绩效的系统；第二种观点认为，绩效管理是管理员工绩效的系统；第三种观点认为，绩效管理是综合管理组织与员工绩效的系统。其中，第三种观点因强调重点不同，内涵也不统一：一是更加强调组织绩效，持该观点的代表人物考斯泰勒认为："绩效管理通过将每个员工或管理者的工作与整个工作单位的宗旨连在一起，来支持公司或组织的整体事业目标"。二是更加强调员工个人绩效。该观点指出绩效管理的中心目标是挖掘员工的潜力，提高他们的绩效，并通过将员工的个人目标与组织战略结合在一起来提高组织的绩效。

赫尔曼·阿吉斯认为，绩效管理是对个人绩效和团队绩效识别、测量和发展，并根据组织战略进行绩效改进的持续的过程。雷蒙德·A·诺伊等认为绩效管理是指管理者确保雇员的工作活动以及工作产出能够与组织目标保持一致的过程，是组织赢得竞争优势的中心环节。石金涛认为，绩效管理是指为了达到组织的目标，通过持续开放的沟通，推动团队和个人做出有利于目标达成的行为，形成组织所期望的利益和产出的过程。彭剑锋认为，绩效管理的根本目的是持续改善组织和个人的绩效，最终实现企业战略目标。

从绩效管理的本质含义出发，综合学者们的观点和研究成果，本书认为绩效管理是指组织及管理者在组织的使命和核心价值观的指引下，为达成愿景和战略目标而进行的绩效计划、绩效沟通、绩效评价以及绩效反馈的循环过程，其目的是确保组织成员的工作行为和工作结果，与组织期望的目标保持一致，通过持续提升个人、部门及组织的绩效水平，最终实现组织的战略目标。

（二）绩效管理的分层

与绩效可以分层一样，绩效管理也可以分为组织绩效管理、群体绩效管理和个人绩效管理三个层次。我们通常从内部管理的角度来看待绩效管理，将绩效管理的最终目标预设为实现组织的战略目标，但是组织战略目标是完整的绩效系统成功运行的结果，即需要通过组织绩效、群体绩效和个人绩效的全面而有效管理来实现的。

1. 组织绩效管理

组织绩效的变量包括组织目标、组织设计和组织绩效管理；对组织进行系统整合与管理，实现三个方面的全面协调，才有利于组织绩效的全面提升，进而有助于实现组织绩效管理的预期目标。建立明确清晰的组织目标仅仅迈出了第一步，管理者和分析家们需要设计相应的组织结构以确保目标实现。用于组织设计的初始方法可以是检查并改进投入-产出关系，通常需要从组织系统有效运行的角度，对业务流程进行调整，甚至再造，促进关键流程实现系统协同，从而推动组织具有获得持续高绩效的能力。组织目标和组织设计确定后，就需要对组织绩效进行管理。

2. 群体绩效管理

群体绩效管理，通常可以分为部门绩效管理和团队绩效管理，其目的是促进组织中的部门或团队获得满意的绩效。团队与部门的绩效管理，其工作方式存在差异，导致二者之间也存在不同的地方，如团队通常更强调成员之间的共同承诺和相互协同。本书与绝大多数教科书一样，将重点以部门绩效管理为例，来介绍群体绩效管理，但是在管理实践中，团队绩效管理越来越普遍了。

进行团队绩效管理时，首先要全面掌握团队的内涵、特点、作用等内容。按照乔恩·卡岑巴赫和道格拉斯·史密斯的定义，团队是"由少数人组成的，这些人具有相互补充的技能，为了达到共同的目的和组织绩效目标，他们使用相同的方法，并且相互承担责任"。一般来说，团队具有以下四个特点：第一，团队的主要任务是完成团队的共同目标；第二，团队成员具有相互依存性；第三，团队成员共同承担责任；第四，以完成团队共同目标而进行全面协调对于团队高效运作必不可少。史蒂芬·P·罗宾斯认为，在企业中采用团队形式，至少有以下几个方面的作用：第一，能促进团结和合作，提高员工的士气，增加满意感；第二，许多问题由团队自身解决，从而使管理者有时间进行战略性思考；第三，团队成员熟悉问题，有利于提高决策速度；第四，促进成员队伍的多样化；第五，提高团队和组织的绩效。

团队是提高组织运行效率的可行方式，它有助于组织更好地利用员工的才能。在多变的环境中，团队比传统的部门结构更灵活、反应也更迅速。事实表明，如果某种工作完成需要多种技能、经验，那么团队运作通常比个人单干的效果更好。目前，在很多大型企业中，团队已经成为它们的主要运作形式。鉴于团队工作模式的优点，很多组织在部门绩效管理中，也注重向团队绩效管理学习，从而使部门绩效管理更加合理与高效。

3. 个人绩效管理

组织和群体两个层次的绩效都由组织内的个人创造，也必须以个人绩效为落脚点。在组织和群体层次的绩效管理系统背景下，个人绩效系统全面细致地描绘了员工工作任务、行为过程及其结果。个人绩效管理是指为了组织和群体绩效目标，对员工围绕当前任务目标所开展的各种工作行为的过程和结果进行系统管理。

成功的绩效管理系统就是需要实现组织、群体和个人三个层次绩效管理的全面协同。个人绩效管理需要根据整个组织的战略目标，围绕实现一系列中长期的组织目标而开展各项具体管理工作。个人绩效管理应该全面体现员工价值创造的全过程，即能反映"投入-过程-产出"的价值创造流程，从而推动群体和组织层次的绩效持续提升。产出的质量受到投入质量、执行人员、激励以及反馈等因素的综合影响，只有充分关注产出的每个组成部分，才能实现绩效的全面改进。对个人绩效管理的深入理解，还需要了解其如下特征和要求：

（1）绩效管理是防止员工绩效不佳和提高工作绩效的有力工具。这是绩效管理最核心的目的。绩效管理的各个环节都是围绕着这个目的来进行的。因此，绩效管理不仅要针对工作中存在问题的员工，更重要的是要着眼于提高现有的绩效水平，从而促进组织的目标得以顺利实现。

（2）绩效管理还特别强调沟通辅导及员工能力的提高。绩效管理强调通过沟通辅导的过程实现它的开发目的。绩效管理不是迫使员工工作的棍棒，也不是管理者炫耀权力的工具。绩效管理非常强调直线管理者的责任，注重绩效沟通和辅导贯穿整个绩效管理系统之中。人力资源管理部门也需要做好教练和督导的工作。

（3）绩效管理是一个包括若干个环节的循环系统或过程。该系统在不断地运行中才能实现其目的。绩效管理不仅强调绩效的结果，还重视达成绩效目标的过程。绩效管理不是一年一次的填表工作。它不仅是最后评价，而且强调通过控制整个绩效周期中的员工绩效情况来达到绩效管理的目的。

（三）绩效管理的特点

深入理解绩效管理的特点，对构建科学的绩效管理系统有极大的帮助。本书在参考众多学者的研究成果和管理实践经验的基础上，分析和提炼出绩效管理的四个特点，具体如下：

1. 战略性

战略性是指组织机构管理系统在纵向上确保各个层次的绩效能形成一个有机整体，最大限度地推动组织战略目标的实现。绩效管理系统涉及战略执行中与组织绩效相关的方方面面，该系统首先就应该体现组织对战略的全面谋划，通过绩效管理使整个组织管理系统与组织战略保持高度一致，确保绩效管理系统伴随组织战略的调整而调整，确保个人的绩效目标能够与组织及部门的战略目标紧密结合。美国RSI公司和中国CEO杂志社，对数百家实行绩效管理的企业进行调查分析的结果表明，绩效管理失败的主要原因是，这些企业的绩效管理是围绕年度预算和运营计划进行的，鼓励的是短期的局部的行为，忽视了企业长期的发展战略和整体绩效的提升。目前我国许多组织绩效管理系统之所以不能很好地支撑组织的战略，主要原因在于绩效管理系统不能根据组织战略的变化及时地做出调整。

2. 协同性

协同性是指通过绩效管理系统，实现组织、业务部门、支持部门外部合作伙伴的全面协同，形成合力，促进竞争优势的形成。协同性是组织设计的最高目标，也是绩效管理系统的基本特征。一个组织通常是由许多机构、业务部门和专门部门组成的，为了实现组织整体绩效，超过组织内各部门所产生的绩效的总和，即产生"1+1>2"的整体效应，每个部门都需要打破部门职能的壁垒，克服沟通障碍，通过与组织战略的紧密联系，实现相互协同。绩效管理系统的协同性，需要重点关注组织业务部门之间的纵向协同、业务部门之间以及业务部门与支持部门之间的横向协同，组织与外部合作伙伴的协同，从而形成全方位、多维度的协同体系，最终为实现组织的战略目标服务。通常，只有组织、部门和个人三个层次的绩效管理围绕组织战略实现全面协同，才有利于组织绩效系统与战略目标保持动态一致性。在信息化、网络化、全球化的背景下，现在所有的组织都是一个复杂巨型系统，并且都处于一个或多个复杂巨型系统之中，因此全面协同显得尤为重要。

3. 差异性

差异性是指不同组织、部门以及个人的绩效管理系统应该具有独特性，特别是绩效评价系统应该有差异，即不同组织绩效评价系统不一样，也不能用一个评价量表去评价组织系统内的所有部门，更不能用一个量表去评价所有人。组织战略选择的不同决定了绩效管理系统重心的差异。例如宝马公司选择的是产品领先战略，其绩效管理系统更加强调收入增长和产品创新，而丰田公司选择的是成本领先战略，该公司就更加关注成本控制和内部运营流程的管理。同时，个人绩效评价会因为组织绩效重心的不同，而表现出更大的差异性，即使在同一个组织内部，也会因为职位和工作任务的差异，绩效评价内容也各不相同。因此，绩效评价量表，必须针对特定岗位和特定工作任务进行评价，而不能用一张表去评价所有人。

4. 公平性

公平性是绩效管理系统在设计和执行过程中，要尽量坚持绩效评价的程序、结果以及人际的公平原则，确保绩效管理系统在执行过程中受到绝大多数人员的认同。绩效管理系统必须站在推动组织持续发展的立场上，公平地处理各种关系。在大多数情况下，一个绩效管理系统执行的效果不佳和效率不高，主要原因之一就是人们认为该系统不能公平地对待每一名员工。因此，组织需要通过广泛参与和持续沟通，促使上下达成共识，最终形成一个各方面都能接受的公平的绩效管理系统。在绩效评价过程中，人们对程序公平、结果公平和人际公平感知最强。

（1）程序公平

程序公平，指员工对于做出绩效管理决策的过程所知觉到的公平，即员工对绩效评价程序以及将绩效评价结果与薪酬相联系的程序是否公平的感知。

程序公平能够影响员工对组织的信赖和承诺，因此，在开发绩效管理系统的过程中，应格外重视程序公平对绩效管理系统的影响。

（2）结果公平

绩效管理系统的结果公平主要体现在结果与付出的关系上，是指员工对绩效评价结果以及绩效评价结果运用情况的公平感受。组织可以通过一些做法提高绩效管理系统的结果公平程度，如就绩效评价指标及标准问题、绩效评价结果的应用与员工交换意见，告诉员工组织对他们的期望。

（3）人际公平

人际公平，是指在绩效管理过程中，员工从管理者那里感受到的人际待遇的公平程度，这是管理者在使用绩效管理系统时应重视的问题。管理者可以通过一些做法提高绩效管理系统的人际公平程度，如通过加强评价者培训，规范评价者的言行，确保评价者能够礼貌、尊重地对待评价对象；在和谐友好的氛围中，向被评价员工提供及时、准确的绩效评价结果；允许员工对绩效评价结果提出质疑等。

三、绩效管理与绩效考核

（一）绩效管理的发展历史

绩效管理经过了一个较长的酝酿、产生、发展和完善的过程，对绩效管理的发展轨迹进行梳理，有利于更加深入全面和准确地理解绩效管理的概念。纵观百年管理思想史，不论是各类组织中管理者的实践摸索，还是管理学界对管理工作的理论研究，都是围绕绩效展开的。不同时期的学术流派，虽然各自的研究假设有别，观察和分析问题的视角不尽相同，但是都以改善组织绩效作为探索的出发点，并始终致力于促进绩效水平的提升。从这个意义上讲，管理学发展的历史就是绩效管理探索的历史。而绩效管理思想从萌芽到成熟经历了一个较长的历程。

19 世纪初期，被誉为"人事管理之父"的罗伯特·欧文，在苏格兰的新拉纳克，进行了最早的绩效管理实验。欧文坚持以人为本，强调人性化管理，他将工人的工作绩效，分为恶劣、怠惰、良好和优良四个等级，分别用一个黑、蓝、黄、白四色的木块表示。每个工人的前面都有一块不同颜色的木块，部门主管根据工人的表现进行考核，厂长再根据部门主管的表现，对部门主管进行考核，他将考核结果摆放在工厂里的显眼位置，所有员工都可以看到个人木块的不同颜色，从而知道对应的员工表现如何。欧文开创了企业建立工作绩效考核系统的先河，也给他自己带来了丰厚的回报。但欧文的试验并没有立即引起足够的重视。

20世纪早期，科学管理占据管理学主导地位，以泰勒为代表的科学管理学派，秉承亚当·斯密的"经济人"观点和大卫·李嘉图的"群氓假设"将人看作是一群无组织的利己主义的个体。这个时期主要通过工作标准化和培养第一流的工人来提高绩效。20世纪20—40年代，基于艾尔顿·美奥的"社会人"假设研究，人际关系学派和行为科学学派对个人的社会性要求、非正式组织的影响以及管理者的领导能力等方面进行了系统分析，对人的心理因素对绩效的影响有了更深的认识。

20世纪50年代，彼得·德鲁克（Peter F. Drucker）在综合科学管理学派和行为科学学派的研究成果之上，把"重视物"和"重视人"的观点结合起来，提出了目标管理的思想，强调员工参与目标制定和充分尊重员工意愿，以激发其内在动力。德鲁克的"目标管理和自我控制"的管理思想促使目标管理，发展成为一个卓越的管理工具。目标管理以制定目标为起点，以目标完成情况的评价为最重要的节点，以绩效反馈为终结；工作成果是评价目标完成程度的标准，也是评价管理工作绩效的最重要的标准。总之，德鲁克的目标管理理论，为绩效管理发展做出了重要的贡献。20世纪50年代以后，激励理论、领导理论、权变理论、战略管理理论等研究成果的涌现，使个体绩效的影响因素，呈现出多层次、多维度和动态性特征，并逐渐和组织的战略联系起来。

到了20世纪70年代后期，学者们在总结绩效评价局限性的基础上，进一步丰富了绩效的内涵，并提出了绩效管理的概念。但是直到20世纪80年代，企业内部绩效评价和控制的研究及实践仍然主要是针对组织财务绩效的衡量、个体绩效标准及其影响因素。这种模式立足于事后评价，并关注企业自身情况，重视明确可见的短期绩效，并且以财务指标为主。这种模式对依靠会计信息披露进行投资决策和管理的投资者和分析家们来说曾经是一个有力的工具。但是，随着知识经济的兴起，无形资产对企业获得核心竞争优势的影响日益扩大，这一典型的"秋后算账"式的传统绩效衡量模式暴露出不少缺点。

在组织绩效方面，1903年，美国杜邦火药公司开始使用投资报酬率法对企业整体绩效进行衡量，并将其发展成为一个评价各部门绩效的手段，奠定了财务指标作为评价指标的统治地位。尽管之后不同时期在财务指标的选择及衡量的手段上存在差异，但以财务指标为主导的这一事实从未改变过。20世纪80年代出现的关键绩效指标（KPI），试图通过不同层级的绩效评价指标之间的承接和分解来建立组织战略和与个人绩效的联系。虽然关键绩效指标描述了绩效评价指标的设计思路及其关键环节，但却未能在个体绩效的衡量内容上，形成一个比较明确和统一的系统框架。这一时期的组织绩效形成了以投资报酬率和预算比较为核心，包括销售收入、利润、现金流量和各种财务比率的评价指标体系；个体绩效仍然从组织的生产效率和经济效益出发，提炼出以财务指标为主体的结果性指标。

20世纪90年代以来，企业开始重视对客户、质量、技术、品牌、文化、领导力等非财务要素进行评价，出现了把财务指标评价和非财务指标评价、过程评价和结果评价紧密结合的趋势。卡普兰和诺顿于1992年在《哈佛商业评论》上发表了《平衡计分卡——驱动业绩的衡量体系》一文，提出了平衡计分卡（BSC）这一划时代的管理工具。从此以后，卡普兰和诺顿历时20余年发展和完善平衡计分卡，使之从绩效管理工具升为战略管理工具，将绩效管理系统与组织战略成功对接起来，并推动绩效管理理论体系更加深入和丰满。

（二）绩效管理与绩效考核的区别

在理解绩效管理发展的历程中，搞清楚绩效评价和绩效管理这两个概念仍然具有重要意义，很多人在管理实践中仍然不能准确把握这两个概念的核心思想。过去，组织在建立绩效管理体系时，更加关注"怎样评价"即绩效评价（PA），而忽视了绩效管理的整个过程。绩效评价与绩效管理既是紧密联系，又相互区别的两个概念。从发展历程上看，绩效评价又称绩效考核，是人们更为熟知的概念。绩效管理是在绩效评价的基础上产生的，是绩效评价的拓展。可以说，绩效评价是绩效管理思想发展的一个重要的阶段。从管理实践上来看，绩效评价仅是绩效管理的一个关键环节，不能用一个重要环节来代替整个管理系统。只有把绩效评价置于绩效管理的整个系统中，才能有效地实现绩效管理的目标。如果一个组织只进行绩效评价，而忽略绩效管理的其他环节，那么组织的绩效目标将难以达成。绩效评价成功与否，不仅取决于绩效评价本身，而且很大程度上取决于与绩效评价相关联的整个绩效管理过程。

绩效考核的历史可以追溯到三皇五帝时期,《尚书·尧典》里有"纳于大麓,暴风骤雨弗迷",就是指尧将帝位禅让给舜之前,对其进行了绩效考核。可见,绩效考核很早就在实践中受到统治者或管理者的重视。不过,现在人们提起绩效考核,就会想起年终时所需填写的一堆各种各样的表格;在混乱、焦虑与不安中,员工揣摩着领导者的心思,填完各种表格,然后,主管和每个员工谈上十多分钟,签上名,问题就算解决了。纸面上的工作准时完成,人事部门也很满意,每个人又回到了现实工作中去,而表格则被存于人事部门的档案柜里,最终的遭遇可能是被遗弃。即使想依据这些表格做出一些人事决策,也会发现难以操作,因为表格中所提供的信息往往很模糊或不准确,这样所做出的人事决策也不可靠。于是,绩效考核往往与"浪费时间""流于形式"等评价联系在一起。

自 20 世纪 80 年代以来,经济全球化的步伐越来越快,市场竞争日趋激烈。在这种竞争背景下,一个企业要想取得竞争优势,它必须不断提高自身的整体效能和绩效。实践证明,提高绩效的有效途径是进行绩效管理。那么,究竟什么是绩效管理呢?基于以上对绩效管理的阐述,我们认为绩效管理是一种提高组织员工的绩效和开发团队、个体的潜能,使组织不断获得成功的管理思想和具有战略意义的、整合的管理方法。绩效管理是依据员工和他们的直接主管之间达成的协议,来实施一个双向互动的沟通过程。该协议对员工的工作职责,工作绩效如何衡量,员工和主管之间应该如何共同努力以维持、完善和提高员工的工作绩效,员工的工作对公司目标实现的影响,找出影响绩效的障碍并排除等问题做出明确的要求和规定。同时,绩效管理是事前计划、事中管理和事后考核所形成的三位一体的系统。如此可见,绩效考核只是完整的绩效管理过程中的一个环节,不能以绩效考核来代替绩效管理。

绩效考核成功与否,不仅仅取决于绩效考核本身,而且很大程度上取决于与绩效评估相关联的整个绩效管理过程。有效的绩效考核依赖于整个绩效管理活动的成功开展,而成功的绩效管理也需要有效的绩效考核来支撑。

绩效管理是人力资源管理体系的核心内容,而绩效考核只是绩效管理中的关键环节,但企业在实际运用时往往容易忽视绩效管理的系统过程。绩效管理是一个完整的管理过程,它侧重于信息沟通与绩效提高,强调事先沟通与承诺,伴随着管理活动的全过程;而绩效考核则是管理过程的局部环节和手段,侧重于判断和评估,强调事后的评价,而且仅在特定的时期内出现。归纳起来,绩效管理与绩效考核的区别主要有以下六点:

（1）绩效管理是一个完整的系统，绩效考核只是这个系统中的一部分。

（2）绩效管理是一个过程，注重过程的管理；而绩效考核是一个阶段性的总结。

（3）绩效管理具有前瞻性，能帮助企业前瞻性地看待问题，有效规划企业和员工的未来发展；而绩效考核则是回顾过去一个阶段的成果，不具备前瞻性。

（4）绩效管理有着完善的计划、监督和控制的手段和方法，而绩效考核只是提取绩效信息的一个手段。

（5）绩效管理注重能力的培养，而绩效考核则只注重成绩的大小。

（6）绩效管理能建立经理与员工之间绩效合作伙伴的关系，而绩效考核则是经理与员工站在了对立的两面，距离越来越远，甚至会制造紧张的气氛和关系。

无论是从基本的概念来看，还是从具体的实际操作来看，绩效管理与绩效考核之间都存在着较大的差异。但是绩效管理与绩效考核又是一脉相承、密切相关的。绩效考核是绩效管理的一个不可或缺的组成部分。绩效考核可以为组织绩效管理的改善提供资料，帮助组织不断提高绩效管理的水平和有效性，使绩效管理真正帮助管理者改善管理水平、帮助员工提高绩效能力、帮助组织获得理想的绩效水平。

四、绩效管理的意义

绩效管理是任何一个组织都需要的管理工具，尽管表现形式不尽相同，绩效管理也是经理们管理下属员工的主要工具，绩效管理越来越不是自发的行为，而是管理变革、法律环境强制要求的自觉行为。

（一）有效推进战略实施与组织变革

这是它的首要作用。当我们经常探讨如何提高组织执行力的时候，我们常常忽视一个事实：绩效管理是提高执行力的核心工具。"被衡量的才是你获得的"，是许多管理学者心中的格言。绩效管理程序把我们的战略转化为实际的定性目标和定量目标，这些目标被自上而下地层层分解，转化为各级部门和员工实际的行动计划，使整个组织成员的目标与组织目标保持一致，而不是偏离目标。我们通过经常性的考评来推动目标转化为实际的结果。

绩效目标是最好的指挥棒，设定什么样的目标就会把组织引导到相应的方向。如果一个企业重视销售收入，销售收入就成为绩效考核的重点，全体员工都会围绕着它去运作。学校重视升学率，升学目标就成为教师和学生共同努力的方向。组织在变革的过程中特别要善用绩效管理的导向作用。中化公司从1999年，开始推行风险管控，把逾期应收账款和不良贷款与利润的比例列入绩效考核指标，仅仅四年时间就将这一比例从100%一下降到1.5%。所以，绩效管理是推动组织实现战略目标重要而有效的工具。

（二）绩效管理是一个好的预警系统

绩效管理通过自下而上、周期性地提交绩效报告，通过各级管理者的定期评估，清楚地反映了整个组织重要的经营管理活动，实现组织对绩效目标的监控实施，一旦发现问题就可以及时发出信号，避免问题严重化。管理者可以更好地控制预期发展，因为他们提前获得了重要的信息。

（三）促进有效沟通、辅导与授权

组织中员工存在很多的烦恼，无论是在被上司管理方面，还是在管理下属方面。作为员工，管理者需要我们做什么？对我们的工作是否满意？满意的标准是什么？如果不满意，我们该如何改进？管理者所说的要越优秀越好究竟要做到什么程度？这些员工都不清楚。而作为管理者，我们也因为下属不能领会要求而成天无所事事，或者总不能达到自己要求的工作标准而苦恼。我们不知道是否应该对他讲"你最近的表现不能令人满意"，我们也不敢轻易授权，害怕局面失去控制。

绩效管理很重要的作用，就是要使主管与员工之间就如下问题进行沟通：

（1）确定对员工的期望：员工的工作责任、目标、结果应当是什么样的？通过什么标准来衡量？

（2）获得员工工作进度的信息，提供给员工有关他们绩效的反馈：主管是否满意员工的绩效进度、结果以及实现绩效的手段、过程？

（3）获得员工对资源和困难的需求信息，主管向员工提供改进绩效的建议和方法的支持。

这样的沟通方式改变了以往纯粹的自上而下发命令和检查成果的做法，它要求管理者与被管理者双方定期就其工作行为与结果进行沟通，被管理者主动报告自己的工作，管理者对被管理者的工作进行评价、反馈、辅导，管理者要对被管理者的实现目标的能力进行培训、开发，对其职业发展进行辅导与激励，这客观上为管理者与被管理者之间提供了一个十分实用的、规范而简洁的沟通平台，这种沟通使监督和授权得以平衡，使授权成为可能。

（四）塑造契约化管理的高绩效组织文化

通过制定公开的绩效评价制度，明确由谁、通过什么标准、按照什么样的目标顺序来对工作进行评价，使员工可以明晰组织的游戏规则。通过明确的绩效标准对员工的业绩进行对照考评，可以形成公正评价的氛围，通过建立在业绩基础上的分配机制促进分配的公平性。上述这些，构成组织透明的文化氛围，帮助组织形成公开、公正、公平的价值观。这种价值观的形成便于组织建立起心理契约，形成契约化的管理氛围。

在设定绩效目标的过程中，员工参与设定自己的业绩目标，客观上起到了自我激励、自我约束、提高自我实现感的作用。这对于组织形成追求高绩效的氛围、塑造高绩效的文化具有重要的意义。

有的组织绩效管理体系不仅提倡结果导向，同时关注绩效结果形成的过程，在其绩效报告中不仅包括工作结果要求，也包括在达成目标的过程中，遵循组织规定的行为方式，在价值观和行为表现方面对员工提出的要求，便于形成组织自己的文化特征。

（五）价值分配与人力资源管理决策的基础

绩效管理也是组织价值分配体系的重要基础。绩效管理不仅仅决定了组织创造什么样的价值，也决定了组织价值如何分配。通过绩效管理，对员工的产出实施考评，可以为员工的管理决策，如职位升降、辞退、转岗、薪酬等提供了必要的依据，同时也解决了员工的培训、职业规划等问题，有助于员工的个人职业生涯发展，更好地促进了组织和部门的人力资源开发。这也是绩效管理成为人力资源管理各个环节中最核心环节的原因。

（六）核心目的是提升组织绩效、实现组织目标

绩效管理的实施诚然可以实现上述种种目标。但是，我们应当看出，无论是管理者对于下属的辅导，还是将薪酬、职位与业绩挂钩，其核心目的都是要通过提高员工的绩效水平，来提高组织的绩效，实现绩效目标。在实施绩效管理的过程中，因为管理成本过高而放弃量化程度高的方法，或者因为定性的指标标准界定不清楚等原因发生诸多的问题是很常见的，而这些往往导致员工对评价结果的质疑。追求细节的完美，是管理者最容易犯的错误，也是管理者常常困惑不已而常常质疑绩效管理部门的理由。简单的也许是最好的，作为直线主管人员不可能花费很多时间去掌握和执行一套很复杂的工具。绝不能让细节的东西冲击核心目标——提高员工、团队、组织的绩效，只要达到这个目标，细节的地方不妨从宽考虑、从长计议，逐步地去完善改进，决不能因噎废食。

当然，绩效管理也带来了组织里并不直接创造利润的部门和人员，比如绩效管理委员会或专门的分析评价部门和人员，也带来了很多看似与经营无关的工作，包括招致直线管理者批评的各种表格，为绩效而进行的会议、会谈和培训。绩效管理也不是如大家所描绘的那样，总能带来积极的作用。如因方法不当等种种原因可能会带来降低绩效的现象，这些都是我们需要关注的，也是我们要努力克服和解决的。

第二节　绩效管理在人力资源管理中的定位

人力资源管理是获取组织竞争优势的有力工具，那么，绩效管理环节在整个人力资源管理系统中又有着一个什么样的定位呢？

人力资源管理能够提升组织价值，是因为劳动力这一特殊的资源已经不再像过去那样，被单纯地认为是赚钱的机器，它已经成为一种可以通过增加投入而提高产出的资源，即人力资源。而相应的，对人力资源的管理也就成了以组织战略为基础的一项管理活动。组织战略的落地，是要借助于人力资源管理中的各个环节来具体实施的。战略的落地，需要组织招聘到需要的人，把他们安排到合适的岗位上去，并按他们的工作表现来分配报酬，从而激励他们更加有效地工作。在这一整体的人力资源管理过程中，绩效管理就承担着具体的落地任务。

绩效管理将组织的战略目标分解到各个业务单元，并且分解到每个岗位，而岗位的绩效目标最终通过员工来实现。因此，对每个员工的绩效进行管理、改进和提高从而提高组织整体的绩效，使得组织的生产力和价值也随之提高，组织的竞争优势也就如此而获得。

因此，绩效管理在组织的人力资源管理这个有机系统中占据着核心的地位，发挥着重要的作用，并与人力资源管理系统中的其他模块实现了很好对接。

一、绩效管理与工作分析的关系

绩效管理的重要基础是工作分析。工作分析的目的，通俗地讲，就是要告诉我们某个职位是干什么的以及由什么样的人来干。即确定一个职位的工作职责以它所提供的重要工作产出，据此制定对这个职位进行绩效考核的关键绩效指标，而这些关键绩效指标就是为我们提供了评价该职位任职者的绩效标准。可以说，工作分析提供了绩效管理的一些基本依据。

二、绩效管理与薪酬体系的关系

越来越多的组织将员工的薪酬与其绩效挂钩，而不再像传统的工资体系中只强调工作本身的价值。在很多未脱离计划经济色彩的国有企业中，仍然存在着"干多干少一个样，干与不干一个样"，这些组织在为员工支付薪酬时，很少考虑到绩效问题，这与时代的要求显然相去甚远。目前比较盛行的制定薪酬体系的原理——3P模型，就是以职位价值、绩效和任职者的胜任力决定薪酬。因此，绩效是决定薪酬的一个重要因素。在不同的组织中采用不同的薪酬体系，对于不同性质的职位而言，绩效所决定的薪酬成分和比例有所区别。通常来说，职位价值决定了薪酬中比较稳定的部分，绩效则决定了薪酬中变化的部分，如绩效工资、奖金等。

三、绩效管理与人员甄选的关系

在对人员进行招聘或进行开发的过程中，通常采用各种人才测评手段，包括心理和个性测试、行为性面谈以及情景模拟技术等，这些测评方法主要针对"冰山"以下部分——人的潜质所进行的，侧重考察人的一些价值观、态度、性格、能力倾向或行为风格等难以测量的特征，以此推断人在未来情境中可能表现出来的行为特征。而绩效考核主要是针对人的"显质"进行的，侧重考察人们已经表现出来的业绩和行为，是对人的过去表现的评估。从现有员工的绩效管理与考评记录可以总结出，具有哪一些特征的员工适合本组织。因此，在招聘选拔过程中，就可以利用历史资料进行有效甄选。

四、绩效管理与培训开发的关系

绩效管理的主要目的是为了了解目前人们绩效状况中的优势与不足，进而改进和提高绩效，因此培训开发是绩效考核之后的重要工作。在绩效考核之后，主管人员往往需要根据被评估者的绩效现状，结合被评估者个人发展愿望，与被评估者共同制定绩效改进计划和未来发展计划。人力资源部门则根据员工绩效评价的结果和面谈结果，设计整体的培训开发计划，并帮助主管和员工共同实施培训开发。

第三节　绩效管理系统

绩效管理的流程是一个循环，这个循环分为五步，即绩效计划与指标体系构建、绩效管理的过程控制、绩效考核与评估、绩效反馈与面谈、绩效考核结果的应用。

绩效计划作为绩效管理流程的第一个环节，它是绩效管理实施的关键和基础所在。绩效计划制定得科学合理与否，直接影响着绩效管理整体的实施效果。绩效管理的过程控制需要管理者不断地对员工进行指导和反馈，即进行持续的绩效沟通。这种沟通是一个双方追逐追踪进展情况、找到影响绩效的障碍及得到使双方成功所需信息的过程。绩效考核与评估，是一个按事先确定的工作目标及其衡量标准，考察员工实际完成的绩效情况的过程。绩效反馈与面谈使员工了解主管对自己的期望，了解自己的绩效，认识自己有待改进的方面，并且员工可以提出自己在完成绩效目标中遇到的困难，请求上级的指导。绩效管理是一个循环的、动态的系统，绩效管理系统所包括的几个环节紧密联系，环环相扣，任何一个环节的脱节都将导致绩效管理的失败。所以，在绩效管理过程中，应重视每个环节的工作，并将各个环节有效地整合在一起。

一、绩效管理流程

绩效管理的流程通常被看作是一个循环，这个循环分五步，即绩效计划与指标体系构建、绩效管理的过程控制、绩效考核与评估、绩效反馈与面谈、绩效考核结果的应用。

（一）绩效计划与指标体系构建

绩效计划作为绩效管理流程的第一个环节，它是绩效管理实施的关键和基础所在。绩效计划制定得科学合理与否，直接影响着绩效管理整体的实施效果。在这个阶段，管理者和员工的共同投入与参与是进行绩效管理的基础。如果是管理者单方面布置任务，员工单纯地接受要求，绩效管理就变成了传统的管理活动，也就失去了协作性的意义。

有了明确的绩效计划之后，也要根据计划来构建指标体系。指标体系的构建，可以使员工了解组织目前工作的重点，为员工日后工作提供指引。指标体系包括绩效指标和与之相对应的标准。绩效指标是指组织对工作产出进行衡量和评估的那些方面。而绩效标准，是指在各个指标上应该分别达到什么样的水平。换句话说，指标解决的是组织需要关注"什么"，才能实现其战略目标；而标准着重强调的是被评价的对象需要在各个指标上做得"怎样"或完成"多少"。绩效指标与绩效标准是相互对应的。

（二）绩效管理的过程控制

制订了绩效计划、构建了指标体系之后，被评估者就开始按照计划开展工作。绩效管理不仅关注最终任务完成情况、目标完成情况、结果和产出，同时还要关注绩效形成的过程。因为过分强调结果或产出，会使组织管理者无法准确地获得个体活动信息，从而不能很好地对员工进行指导与帮助，而且更多时候会导致组织的短期行为。绩效形成过程中，管理者要对被评估者的工作进行指导和监督，对发现的问题及时予以解决，并随时根据实际情况对绩效计划进行调整。

在整个绩效期间内，管理者都需要不断地对员工进行指导和反馈，即进行持续的绩效沟通。这种沟通是一个双方追踪进展情况、找到影响绩效的障碍及得到使双方成功所需信息的过程。持续的绩效沟通能够保证管理人员和员工共同努力、及时处理出现的问题、修订工作职责，使上下级在平等的交往中，相互获取信息、增进了解、联络感情，从而保证员工的工作能正常地开展，使绩效实施的过程顺利进行。

（三）绩效考核与评估

工作绩效考核可以根据具体情况和实际需要进行月考核、季考核、半年考核和年度考核。工作绩效考核是一个按事先确定的工作目标及衡量标准，考察员工实际完成的绩效情况的过程。考核期开始时签订的绩效合同或协议一般都规定了绩效目标和绩效测量标准。绩效合同一般包括工作目的描述、员工认可的工作目标及衡量标准等。绩效合同是进行绩效考核的依据。绩效考核包括工作结果考核和工作行为评估两个方面。其中，工作结果考核是对考核期内员工工作目标实现程度的测量和评价，一般由员工的直接上级按照绩效合同中的标准，对员工的每一个工作目标完成情况进行等级评定；而工作行为考核则是针对员工在绩效周期内表现出来的具体的行为态度进行评估。同时，在绩效实施过程中，所收集到的，能够说明被评估者绩效表现的数据和事实，可以作为判断被评估者是否达到关键绩效指标要求的依据。

（四）绩效反馈与面谈

绩效管理的过程并不是为了绩效考核打出一个分数就结束了，主管人员还需要与员工进行一次甚至多次的面对面的交谈。通过绩效反馈面谈，使员工了解主管对自己的期望、了解自己的绩效、认识自己有待改进的方面；并且员工也可以提出自己在完成绩效目标中遇到的困难，请求上级的指导。

（五）绩效考核结果的应用领域

绩效考核完成以后，不可以将评估结果束之高阁、置之不理。而是要将其与相对应的其他管理环节相衔接，这种衔接主要有以下几个管理接口。

1. 制定绩效改进计划

绩效改进是绩效管理过程中的一个重要环节。传统绩效考核的目的是通过对员工的工作业绩进行评估，将评估结果作为确定员工薪酬、奖惩、晋升和降级的标准。而现代绩效管理的目的不限于此，员工能力的不断提高和绩效的持续改进与发展才是其根本目的。绩效考核结果反馈给员工后，有利于员工认识自己的工作成效，发现自己工作过程中的不足之处。绩效沟通给员工带来的这种信息会使可能一直不能正确认识自己的员工真正认识到自己的缺点和优势，从而积极主动地改进工作。所以，绩效改进工作的成功与否，是绩效管理过程是否发挥效用的关键。

2. 组织培训

组织培训是指根据绩效考核的结果分析对员工进行量身定制的培训，对于难以靠自学或规范自身行为态度就能改进绩效的员工来说，可能真的在知识、技能或能力方面出现了"瓶颈"。因此，组织必须及时认识到这种需求，有针对性地安排一些培训项目，组织员工参加培训或接受再教育，及时弥补员工能力的欠缺。这样带来的结果是既满足了完成工作任务的要求，又可以使员工享受免费的学习机会，对组织、对员工都是有利的。而培训和再教育也越来越成为组织吸引优秀员工加盟的一项福利。

3. 薪酬奖金的分配

在企业，除了基本工资外，一般都有业绩工资。业绩工资是直接与员工个人业绩相挂钩的。这种工资形式在业界很流行，它形容为"个人奖励与业绩相关的系统，建立在使用各种投入或产出指标来对个体进行某种形式的评估或评价"。一般来说，绩效评价越高，所得工资越多。这其实是对员工追求高绩效的一种鼓励和肯定。

4. 职务调整

经过多次绩效考核后，有的员工的业绩始终不见有所改善。究其原因，如果确实是员工本身能力不足，不能胜任工作，管理者则考虑为其调整工作岗位；如果是员工工作态度不端正的问题，经过多次提醒与警告都无济于事，管理者则会考虑将其解雇。这种职务调整在很大程度上是以绩效考核结果作为依据。

5. 员工职业发展开发

根据绩效评价的结果，针对员工在培养和发展方面的特定需要，制定培训开发计划，以便最大限度地发展他们的优点，使他们的缺点最小化。例如，可以提高培训效率，降低培训成本；在实现组织目标的同时，帮助员工发展和执行他们的职业生涯规划等。

6. 人力资源规划

为组织提供整体人力资源质量优劣程度的确切情况，获得所有人员晋升和发展潜力的数据，以便为组织的未来发展，制定人力资源计划。

7. 正确处理内部员工关系

坦率、公平的绩效评价可以为员工在加薪、奖惩、晋升、降级、调动、辞退等重要人力资源管理环节提供公平客观的数据，减少人为的不确定因素对管理的影响，进而保持组织内部员工的相互关系于可靠的基础之上。

二、绩效管理系统中各个环节的整合

绩效管理是一个循环的、动态的系统。绩效管理系统所包含的几个环节，紧密联系、环环相扣，任何一个环节的脱节都将导致绩效管理的失效，所以在绩效管理过程中应重视每个环节的工作，并将各个环节有效地整合在一起，力求做到完美。

绩效计划是主管与员工合作,对员工下一年应履行的工作职责、各项任务的重要性等级和授权水平、绩效的衡量、管理者提供的帮助、可能遇到的障碍及解决的办法等一系列问题进行探讨,并达成共识的过程。因此,绩效计划在帮助员工找准路线、认清目标方面具有一定的前瞻性。它是整个绩效管理系统中最基本的环节,是必不可少的环节。

持续的绩效沟通就是管理者和员工共同工作,以分享有关信息的过程。这些信息包括工作进展情况、潜在的障碍和问题、可能的解决问题的措施及管理者如何才能帮助员工等。如此看来,绩效管理就是一种双向的交互过程,而且这种交互沟通必须贯穿于绩效管理的整个过程。通过沟通,组织要让员工很清楚地了解绩效考核制度的内容、制定目标的方法、衡量标准、努力与奖酬的关系、工作业绩、工作中存在的问题及改进的方法。当然,组织更要聆听员工对绩效管理的期望与呼声,这样,绩效管理才能达到预期目的。

绩效考核本身也是一个动态的、持续的过程。所以,组织不能孤立地进行绩效考核,而应将绩效考核放在绩效管理系统中考虑,重视考核前期与后期的相关工作。绩效计划和持续的沟通是绩效考核的基础,只有做好绩效计划和沟通工作,绩效考核工作才能顺利进行。因为只要平时认真执行绩效计划并做好绩效沟通工作,考核结果就不会出乎考核双方的意料,考核最终产生分歧的可能性会小,这也就减少了员工与主管在考核方面的冲突。

绩效反馈和绩效考核结果的应用,是绩效考核的后续工作。绩效考核的一个重要目的是发现员工工作中的绩效问题并进行改进。所以,考核工作结束后,要针对考核结果进行反馈,分析问题,提供改进的方案供员工参考,帮助员工改进绩效。另外,在考核中还应当将当前评估与过去的绩效联系起来,进行纵向比较,只有这样才能得出客观准确的结论。

管理人员和员工就当期绩效提出绩效改进计划后,整个绩效管理又回到了起点——再计划阶段。此时,绩效管理的一轮工作就基本完成了。组织应在本轮绩效管理的基础上进行总结,制定下一轮的绩效管理工作计划,使得绩效管理能够持续地进行下去,达到组织绩效再上一个台阶的目的。

这些环节的整合,使绩效管理过程成为一个完整的、封闭的环。绩效计划属于前馈控制阶段,持续的绩效沟通属于过程控制阶段,而绩效考核、绩效反馈与绩效改进的实施者属于反馈控制阶段。其中,制定绩效改进计划是前馈与反馈的连接点。这三个阶段的整合形成了一个完整的绩效管理循环,也只有当这个环是封闭的,绩效管理才是可靠的和可控的,同时也是自身不断提升和改善的保证。因为连续不断的控制,才会有连续不断的反馈,连续不断的反馈,才能保证连续不断的提升。

第二章
绩效管理理论

绩效管理理论是各种管理理论在绩效管理领域整合、应用的结果。对它有影响的理论可分为两个层次：一是控制论、系统论、信息论、行为科学、管理学等，它们构成绩效管理的一般理论基础。二是目标管理理论、管理控制理论、成本收益理论、权变理论、激励理论，其中政府绩效管理的理论基础还包括：新公共管理理论、政府再造理论等，这些理论成为绩效管理的直接理论依据。

绩效管理目标的确立、指标和标准的设定、实施、反馈、持续改进等环节都可以依赖绩效管理的相关技术来保障实施的有效性。这些技术主要有：基于目标管理的考核体系、基于关键绩效指标的考核体系、基于平衡计分卡的考评体系、基于标杆管理的考评体系、以任职者素质为基础的考核体系等。

很多组织在绩效管理的实践中，往往不是单一使用某一种技术，而是绩效管理的相关技术的结合。

第一节 绩效管理的理论基础

绩效管理理论在形成和发展中吸纳了各种管理理论的思想、方法。人们常常把它列入人力资源管理范畴。但从总体上看，其内涵、体系尚欠成熟。因而严格地说，它是各种管理理论在绩效管理领域整合、应用的结果。对它有影响的理论可分为两个层次：一是控制论、系统论、信息论、行为科学、管理学等，它们构成绩效管理的一般理论基础；二是目标管理理论、管理控制理论、成本收益理论、权变理论、激励理论等成为绩效管理的直接理论基础。前者是比较成熟的基础理论，而后者却是相对年轻的边缘学科理论，并且与绩效管理密切相关。因此，二者对绩效管理理论的贡献不同。两个层次的理论常常互相渗透、交叉。学科之间的相互交叉已是科学发展的大趋势，管理科学本身就是一个交叉学科。这提醒我们，对绩效管理的研究，需要更广泛、更深入地引进、吸收其他学科的理论和方法。

一、系统论是管理的指导思想和方法论

管理本身就是一个系统，它同时又是社会系统的一个有机组成部分。如果把一个组织的管理系统当作一级系统，它由财务管理系统、人力资源管理系统、营销系统、生产管理系统、质量控制系统等组成，那么一个组织的人力资源管理系统则是一个二级系统，它由招聘与安置、培训与发展、绩效管理、薪酬与福利等子系统组成。一个组织的绩效管理系统则可以看作是一个三级系统，它由各个子系统组成，包括绩效评估指标体系的建立、绩效的沟通、绩效评估和反馈以及绩效评估结果的应用等。

（一）系统论

1. 什么是系统论

系统一词，来源于古希腊语，是由部分构成整体的意思。今天人们从各种角度上研究系统，对系统下的定义不下几十种。如说"系统是诸元素及其顺常行为的给定集合""系统是有组织的和被组织化的全体""系统是有联系的物质和过程的集合""系统是许多要素保持有机的秩序，向同一目的行动的东西"，等等。一般系统论则试图给一个能描述各种系统共同特征的一般的系统定义，通常把系统定义为：由若干要素以一定结构形式联结构成的具有某种功能的有机整体。在这个定义中包括了系统、要素、结构、功能四个概念，表明了要素与要素、要素与系统、系统与环境三方面的关系。

2. 系统的特征

系统论运用完整性、集中性、等级结构、终极性、逻辑同构等概念，研究适用于一切综合系统或子系统的模式、原则和规律，并力图对其结构和功能进行数学描述。系统强调整体与局部、局部与局部、整体与外部环境之间的有机联系，具有整体性、动态性和目的性三大基本特征。作为一种指导思想，系统论要求把事物当作一个整体或系统来考察，符合马克思主义关于物质世界普遍联系的哲学原理。

3. 系统论出现的意义

系统论的出现，使人类的思维方式发生了深刻的变化。以往研究问题，一般是把事物分解成若干部分，抽象出最简单的因素来，然后再以部分的性

质去说明复杂事物。这是笛卡尔奠定理论基础的分析方法。这种方法的着眼点在局部或要素，遵循的是单项因果决定论，虽然这是几百年来在特定范围内行之有效、人们最熟悉的思维方法，但是它不能如实地说明事物的整体性，不能反映事物之间的联系和相互作用，它只适用于认识较为简单的事物，而不胜任于对复杂问题的研究。在现代科学的整体化和高度综合化发展的趋势下，在人类面临许多规模巨大、关系复杂、参数众多的复杂问题面前，就显得无能为力了。正当传统分析方法束手无策的时候，系统分析方法却能站在时代前列，高屋建瓴，综观全局，别开生面地为现代复杂问题提供了有效的思维方式。所以系统论，连同控制论、信息论等其他横断科学一起所提供的新思路和新方法，为人类的思维开拓新路，它们作为现代科学的新潮流，促进着各门科学的发展。

系统论反映了现代科学发展的趋势，反映了现代社会化大生产的特点，反映了现代社会生活的复杂性，所以它的理论和方法能够得到广泛的应用。系统论不仅为现代科学的发展提供了理论和方法，而且也为解决现代社会中的政治、经济、军事、科学、文化等方面的各种复杂问题提供了方法论的基础，系统观念正渗透到每个领域。

（二）系统论在绩效管理中的指导

1. 绩效管理的整体性

绩效管理系统的整体性体现在它的各个组成部分是作为一个统一的整体存在的，要提高员工的工作绩效，没有评估的指标体系不行，有了指标体系而没有过程的控制不行，绩效的结果必须通过绩效评估来确定，确定的绩效评估结果必须用于绩效的改进，这样才能达到绩效管理的目的。可以说，绩效管理的各个组成部分是相互联系的，离开了任何一个部分都不能构成绩效管理系统，都无法达到绩效管理的目的。

2. 绩效管理的集合性

绩效管理系统的集合性是指绩效管理的各个组成要素彼此关联且相互区别，这些组成部分既无多余也无不足，构成了绩效管理系统的整体。

3. 绩效管理的相关性

绩效管理系统的相关性体现在绩效管理系统的各个要素之间是相互关联、又相互制约的。绩效评估的指标体系为绩效评估提供评估标准，绩效沟通为绩效评估提供依据，绩效评估的结果则是绩效改进的依据，绩效反馈是绩效改进的前提，绩效管理系统中任何一个要素改变都会引起其他要素的变化。

4. 绩效管理的目的性

绩效管理系统的总目的是通过对组织绩效因果链中员工绩效的控制来实现部门绩效，从而实现组织绩效，即组织战略目标的实现。为此，绩效管理体系必须通过三方面目的的实现来实现组织绩效。第一，向员工提供工作绩效评估的反馈信息，帮助员工认识自己的优势和不足，使员工能够发现需要培训的方向，改进工作绩效，有利于员工个人的事业发展。第二，绩效评估为组织的奖惩系统提供依据，从而确定奖金在员工个人之间的分配。第三，建立一个员工绩效的档案材料，以便于将来帮助组织进行人事决策，包括提升优秀员工、剔除不合格的员工、为工资调整提供理由、为员工培训确定内容、为员工的调动确定方向并确定再招聘员工时应该重点考察的知识、能力、技能和其他品质。

5. 绩效管理的环境适应性

绩效管理系统存在于特定的环境中，这些环境因素首先指企业内部的客观条件，如工作场所的布局与物理条件（室温、通风、粉尘、噪声、照明等）、任务的特点、目标的特点、工作对身体伤害的危险、工作职责的特点、主管的领导作风与监控方式、组织的组织结构、企业文化、宗旨等。环境因素还包括组织之外的客观环境，如社会政治、经济状况、市场竞争强度等，但绩效管理系统与这些因素之间只发生较间接的联系。事实上绩效管理系统所处的环境就是绩效管理系统工作的限制条件，也可以说是约束条件。绩效管理系统只有与外部环境保持最佳的适应状态才具有生命力。

因此，可以说，绩效管理就是运用系统理论的思想和方法，努力增强组织内部的活力，适应外部环境的变化，达到内部条件、外部环境和组织目标的综合平衡，最终实现组织预期目标。

二、绩效管理是一个控制系统

（一）控制论

1. 什么是控制论

在控制论中，"控制"的定义是：为了"改善"某个或某些受控对象的功能或发展，需要获得并使用信息，以这种信息为基础而选出的于该对象上的作用，就叫作控制。由此可见，控制的基础是信息，一切信息传递都是为了控制，进而任何控制又都有赖于信息反馈来实现。信息反馈是控制论的一个极其重要的概念。通俗地说，信息反馈就是指由控制系统把信息输送出去，又把其作用结果返送回来，并对信息的再输出发生影响，起到制约的作用，以达到预定的目的。

2. 控制的特征

（1）要有一个预定的稳定状态或平衡状态。例如，在速度控制系统中，速度的给定值就是预定的稳定状态。

（2）从外部环境到系统内部有一种信息的传递。例如，在速度控制系统中，转速的变化引起的离心力的变化，就是一种从外部传递到系统内部的信息。

（3）这种系统具有一种专门设计用来校正行动的装置。例如，速度控制系统中，通过调速器旋转杆张开的角度控制蒸汽机的进汽阀门升降装置。

（4）这种系统为了在不断变化的环境中维持自身的稳定，内部都具有自动调节的机制，换言之，控制系统都是一种动态系统。

3. 控制工作的存在意义

在现代管理系统中，人、财、物等要素的组合关系是多种多样的，有时变化和环境影响很大，内部运行和结构有时变化也很大，加上组织关系错综复杂，随机因素很多，处在这样一个十分复杂的系统中，要想实现既定的目标，执行为此而拟定的计划，求得组织在竞争中的生存和发展，不进行控制工作是不可想象的。

（二）控制论在绩效管理中的应用

从控制论的角度分析，绩效管理是一个控制系统。这一控制系统首先表现为员工、部门、组织绩效因果链中前一环节对后一环节的控制。就员工绩效管理而言也是一个因果链控制系统。绩效管理首先有预期的"果"——绩效管理的目的，要达到绩效管理的目的，就必须有绩效评估，进行绩效评估的前提是必须对绩效进行沟通，绩效沟通的基础是绩效评估指标体系。这样绩效评估指标体系作为绩效沟通的"因"，绩效沟通是绩效评估的"因"，绩效评估是绩效反馈的"因"，绩效反馈是下一轮绩效指标体系的"因"，于是不断循环往复直至达到提高员工绩效的目的。

绩效管理体系是一个动态的控制过程，反馈和前馈存在于绩效管理的整个过程中。绩效评估指标体系的建立就是对员工绩效的前馈控制。绩效沟通中既包括前馈控制又包括反馈控制，绩效沟通通过分阶段检查员工的工作绩效，提供反馈意见，同时将总结的意见用于下一阶段的前馈控制。绩效评估反馈的信息则用于下一轮的绩效改进。

绩效管理系统的控制作用体现在评估者为了使被评估者达到提高绩效水平的目的而展开的活动中。评估者作为施控主体，被评估者作为受控客体，评估者通过与被评估者共同建立绩效评估指标体系、保持绩效沟通、进行绩效评估与反馈来控制被评估者的工作行为或工作结果，达到提高绩效的目的。

由于一个组织绩效管理系统所处的环境是在不断变化中的，因此绩效管理也是在不断变化的过程中实现的。可以说绩效管理的控制过程是一种动态过程，绩效管理系统是一种动态系统，当绩效管理控制所要达到的目的是某种稳态时，这种稳态在本质上是一种动态平衡。

三、信息是组织管理的基础

（一）信息论

1. 什么是信息论

信息论的主要研究内容是运用数学理论研究有关描述和度量信息的方法、探索传递、处理信息的基本原理。人们把信息论分成三种不同的类型，一是狭义信息论，主要是研究消息的信息量、信道容量以及消息的编码问题。二是一般信息论，主要也是研究通信问题，同时包括噪声理论、信号滤波与预测、调制与信息处理问题。三是广义信息论，不仅包括狭义信息论和一般信息论的内容，而且包括所有与信息有关的领域，如研究心理学和管理信息等。信息论将信息的传递作为一种统计现象来考虑，给出了估算通信信道容量的方法。信息传输和信息压缩是信息论研究中的两大领域。这两个方面又由信息传输定理、信源-信道隔离定理相互联系。信息论是一门用数理统计方法来研究信息的度量、传递和变换规律的科学。它主要是研究通信和控制系统中普遍存在着信息传递的共同规律以及研究最佳解决信息的获限、度量、变换、储存和传递等问题的基础理论。

2. 信息系统的特征

信息论是建立在概率论基础上而形成的，也就是从信源符号和信道噪声的概率特性出发的。这类信息通常称为语法信息。其实，信息系统的基本规律也应包括语义信息和语用信息。语法信息是信源输出符号的构造或其客观特性所表现的与信宿的主观要求无关，而语义则应考虑各符号的意义，同样一种意义，可用不同语言或文字来表示，各种语言所包含的语法信息可以是不同的。一般地说，语义信息率可小于语法信息率；电报的信息率可低于表达同一含义的语声的信息率就是一个例子。更进一步，信宿或信息的接收者往往只需要对他有用的信息，他听不懂的语言是有意义的，但对他是无用的。所以语用信息，即对信宿有用的信息一般要小于语义信息。倘若只要求信息系统传送语义信息或语用信息，效率显然会更高一些。在目前情况下，关于语法信息，已在概率论的基础上建立了系统化的理论，形成一个学科；而语义和语用信息尚不够成熟。因此，关于后者的论述通常称为信息科学或广义信息论，不属于一般信息论的范畴。概括起来，信息系统的基本规律应包括信息的度量、信源特性和信源编码、信道特性和信道编码、检测理论、估计理论以及密码学。

完善的管理信息系统（Management Information System，简称 MIS）具有以下四个标准：确定的信息需求、信息的可采集与可加工、可以通过程序为管理人员提供信息、可以对信息进行管理。具有统一规划的数据库是 MIS 成熟的重要标志，它象征着 MIS 是软件工程的产物。通过 MIS 实现信息增值，用数学模型统计分析数据，实现辅助决策。MIS 是发展变化的，MIS 有生命周期。

MIS 的开发必须具有一定的科学管理工作基础。只有在合理的管理体制、完善的规章制度、稳定的生产秩序、科学的管理方法和准确的原始数据的基础上，才能进行 MIS 的开发。因此，为适应 MIS 的开发需求，组织管理工作必须逐步完善以下工作：管理工作的程序化，各部门都有相应的作业流程；管理业务的标准化，各部门都有相应的作业规范；报表文件的统一化，固定的内容、周期、格式；数据资料的完善化和代码化。

3. 信息论假说的意义

信息论假说将物质与思想相统一，它是唯物主义发展所必经的一步，它用唯物的观点解释了人类一直无法弄清的问题。它自身只是一个假说，需要人类长时间去探索与证明，它自身也存在缺陷，需要人类的不断发现。也许它本来就是个错误，但它是人类成长的见证，是人类伟大的精神财富。

用信息论假说的观点看问题，可以使人类认识到一个全新的世界，并有助于探索世界更深的本质。它给人类提供了一个丰富的经验，是人类跳出固有思想看问题的典范。总之，不管它是否正确，它都是人类的不朽之作。

（二）信息在绩效管理中的作用

现代化的组织是一个复杂的大系统。在整个系统的生产经营活动中贯穿着两种"流动"：一种是人力、物力、财力的流动；另一种是随之产生的大量数据、资料、指标、图纸、报表等信息的流动。前一种流动是组织生产经营活动的主体流程，这种流动是否畅通，在很大程度上决定着组织生产经营活动的好坏。为了使组织经营达到最优效果，就必须对人流、物流、财流加以科学地计划、组织和调节，使其按照一定的规律运动，而人流、物流、财流畅通的前提条件是信息流的畅通。信息流的任何阻塞都会使人流、物流、财流造成混乱，有损于组织生产的经济效果。因此，一个现代化的管理系统必须具有信息系统的功能，要能够对组织内部和外部的信息进行完整地收集、正确地加工、迅速地传递，以及有效地使用等，以保证信息流的畅通。

从信息论的角度看，在绩效管理的过程中，面对大量的、庞杂的信息流，如果评估者和被评估者无法迅速、有效地得到必要的信息，那么，评估者就无法对被评估者的绩效进行合理的控制，绩效管理职能就无法发挥。绩效管理对信息的要求，可以归结为及时、准确、适用、经济。绩效管理结果如何，在很大程度上取决于信息的质量。所以，管理过程实质是信息过程，信息是组织管理的基础。没有良好的信息反馈系统，组织就无法对自己的各项活动进行有效的控制。组织为了达到既定的经营目标，管理人员必须对各方面的工作，包括产量、质量、材料、消耗、机械维修、成本核算等规定一定的标准。如果实际执行的结果偏离了原定的标准，那就要立即分析原因，采取措施，纠正偏差，进行有效的控制。为此，组织必须建立信息反馈制度。在管理工作中信息反馈是一个不断循环的过程。绩效管理系统的一个基本要求就是信息反馈。评估者与被评估者之间通过各种报表、数据、指令等信息关系发生联系。评估者的任务就是通过信息系统了解信息、处理信息，然后做出正确决策，有效地组织和协调绩效管理系统的各种活动。绩效管理系统中的反馈循环过程包括绩效评估指标体系的建立、绩效沟通、绩效评估、绩效反馈、将绩效改进计划用于下一次绩效评估指标体系的建立。每经过一轮循环，绩效管理工作的质量就提高一步。因此，信息反馈是绩效管理的一个非常重要的手段，是组织提高员工绩效的重要保证。随着科技的不断进步，借助计算机建立起来的管理信息系统，可以及时、准确地给全体员工提供有效的信息，从而为绩效管理系统发挥作用创造了条件。

第二节 绩效管理的理论依据

一、新公共管理理论

（一）新公共管理理论产生的背景

新公共管理是20世纪80年代以来兴盛于英、美等西方国家的一种新的公共行政理论和管理模式，也是近年来西方规模空前的行政改革的主体指导思想之一。它以现代经济学为自己的理论基础，主张在政府等公共部门广泛采用私营部门成功的管理方法和竞争机制，重视公共服务的产出，强调文官对社会公众的响应力和政治敏感性，倡导在人员录用、任期、工资及其他人事行政环节上实行更加灵活、富有成效的管理。自20世纪中叶开始，西方发达资本主义国家普遍实行"福利国家"制度。它们运用凯恩斯主义经济学指导国家的经济活动，试图依靠政府的作用来弥补市场的不足。然而过了多年，"福利国家"制度并未取得如愿的经济增长和社会满意度。20世纪六七十年代以来，经济滞胀、政府扩大支出产生高税收、政府公共服务无效率，造成社会普遍不满，最终导致意识形态变革。人们开始从政治上批判"福利国家"的政策基础，主张以自由市场、个人责任、个人主义来重塑国家和社会。在意识形态上崛起的"新右派"思想，主要来源于自由经济思想、新制度经济学和公共选择经济学。它强调自由市场的价值，批评政府干预的弊端，主张用市场过程取代政治或政府过程来配置社会资源并且做出相应的制度安排。它认为国家和政府作为非市场力量，会扭曲社会资源的有效配置。高税收将资源从"创造财富"的私营部门转移到"消费财富"的公共部门，妨碍经济增长和削减社会福利。只有让市场进行资源的最佳配置，让消费者和生产者决定福利的供给和需求，才能促进社会和经济的繁荣。于是，市场化成为政府改革的必然选择。公共企业的私营化、公共服务的市场化、公共部门之间的竞争、公共部门与私人部门之间的竞争，广泛进入西方国家的政府改革策略。市场化改革，从一定意义上讲，是在为政府减负，同时也意味着政府放权。在现代国家，政府扮演着双重角色，即"社会福利的提供者"与"经济稳定和增长的主舵手"。政府在社会保障、社会公平、教育平等、医疗保健、环境保护等方面依然承担着不可推卸的责任，仍然支配着巨大的社会资源。社会要求政府"花费更少、做得更好"，更有效地使用公共财政资源。对此，政府必须积极从内部管理上挖潜，寻找新的管理理念和管理工具，提升政府的管理能力。私营企业优良的管理绩效和先进的管理方法，自然地成为政府进行管理创新的改革选择。西方国家的政府改革鼓吹市场化和效法私营企业管理，最终导致新公共管理典范的诞生而不同于传统的政府管理模式。在这场改革运动中，英国是先行者。1980年，撒切尔政府推行以缩小政府规模和进行"财政管理创新"为中心的改革，其后的梅杰政府（"公民宪章运动"）、布莱尔政府（"第三条道路"）继续推进政府改革，进一步发挥市场化作用；新西兰则在1988年开始以"政府部门法案"为蓝本的改革；加拿大在1989年成立"管理发展中心"，并于次年发表题为"加拿大公共服务2000"的政府改革指导性纲领；美国于1993年成立"国家绩效评估委员会"，用来指导政府改革，后于1998年更名为"重塑政府国家伙伴委员会"。这些改革的重要特征就是，发挥市场机制在公共服务领域中的作用，积极借鉴私营管理的技术和方法，提升政府的管理能力和公共服务能力。

（二）新公共管理理论的主要内容

1. 不同发展方向的新公共管理理论

在公共选择和交易成本理论与新管理主义理论的基础上，发展出不同方向的新公共管理的理论。

（1）弗里德曼和哈耶克的"小政府理论"。在"政府失灵论"蔓延的背景下，这两位学者指出，政府应缩小管辖的空间范围，其活动内容只是提供那些市场做不了也做不好的服务，即提供具有非排他性的公共产品和服务。当然，政府的"小"只是空间范围上的小，并不意味着政府能力以及竞争力的弱小。

（2）哈默和钱皮则发展出"流程再造"理论，主要针对官僚制，强调对官僚制进行重新改造和超越。其理论内容主要有：第一，对工作流程进行重新设计，以提高效率、效能和质量。第二，以业务流程为改造对象和中心，以顾客需求和满意度为目标，对现有业务流程进行根本的再思考和彻底的再设计，以打破传统的职能型组织结构，建立全新的过程型组织结构，从而实现组织在成本、质量、服务和速度等方面的巨大改善。

（3）霍哲把政府绩效作为切入点，提出把绩效评估作为改进绩效的一种管理工具。他设计了一整套具体的绩效评估流程，同时还强调，在绩效评估的过程中要提高公民的参与度，因为这样的绩效评估结果和绩效信息将会对政府政策和项目管理有更大的意义。

（4）霍哲还研究了另一个重要的理论——基于回应性的政府全面质量管理。即建立起一套在以顾客为中心，持续改进，强调授权和协作基础上的全面质量管理。其目的在于通过引入政府全面质量管理，消除由于官僚制、利益集团以及专业化的结构所带来的回应性障碍，建立更具回应性以及以顾客为中心的公共机构。

（5）奥斯本和盖布勒的"重塑政府"理论，他们在《改革政府》中将"新公共管理"看作单一的模式概念，并指出"新公共管理"模式包含以下十大基本原则或基本内容：第一，起催化作用的政府，掌舵而不是划桨。第二，社区拥有的政府，授权而不是服务。第三，竞争性政府，把竞争机制引入到提供服务中去。第四，有使命的政府，改变按章办事的组织。第五，讲究效果的政府，按效果而不是按投入拨款。第六，受顾客驱使的政府，满足顾客的需要，而不是官僚政治需要。第七，有事业心的政府，有收益而不浪费。第八，有预见的政府，预防而不是治疗。第九，分权的政府，从等级制到参与和协作。第十，以市场为导向的政府，通过市场力量进行变革。因此，应用企业家精神去改造政府，并且能够把企业经营管理的一些成功方法移植到政府中来，使政府这类公共组织能像私人企业一样，提高效率。其中最重要的一点就是以顾客为中心，即强调服务提供者应对他们的顾客负责，在提供服务过程中不断进行革新，寻求减少成本和增进质量的方法，聆听顾客的呼声，授权顾客做出选择，把资源放在顾客手里让他们挑选。

2. 新公共管理理论的七大要点

（1）公共政策领域中的专业化管理。这意味着让管理者管理，或如胡德所言"由高层人员对组织进行积极的、显著的、裁量性的控制"。对此最为典型的合理解释是"委以责任的前提是对行为责任进行明确的区分"。

（2）绩效的明确标准和测量。这需要确立目标并设定绩效标准，其支持者在论证时提出"委以责任需要明确描述目标；提高效率需要牢牢盯住目标"。

（3）格外重视产出控制。根据所测量的绩效将资源分配到各个领域，因为"需要重视的是目标而非过程"。

（4）公共部门内由聚合趋向分化。这包括将一些大的实体分解为"围绕着产品组成的合作性单位"，它们的资金是独立的，彼此之间在保持一定距离的基础上相互联系。"在公共部门的内部与外部"，既可对这些单位进行管理又可以"获得特定安排所带来的效率上的优势"，其必要性证明了这种做法的合理性。

（5）公共部门向更具竞争性的方向发展。这包括了"订阅合同条款以及公开招标程序"，其合理性则在于"竞争是降低成本和达到更高标准的关键所在"。

（6）对私营部门管理方式的重视。这包括"不再采用'军事化'的公共服务伦理观"，在人员雇用及报酬等方面更具有弹性，这种转变的合理性在于，"需要将私营部门'经证实有效的'管理手段转到公共部门中加以运用"。

（7）强调资源利用要具有更大的强制性和节约性。胡德将这看作是压缩直接成本，加强劳动纪律，对抗工会要求，降低使职工顺从企业的成本。"对公共部门的资源需求进行检查，少花钱多办事"的必要性证明这种做法是合理的。

3. 新公共管理理论的基本内容

（1）以顾客为导向，奉行顾客至上的全新价值理念。新公共管理完全改变了传统模式下政府与公众之间的关系，政府不再是发号施令的权威官僚机构，而是以人为本的服务提供者，政府公共行政不再是"管治行政"而是"服务行政"。公民是享受公共服务的"顾客"，政府以顾客需求为导向，尊崇顾客主权，坚持服务取向。新公共管理关注政府项目实施的有效性，表现出一种目标导向的趋势，行政权力和行政行为从属和服务于"顾客"的满意度这一中心。政府以提供全面优质的公共产品、公平公正的公共服务为其第一要务。在新公共管理看来，政府是负责任的"企业家"，而公民是其尊贵的"顾客"。这是公共管理理念向市场法则的现实复归。作为"企业家"的政府并非以营利为目的，而是要把经济资源从生产效率较低的地方转移到效率较高的地方,"由顾客驱动的政府是能够提供多样化和高质量的公共服务的政府"。对公共服务的评价,应以顾客的参与为主体,注重换位思考,通过顾客介入,保证公共服务的提供机制符合顾客的偏好,并能产出高效的公共服务。

(2) 治道变革,政府职能由"划桨"转为"掌舵"。新公共管理主张政府在公共行政中应该只是制定政策而不是执行政策,政府应该把管理和具体操作分开。用《改革政府》的作者戴维·奥斯本等人的话说,就是政府的角色应是"掌舵"而不是"划桨"。他们认为传统政府低效的一个重要原因就是忙于划桨而忘了掌舵,做了许多做不了、做不好、舍本求末的事情。正如彼得·德鲁克在其名著《不连续的时代》中所写到的:"任何想要把治理和实干大规模地联系在一起的做法只会严重削弱决策的能力。任何想要决策机构去亲自实干的做法也意味着干蠢事。"至于掌舵的主要途径,新公共管理认为要通过重新塑造市场,不停地向私人部门施加各种可行和有利的影响让其以"划桨"的方式来进行。

(3) 公共管理中引入竞争机制。传统公共行政力图建立等级森严的强势政府,强调扩张政府的行政干预。新公共管理则主张政府管理应广泛引入市场竞争机制,通过市场测试,让更多的私营部门参与公共服务的提供,提高服务供给的质量和效率,实现成本的节省。以竞争求生存,以竞争求质量,以竞争求效率。竞争性环境能够迫使垄断部门对顾客的需要变化做出迅速反应。相对于动用政府本身的公务员来说,合同外包是允许政府实验各项政策的全新供给体系,通过市场测验可以判断出新政策的合意性。"风险规避,尤其是政治风险的回避,是公共行政人员推行民营化的主要动机"。

(4) 重视效率追求。追求效率是公共行政的出发点和落脚点。新公共管理在追求效率方面主要采取三种方法:第一,实施明确的绩效目标控制。与传统公共行政重遵守既定法律法规、轻绩效测定和评估的做法不同,新公共管理主张放松严格的行政规制,实行严明的绩效目标控制,即确定组织、个人的具体目标,并根据绩效目标对完成情况进行测量和评估。第二,重视结果。传统的官僚主义政府注重的是投入,而不是结果。他们往往只会花掉预算分解的每个项目的资金,对结果和收益毫不关心。新公共管理根据交易成本理论,重视管理活动的产出和结果,关注公共部门直接提供服务的效率和质量,主张对外界情况的变化以及不同的利益需求做出主动、灵活、低成本、富有成效的反应。第三,采用私营部门成功的管理手段。新公共管理强调政府广泛采用私营部门成功的管理手段和经验,如重视人力资源管理、强调成本—效率分析、全面质量管理、强调降低成本，提高效率等。

（5）改造公务员制度。新公共管理主张对公务员制度的一些重要原则和核心特征进行瓦解：第一，通过推行临时雇佣制、合同用人制等新制度，打破传统的文官法"常任文官无大错不得辞退免职"的规定。第二，废弃公务员价值中立原则。新公共管理"主张放弃政府的与逻辑实证论相联系的表面上的'价值中立'"，它正视行政所具有的浓厚的政治色彩，认为不应将政策制定和行政管理截然分开。强调公务员与政务官之间存在着密切的互动和渗透关系，主张对部分高级公务员应实行政治任命，让他们参与政策的制定过程，并承担相应的责任，以保持他们的政治敏感性。新公共管理认为正视行政机构和公务员的政治功能，不仅能使公务员尽职尽责地执行政策，还能使他们以主动的精神设计公共政策，使政策能更加有效地发挥其社会功能。

（6）创建有事业心和有预见的政府。新公共管理认为"政府必须以收费来筹款，通过创造新的收入来源以保证未来的收入"。不仅如此，政府还必须转变价值观，在把利润动机转向公众使用的基础上，尽可能使政府由公共管理者转变为企业家，学会通过花钱来省钱、为获得回报而投资。与此同时，新公共管理认为，传统公共行政只注重提供服务而不注重预防，结果当问题变成危机时，再花大量的金钱、精力去进行治疗。新公共管理认为社会更需要预防，即解决问题而不是提供服务。为此，政府应该把更多的工作放在预防上。

新公共管理理论在发展的过程中遭到了不少的批评，但这并不影响它作为公共行政发展的总趋势。它通过推进改革管理的整体的多元化和公共管理手段的企业化，促使政府不再担当公共产品和服务的唯一提供者，而是担当公共事务的促进者和管理者，它有助于提高公共管理的有效性和促进社会可持续发展。

二、政府再造理论

（一）政府再造理论产生的背景

20世纪70—80年代以来，西方社会乃至整个世界发生了根本性的变化。新技术、新发明层出不穷，特别是信息技术的发展和应用正在深刻地改变着人类社会；经济全球化趋势日益增强，对全世界产生了前所未有的影响。在新的社会环境下，传统的科层制显得僵化和迟钝，导致行政高成本、低效率，明显背离时代的要求。在社会发生变化的同时，西方各国普遍面临一些带有共同性的问题，包括政府开支过大、经济停滞、财政危机严重、福利制度走入困境、政府部门工作效率低下和官僚主义严重等。公众对政府管理的失灵和政府治理能力减弱的不满情绪日趋强烈。与此同时，现代私营企业管理的有效性和成功经验同政府管理的落后和失败形成了鲜明的对比，企业的先进管理提高了公众对高水准服务的期待。政府面临的困境、危机和压力迫使各国采取有力措施，改革科层制模式的公共行政，探索建立公共事务管理的新模式，以适应当代公共管理实践发展的迫切需要，提升国家竞争力和行政效能，满足公众的期望。

1993 年美国学者哈默与钱皮联合编著的《再造企业管理革命宣言书》，宣布了政府再造理论正式诞生。理论的提出为政府的改革提供了新的视野，客观上推动了世界各国政府重组和革新的进程。

西方国家进行的这场规模宏大的行政改革是一场革命性的变革，被理论界称为"政府再造"。

（二）政府再造理论的基本内容

1. 政府再造的界定

美国政府再造大师奥斯本等人认为：所谓政府再造，就是指对公共体制和公共组织进行根本性的转型，以大幅提高组织效能、效率、适应性以及创新的能力，并通过变革组织目标、组织激励和责任机制、权力结构以及组织文化等来完成这种转型过程。这种再造，也就是用企业家精神改革公营部门，用企业化体制来取代官僚体制，创建企业化政府，使政府具备创新能力和应付各种挑战的能力，适应当前和未来环境的变化，提高政府的绩效。当然，创建企业化政府，并非要将政府变为企业，并非意味着政府以谋求利润为取向，而是要求政府抛弃传统的思维模式，将全新的企业经营管理理念注入政府部门，以创新、竞争、高效和顾客导向的方式使用资源和提供服务。企业化政府代表着一种不可逆转的组织范式的转变。正如美国管理学大师彼得·德鲁克所言："在现存的公共事业机构内建立企业化的管理机构可能会是这一代人的最重要的政治任务。"

2. 政府再造理论的主要观点

奥斯本和盖布勒在《改革政府》一书中提出了企业化政府运作的十条原则，成为政府改革的重要理论根据。这十条原则是：

(1) 企业化政府应该把政策制定（掌舵）与政策执行和服务提供（划桨）分开，政府的职能主要是掌舵。

(2) 政府将部分控制权和职能转移至社区，鼓励民众关心和参与公共事务。

(3) 把竞争机制注入提供服务中去，改变政府对公共服务的垄断。

(4) 政府要在内部放松管制，并从根本上简化行政制度。

(5) 按结果而不是按投入进行拨款，引导政府对其施政结果负责。

(6) 满足顾客而不是满足官僚制度的需要，经常关注顾客的利益和要求。

(7) 政府应发挥企业经营的精神，进行有效的投资。

(8) 政府管理要有战略眼光和预见性，防患于未然。

(9) 通过组织等级扁平化和使用团队等方式下放权力给基层和员工。

(10) 通过市场的力量进行变革，公共服务的市场要对社会开放。

3. 政府再造的十大原则

政府再造的策略要求，即"十大原则"是：

(1) 改革体制 DNA，从根本上进行改革。

(2) 从体制的所有层次上进行变革。

(3) 用回报换取人们放弃权力、职业的安全保障等。

(4) 重视绩效，并接受后果，承担风险。

(5) 再造者要代表普遍利益，敢于直面特殊的利益集团。

(6) 领导者和权益相关者都要保护公共企业家（再造者）。

(7) 以诚实建立信任，不要居高临下地进行再造。

(8) 进行变革要有投入（需要付出资金、时间和政治资本）。

(9) 人道地管理过渡期，以充满人情的面孔进行再造。

(10) 坚持到底，一旦目标确定，就要勇往直前。

应该说政府再造理论是新公共管理理论的继承和发展。它一方面认同政府需要按照企业的方式进行日常社会管理和服务，这点与新公共管理理论是一致的。另一方面，政府再造理论认为传统意义上的机构的精简和优化已经不能满足时代和社会发展的需要，改革不能再浮于表面，要按照企业家的创新精神对政府部门进行全面彻底的梳理和打造。这点较新公共管理理论来讲，更为彻底，是对其的又一个发展和延伸。

三、激励理论

（一）激励理论的产生与发展

自从 20 世纪二三十年代以来，国外许多管理学家、心理学家和社会学家结合现代管理的实践，提出了许多激励理论。这些理论按照形成时间及其所研究的侧面不同，可分为行为主义激励理论、认知派激励理论和综合型激励理论三大类。激励理论是管理心理学的范畴，早期的激励理论研究是对于"需要"的研究，回答了以什么为基础或根据什么才能激发调动起员工工作积极性的问题，包括马斯洛的需求层次理论、赫茨伯格的双因素理论和麦克利兰的成就需要理论等。最具代表性的马斯洛需要层次理论就提出人类的需要是有等级层次的，从最低级的需要逐级向最高级的需要发展。需要按其重要性依次排列为：生理需要、安全需要、归属与爱的需要、尊重需要和自我实现需要。并且提出当某一级的需要获得满足以后，这种需要便中止了它的激励作用。激励理论中的过程学派认为，通过满足人的需要实现组织的目标有一个过程，即需要通过制订一定的目标影响人们的需要，从而激发人的行动，包括弗鲁姆的期望理论、洛克和休斯的目标设置理论、波特和劳勒的综合激励模式、亚当斯的公平理论、斯金纳的强化理论等。

激励理论产生并发展完善是在 19 世纪 60 年代以后，主要包括弗鲁姆的期望理论，洛克和休斯的目标设置理论、亚当斯的公平理论和斯金纳的强化理论等，其中以弗鲁姆、洛克和休斯的理论最具代表性。弗鲁姆在 1964 年所著的《工作与激励》一书中提出了"期望理论"，即某一活动或任务能够激发起人们的努力程度和积极性是可以被衡量的，取决于两个方面，一是达成目的所需要付出的各种价值和成本——效价（valence）；二是人们通过经验和能力判断实现该目标或结果的概率——期望值（expectancy），则有 $M = V \cdot E$。洛克和休斯在弗鲁姆的"期望理论"基础上经过研究发现外界的刺激和要求会转化成为一个个目标，通过难易程度等因素来影响个体的选择和判断，并在 1967 年提出了"目标设置理论"。洛克和休斯认为提出的工作任务给人们的激励作用和效果，取决于任务设立目标的三个维度，一是目标难度。难度过低不利于激发人们的进取心和欲望，相反过高的难度同样会让人们望而生畏，因此要把握目标难度的适当。二是目标的明确性。明确的目标会对人们完成工作起到良好的导向和牵引作用，目标的含混不清、过于笼统，则会对目标的衡量产生反作用。三是目标的可接受性。只有让人们从内心接受目标，将集体任务和目标与个人的目标相结合，才能更好地发挥应有的激励功能。

（二）激励理论的主要内容

1. 激励理论的界定

激励理论是指通过特定的方法与管理体系，将员工对组织及工作的承诺最大化的过程，行为科学中用于处理需要、动机、目标和行为四者之间关系的核心理论，是业绩评价理论的重要依据。激励理论对组织行为如何影响到个体行为，组织如何通过行为提升改进员工个体行为给出了方法和答案。

2. 激励理论的学派

（1）行为主义。20世纪20年代，美国风行一种行为主义的心理学理论，其创始人为华生。这个理论认为，管理过程的实质是激励，通过激励手段，诱发人的行为。在"刺激—反应"这种理论的指导下，激励者的任务就是去选择一套适当的刺激，即激励手段，以引起被激励者相应的行为反应的发生。

新行为主义者斯金纳在后来又提出了操作性条件反射理论。这个理论认为，激励人的主要手段不能仅仅靠刺激变量，还要考虑到中间变量，即人的主观因素的存在。具体说来，在激励手段中除了考虑金钱这一刺激因素外，还要考虑到劳动者的主观因素的需要。根据新行为主义理论，激励手段的内容应从社会心理观点出发，深入分析人们的物质需要和精神需要，并使个体需要的满足与组织目标的实现一致化。

新行为主义理论强调，人们的行为不仅取决于刺激的感知，而且也决定于行为的结果。当行为的结果有利于个人时，这种行为就会重复出现而起着强化激励作用。如果行为的结果对个人不利，这一行为就会削弱或消失。所以在教育中运用肯定、表扬、奖赏或否定、批评、惩罚等强化手段，可以对学习者的行为进行定向控制或改变，以引导到预期的最佳状态。

（2）认知派。行为简单地看成人的神经系统对客观刺激的机械反应，这不符合人的心理活动的客观规律性。对于人的行为的发生和发展，要充分考虑到人的内在因素，诸如思想意识、兴趣、价值和需要等。因此，这些理论都着重研究人的需要的内容和结构，以及如何推动人们的行为。

认知派激励理论还强调，激励的目的是要把消极行为转化为积极行为，以达到组织的预定目标，取得更好的效益。因此，在激励过程中还应该重点研究如何改造和转化人的行为。属于这一类型的理论还有斯金纳的操作条件反射理论和挫折理论等。这些理论认为，人的行为是外部环境刺激和内部思想认识相互作用的结果。所以，只有改变外部环境刺激与改变内部思想认识相结合，才能达到改变人的行为的目的。

（3）综合型。行为主义激励理论强调外在激励的重要性，而认知派激励理论强调的是内在激励的重要性。综合型激励理论则是这两类理论的综合、概括和发展，它为解决调动人的积极性问题指出了更为有效的途径。

心理学家勒温提出的场动力理论是最早期的综合型激励理论。这个理论强调，对于人的行为发展来说，先是个人与环境相互作用的结果。外界环境的刺激实际上只是一种导火线，而人的需要则是一种内部的驱动力，人的行为方向决定于内部系统的需要的强度与外部引线之间的相互关系。如果内部需要不强烈，那么，再强的引线也没有多大的意义。

波特和劳勒于1968年提出了新的综合型激励模式，将行为主义的外在激励和认知派的内在激励综合起来。在这个模式中含有努力、绩效、个体品质和能力、个体知觉、内部激励、外部激励和满足等变量。

在这个模式中，波特与劳勒把激励过程看成外部刺激、个体内部条件、行为表现、行为结果相互作用的统一过程。一般人都认为，有了满足才有绩效。而他们则强调，先有绩效才能获得满足，奖励是以绩效为前提的，人们对绩效与奖励的满足程度反过来又影响以后的激励价值。人们对某一作业的努力程度，是由完成该作业时所获得的激励价值和个人感到做出努力后可能获得奖励的期望概率所决定的。很显然，对个体的激励价值愈高，其期望概率愈高，则他完成作业的努力程度也愈大。同时，人们活动的结果既依赖于个人的努力程度，也依赖于个体的品质、能力以及个体对自己工作作用的知觉。

波特和劳勒的激励模式还进一步分析了个人对工作的满足与活动结果的相互关系。他们指出，对工作的满足依赖于所获得的激励同期望结果的一致性。如果激励等于或者大于期望所获得的结果，那么个体便会感到满足。如果激励和劳动结果之间的联系减弱，那么人们就会丧失信心。

绩效管理工作也充分学习借鉴了激励理论。绩效管理工作中，指标"跳一跳摘得到"的设立原则，还有指标设计的明确性、实用性、牵引性等原则都是借鉴激励理论的相关内容进行拓展深化而最终形成的。可以说激励理论对于绩效管理工作中指标的设立和确定方面提供了坚实的理论基础。

第三节 绩效管理的技术保障

一、基于目标管理的考核体系

目标管理通过确定目标、制定措施、分解目标、落实措施、安排进度、组织实施、考核等组织自我控制手段来达到管理目的。它是一个反复循环、螺旋上升的管理方式，基本的内容包括制定和分解目标、实施目标过程中的管理、目标成果评价。

目标管理具有一些明显的特征。首先，目标管理主张在整个管理过程中实现自我，即实现管理中的"自我控制"和"自我调整"，因此，它具有强烈的自觉性，是一种自觉的管理。其次，目标管理鼓励全体员工都参与管理、都成为管理者集团的一员，因而具有广泛的民主性，是一种民主的管理。再次，目标管理以目标实现的程度进行管理成果的评价，注重管理的实际成效，因而具有极强的现实性，是一种成果的管理。最后，目标管理思想是一个反复循环、螺旋上升的管理方式，要求管理效果不断提高，在这个过程中，目标成果信息的反馈，保证管理效果的不断提高。

目标管理的这些优点，不仅影响了组织管理，同时还给现代绩效管理思想带来了新的血液。现在绩效管理借鉴了目标管理中自我管理思想，通过事前沟通、事中调控、事后考核等一系列工作，让每一个人都自觉地动起来。目标管理强调参与式的目标设置，这些目标是明确的、可检验的和可衡量的，这种员工参与式的管理理念，不仅提高了员工的积极性，同时也使制定的目标更具操作性。

（一）目标管理产生的背景

自20世纪初泰勒提出科学管理以来，西方先进资本主义国家经济得到了长足发展，在组织经营管理方面也有了很大的发展。第二次世界大战结束后，世界各国一方面因为蒙受战祸而迫切谋求经济的振兴，另一方面，由于组织经营管理的环境发生变化，人们参加工作的行为动机也发生了相应的改变，原来泰勒的科学管理的严格监督和控制的管理方式，已经不能充分调动员工的积极性。当时美国的一般企业，由于组织结构臃肿，管理组织僵化，工作效率不高，影响了职工积极性的发挥。因此，企业急需一种新的更有活力的管理制度。在此情况下，目标管理应运而生。

1954年，彼得·德鲁克在《管理实践》一书中，首先使用了"目标管理"的概念。目标管理乃是一种程序或过程，它是组织中的上级和下级一起协商，根据组织的使命，确定一定时期内组织的总目标，如此决定上、下级的责任和分目标，并把这些目标作为组织绩效考核和考核每个部门与个人绩效产出对组织贡献的标准。

目标管理实行以来，有力地激发了员工的积极性，许多企业借此起死回生。因而，这种方法迅速普及于美国各大企业，不久风行于欧美和日本等国。

（二）目标管理的理论依据

目标管理之所以能够起到了很好的效果，究其根本原因在于它的科学理论依据。这些依据，主要包括以下几个方面：

1. 系统论——全局、整体的管理组织系统

系统论的基本思想方法，就是把研究和处理的对象当作一个系统，分析系统的结构和功能，研究系统、要素、环境三者的相互关系和变动的规律性。系统论对目标管理的影响主要体现在对目标管理的过程提供一种理论上的指导，使人们从战略角度对目标管理进行全面研究，帮助人们在研究目标管理的各个具体问题时，注重研究它们之间的关系及相互影响。

2. 控制论——宏观管理与自我管理

控制是一种有目的的主动行为，管理控制行为的目的就是为了实现管理组织系统的目标，目标控制就是从这一要点出发的。目标控制是指领导者站在宏观角度上，对被控系统输入目标要求，再通过其输出的目标状态与原始输入要求进行比较，找出偏差，采取措施，保证目标实现，并以目标达成为依据来考核管理活动的效果。

3. 激励理论——目标管理的核心和动力

人本原理告诉我们，人是管理的核心和动力，能否调动人的积极性、发挥人的创造性和主动性，是管理活动成败的关键。正是从这个关键问题出发，目标管理需要强调目标的激励作用。理论研究和实践经验都表明，一个单位如果没有明确的目标，它是不可能激励集体及其员工去积极工作的。

目标是激发人们动机的诱因。管理学家马斯洛认为，人的需要是多层次的，其中成就需要，是最高层次的需要。凡是有事业心的人，几乎都遵循着这样的活动规律，即"选定合适的目标——努力奋斗去实现——达到目标——制定更高的目标——再奋斗……"这样的不断循环，不断提高目标层次。因此，运用激励理论解决好目标激励作用，是一个十分重要的问题。

(三) 目标管理的核心思想

目标管理是一种科学的管理方法。这种管理方法通过确定目标、制定措施、分解目标、落地实施、安排进度、组织实施、考核等组织自我控制手段，来达到管理的目的。目标管理的主要特点是十分注意从目标出发，从期望达到的目标出发去采取能保证管理目的和成果实现的措施，以调动各方面的积极性，使每个人都会为达到自己的目标，而主动采取各种可能奏效的方式方法，并成为管理的主动者。这个特点贯穿于整个目标管理过程之中。

管理是一个反复循环、螺旋上升的管理方式，因而它的基本内容具有一定的周期性。目标管理正是通过其管理内容的周而复始，实现管理效果的不断提升。就目标管理的每一个周期而言，其基本内容有制定和分解目标，实施目标过程中的管理、目标成果评价。

1. 制定和分解目标

目标包括组织总目标、部门目标和个人目标。总目标确定以后，组织的各个部门就要为实现组织总体目标而提出本部门的目标，然后，每个员工要为实现本部门的目标，也就是为最终实现组织的总体目标而提出自己的个人目标。

在制定和分解目标过程中，目标管理思想鼓励下级自主提出目标，以配合上级目标的达成。为符合组织经营策略，整合组织力量，主管应以尊重下级的心态，加强与下级沟通，与下级一起讨论其所提出的目标。借助相互讨论过程，定出理想的目标成为制定目标最为关键的一点。

2. 实现目标过程中的管理

目标设定之后，各级主管就要按照目标，制定工作计划，自己负责推行。目标的完成，不仅仅是目标责任人自己的事情，他需要上级协助完成，那么上级应该如何协助下级执行目标呢？

（1）要有适当的授权。授权就是使下级具有决定权。目标及达到目标的基本方针一经确定，上级就要对下级大胆放手，给每一个基层部门与每一名员工，以实现目标所对应的权限，由他们自行选择为实现目标所采取的措施和手段，不要擅自指挥与横加干涉。上级自始至终所要做的是不断检查，对各项工作进行有重点的管理，促进目标执行者实现"自我控制与调节"，并独立自主地实现目标。

适当的授权有利于减少上级管理人员的负担，提高组织的生产经营效果，同时培养了下级管理人员，提高了他们的管理水平。目标管理的特点之一，就是注重对各级管理人员的培训、锻炼和提高。实行授权，可以使下级管理人员对自己的目标任务自觉负责，并自行判断处理问题、自我教育及自我提高。

（2）给予下级资源和协助。在实施目标管理的过程中，要根据下级在目标卡上所列的工作条件，给予下级必要的人力、物力上的支持与协助。此外，下级要完成所制定的目标，也需要其他部门的资源，主管应协助进行横向联系，以协调部门间的团队合作，达到共同的目标。

（3）适时适地交换意见。目标管理要求执行人，以自动自发的精神去推动工作，但这并不代表主管可以放手不管。为使目标执行正确，主管要主动与下级交换意见，更积极表示欢迎下级提出意见，以便及时掌握信息。

3. 目标成果评价

期末进行目标成果评价，主要是检查目标实现的情况，根据不同的情况，对执行者给予相应的奖励、表彰、批评与奖惩，达到激励和鼓励的目的。同时，通过成果评价，为下一周期的目标制定工作做好准备。

（四）目标管理的特征

通过对上述目标管理的三项基本内容的分析，我们可以看到，目标管理重视"人性"，它以人为中心进行管理，这决定了目标管理具有以下特点：

1. 目标管理是一种自我管理

目标管理主张在整个管理过程中实现自我，即实现管理中的自我控制和自我调整，因此它具有强烈的自觉性，是一种自觉管理。无论在制定目标、实施目标还是成果评价阶段，目标管理都十分重视"人性"，始终把握以目标来激励人们，尽量发挥自我的各项能力，最终通过自我控制实现整体与个人的目标。在目标制定时，目标以"人"为中心确定目标，特别是在实施目标时，目标管理注重给予执行者相当的自主权限，而不任意干涉的方式，鼓励个人以实现自我的方式实现目标，也就是通过自我控制来实现目标。因而，目标管理是一种以主动代替被动的管理方式。以自觉的努力追求目标的实现，取代麻木地完成工作目标，以自我努力取代被动附属，以自我控制取代任人支配，这就是目标管理的一种自觉管理的重要特征。

2. 目标管理是一种民主管理

目标管理鼓励全体员工都参与管理，且都成为管理者集团的一员，因而具有广泛的民主性，是一种民主的管理。目标管理在任何阶段都十分尊重人，为了调动员工的积极性和主动性，它在实施过程中，都注意是管理群体化，让全体员工都参与管理，实行管理的民主化目标管理。十分注重协商讨论、对话交流这些方式，厌倦命令、干预、指挥独断，特别是在制定个人目标尊重目标执行者的意愿，以目标执行者为主制定目标，使员工努力提高实现目标的兴趣以及积极性，这使目标管理成为一种民主的管理。

3. 目标管理是一种成果管理

目标管理以目标实现的程度进行管理成果的评价，注重管理的实际成效，因而具有极强的现实性，是一种成果的管理。目标管理也称根据成果进行管理的方法，这是因为这种管理最终是以目标的实现作为奖惩的唯一标准，把组织的业绩提高，与员工的个人利益密切结合起来，强调成果的取得，主要关注个人的能力、知识和努力注重成果，不只看资历年限，使目标管理成为一种实效的管理。

4. 目标管理是一种过程管理

目标管理是一种反复循环、螺旋上升的管理方式，要求管理效果不断提高，在这个过程中，目标成果信息的反馈保证了管理效果的不断提高。目标管理按照确定的目标和监督过程，不断将执行结果反馈给各级部门负责人，及时纠正偏差，完善目标及实现目标的措施，以最高效率取得最佳效果。目标成果反馈是绝对必要的，这有两个极其重要的理由，第一个理由与以成就为方向的管理人员的要求有关；第二个理由是在目标实施阶段，管理人员通过临时决定或修正目标，使自己始终按照预定的目标进行工作。

以成就为方向的大量实际经验和知识证明下述两个前提是正确的。第一，管理人员越以成就为方向，就越需要知道对自己工作的反馈情况，他们自始至终要了解他自己工作做得好不好，他不愿意在采取行动后对行动的结果一无所知。第二，管理人员越以成就为方向越不能容忍日常文书工作、不必要的日常事务和原始数据。他需要最小量的，但却是经过组织的、有质量的、着重于采取行动的数据，他可以据此决策和采取行动。

（五）目标管理的优势

1. 形成激励

当目标成为组织的每一个层次、每个部门和每个成员自己未来时期内欲达到的一种结果，且实现的可能性相当大时，目标就成为组织成员的内在激励。特别当这种结果实现，且组织还有相应的报酬时，目标的激励效果就更大。

2. 有效管理

目标管理方式的实施，可以切切实实地提高组织管理的效率。目标管理方式，较之计划管理方式，在推进组织工作进展，保证组织最终目标完成方面更胜一筹。因为，目标管理是一种结果式管理，而不仅仅是一种计划的活动式工作。这种管理迫使组织的每一个层次、每个部门及每个成员，首先考虑目标的实现，尽力达成目标，因为这些目标是组织总目标的分解，故当组织的每个层次、每个部门及每个人员的目标完成时，组织的总目标也就实现了。

3. 明确任务

目标管理的另一个优点是使组织各级主管及成员都明确组织的总目标、组织的结构体系、组织的分工与合作以及各自的任务。这些方面职责的明确使得主管人员知道，为了达到目标，而必须给予下级相应的权力，而不是大权独揽、小权也不分散。另外，许多着手实施目标管理方式的公司或其他组织，它们通常在目标管理实施的过程中会发现组织体系存在的缺陷，这可以帮助组织对自己的体系进行改造。

4. 控制有效

目标管理方式本身也是一种控制的方式，即通过目标分解后的实现，最终保障组织总目标实现的过程就是一种结果控制的方式。目标管理并不是目标分解下去便没有事儿了，事实上组织高层在目标管理过程中要经常检查、对比目标，进行评比，看谁做得好，如果有偏差就及时纠正。从另一个方面来看，一个组织如果有一套明确的、可考核的目标体系，其本身就是进行监督控制的最好依据。

二、基于关键绩效指标的考核体系

建立关键绩效指标体系的主要流程是：首先，明确组织的战略是什么。其次，根据岗位业务标准，确定哪些是导致组织成功的因素。再次，确定关键绩效指标、绩效标准与实际因素的关系。最后，分解关键绩效指标。

建立关键绩效目标着重贯彻以下四大原则：一是目标导向原则，二是SMART 的原则，三是执行原则，四是客户导向原则。关键绩效指标是对组织运行过程中关键成功要素的提炼和归纳，一般具有如下特征：系统性、可控性与可管理性、价值牵引和导向性。

建立关键绩效指标（Key Performance Indicator，简称 KPI）的要点在于系统性、计划性和流程性。各个层级的绩效考核指标，无论是应用于组织、部门、团队还是个人的绩效考核，绩效考核的指标体系都应达到这样的一个状态：能清晰描述出绩效考核对象的增值工作产出；针对每一项工作产出提取了绩效指标和标准；划分了各项增值产出的相对重要性等级；能追踪绩效考核对象的实际绩效水平，以便将考核对象的实际表现与所要求的绩效标准相对照。

（一）KPI 的起源

1897 年，意大利经济学家帕累托在研究中发现一件奇怪的事情：19 世纪英国人的财富分配呈现一种不平衡的模式，大部分的社会财富都流向了少数人的手里。后人对他的这项发明有不同的命名，二八法则是其中的一个说法，还有帕累托法则、帕累托定律、最省力法则等说法。尽管帕累托首先发现了二八法则，但是直到第二次世界大战之后，一位罗马尼亚裔的美国工程师朱伦才开始引介它。朱伦将二八法则应用于日本企业实践，受到日本企业的大力欢迎，它对第二次世界大战后日本工业的崛起推动作用很大。美国经济受到威胁后，二八法则才受到西方的尊重。

劳伦斯·彼得在研究美、日知名企业成功运用二八法则的经营实践中，得到两点收益：明确自己企业中 20% 的经营要务是哪些；明确应该采取什么样的措施，以确保 20% 的重点经营要务取得重大突破。二八法则对管理者而言意味着什么呢？这要求经营管理者在平常的经营管理上应事无巨细，要抓住管理的重点，包括关键的人、关键的环节、关键的岗位、关键的项目等。

KPI 的理论基础是二八法则。二八法则运用到绩效管理中，具体体现在 KPI 上，即一个企业在价值创造过程中，每个部门和每个员工的 80% 的工作任务是由 20% 的关键行为完成的。抓住 20% 的关键，就抓住了主体。

一般对管理比较重视的企业，常常接受过西方管理技术的培训；或者接受过绩效管理咨询的企业，其大部分员工都知道 KPI 这三个字母。"KPI 是战略导向的绩效管理系统"，KPI 不同于其他绩效管理方法的地方在于，KPI 能够很好地分解组织的战略目标。以往的绩效考核是"有什么考什么"，一般考核工作者的品德怎么样、工作能力如何、工作态度是否好、工作量做了多少，所谓"德能勤绩"考核法，它往往容易脱离企业、团队的目标，缺乏系统性。而 KPI 坚持的是"要什么考什么"，具有计划性、系统性。它首先明确企业的战略目标，并在企业会议上利用头脑风暴法和鱼骨图分析法，找出企业的业务重点，也就是企业价值评估的重点。然后再用头脑风暴法和鱼骨图分析法，找出这些关键业务领域的 KPI，即企业级的 KPI。KPI 是从战略目标，或者是从总目标上分解而来的，各部门的主管需要根据企业级 KPI 建立部门级 KPI，并对相应部门的 KPI 进行分解，确定相关的要素目标，分析其绩效驱动因素（技术、组织、人），确定实现目标的工作流程，分解出各部门级的 KPI，以便确定考核指标体系。最后，各部门的主管和部门的 KPI 人员一起再将 KPI 进一步细分，分解为更细的 KPI，即职位的业绩衡量指标。这些业绩衡量指标就是员工考核的要素和依据。

这种对 KPI 体系的建立和测评过程本身就是统一全体员工朝着企业战略目标努力的过程，这也必将对各部门管理者的绩效管理工作起到很大的促进作用，因此，KPI 是一种先进的绩效管理方法。

（二）KPI 的概念

KPI 是通过对组织内部某一流程的输入端、输出端的关键参数进行设置、取样、计算、分析，衡量流程绩效的一种目标式量化管理指标。它是一种把企业的战略目标分解为可运作的远景目标的工具，是企业绩效管理的基础。KPI 考核可以使各级主管明确各部门的主要责任，并以此为基础，确定各部门人员的业绩衡量指标。

KPI 是基于企业经营管理绩效的系统考核体系，我们可以从以下三个方面来理解关键绩效指标的深刻含义。

（1）关键绩效指标是用于评估和考核被考核者绩效的可量化或可行为化

的考核体系。

也就是说，关键绩效指标是一个指标体系，它必须是可量化的，如果难以量化，那么也必须是可行为化的。如果无法满足可量化或可行为化的特征，这个指标就不符合关键绩效指标的要求。

（2）关键绩效指标，体现绩效中对组织战略目标起增值作用的绩效指标。

这就是说，关键绩效指标是连接个体绩效和部门绩效与组织战略目标的一个桥梁。关键绩效指标是针对组织战略目标及增值作用的工作产出来设定的，基于这样的关键绩效指标对绩效进行考核，就可以保证真正使对组织有贡献的行为受到鼓励。

（3）通过在关键绩效指标上达成的承诺，基层员工与中高层管理人员都可以进行工作期望、工作表现和未来发展等方面的沟通。

关键绩效指标是进行绩效沟通的基石，是组织中关于绩效沟通的共同辞典。有了这样的辞典，管理人员和员工在沟通中就可以有共同的语言，以便共同为实现组织战略目标而努力。

（三）KPI 设计的基本思路

建立关键绩效指标体系，其基本思路分述如下：

（1）明确组织的战略是什么

我们首先要明确组织的愿景和战略，并且形成组织的战略方针。另外，还要明确"如何去实现愿景与战略"。

（2）根据岗位业务标准，确定哪些是导致组织成功的因素。同时，找到"我们如何去抓住它"的方法。

（3）确定关键绩效指标、绩效标准与实际因素的关系

在提取 KPI 的过程中，不仅要包含财务 KPI，还应该包含非财务 KPI。也就是说，既要有"销售额""利润率"等财务性 KPI，也要有"客户满意度"等非财务性 KPI。

（4）关键绩效指标的分解

通常企业关键绩效指标有以下几个层级构成：一是组织级关键绩效指标，它是由组织的战略目标而来的；二是部门级关键绩效指标，它是根据组织级关键绩效指标和部门职责来确定的；三是部门关键绩效指标落实到工作岗位的业绩衡量指标。

(四) KPI 设计的四大原则

1. 目标导向原则

指根据组织总体目标及上级目标,设立部门或个人具体目标。KPI 是对组织及组织运作过程中实现战略的关键成功要素的提炼和归纳,是把组织的战略目标分解为可运作的远景目标和量化指标的有效工具。KPI 一般由财务、运营和组织三大类可量化的指标构成。KPI 是基于战略与流程制定的、对组织长远发展具有战略意义的指标体系。设置 KPI 应将公司远景和战略与部门、个人运作相连接,与内外部客户的价值相连接,体现组织的发展战略与成功的关键要点。

2. SMART 原则

指标要少而精、可控、可测,具体明确,并且要有有效的业务计划及目标设置程序的支持。具体来说,设定 KPI 指标要遵循所谓的 SMART 原则,S 是指 KPI 指标要切中特定的工作目标,不能笼统空泛,而是要适度细化,并且要随情境变化而发生变化。M 是指 KPI 指标或者要数量化,或者要行为化,衡量这些指标的数据和其他信息,要能够比较容易获得。A 是指 KPI 指标既不能太低,也不能太高,而是要在付出努力的条件下能够实现或达到。R 是指 KPI 指标要实实在在,可以证明和观察,而不是基于假设或预期。T 指的是在 KPI 指标中要使用一定的时间单位,即设定完成这些指标的期限。

3. 执行原则

KPI 考核能否成功,关键在于执行,所以组织应该形成强有力的执行文化,不断消除在实施 KPI 考核过程中的各种困难和障碍,使 KPI 考核真正成为推动组织管理创新和提升效益的有效手段。

4. 客户导向原则

"如何为客户创造价值"是企业的首要任务。客户方方面面的工作能力,体现了企业对客户要求的反应效率。对于使用关键绩效指标体系的人来说,市场标准及最重要成果责任是需要重视并进行测控的。企业应该明确这些方面所应该达到的目标,然后把这些目标转化为关键绩效指标。

此外,在设定 KPI 过程中,应该明确责任,强调各部门的连带责任,促进各部门的协调,不迁就部门的可控性和权限要求,主线明确,重点突出,简洁实用。

三、基于平衡计分卡的考核体系

截至 2000 年底,美国、英国和斯堪地纳维亚地区(瑞典、丹麦、挪威、冰岛的泛称)的许多公司都在使用平衡计分卡,而且还有许多公司打算很快使用平衡计分卡(BSC)。多种数据显示,平衡计分卡自产生以来,已经成为绩效管理领域较为主流的思想和方法之一。国内的企业,如联想、美的、万科也将平衡计分卡应用到企业的管理实践中。自平衡计分卡产生至今,国内外的学术界,也对其进行了大量的研究。

任何理论和方法的应用都有一定的范围,平衡计分卡也不例外。随着平衡计分卡在国内外企业中的广泛应用,人们也逐渐认识到了平衡计分卡的不足和局限性。这是事物发展的必然。

(一)平衡计分卡的产生

在工业时代,实物资产占据主导地位,引导其他类型资产的配置。像"资本报酬率"这样的综合性财务衡量方法,它既能引导组织的内部资本物尽其用,又能监督各经营部门使用资金和实物资本,为股东创造价值的效力。20 世纪初期,由杜邦公司的 F·唐纳德桑·布朗首创的"投资回报率指标"以及"杜邦财务分析体系"曾在西方企业界得到广泛的推崇和应用。

不过,随着电子技术和信息技术的发展,实物资产对于公司的重要性逐渐降低。同时,人力资本、知识资本等无形资产成为现代公司成功的重要条件。激烈的竞争、客户需求的多样化、产业链上下游的新型关系等都要求组织不断进行创新,而创新的源泉就是组织的人力资本和知识资本等无形资产。

可是,传统的财务衡量体系却无法对无形资产进行有效评估。因而,人们迫切需要一种新的评价模式去评价公司的无形资产。平衡计分卡便在这样的情况下应运而生。

1990 年,哈佛大学商学院的卡普兰教授和波士顿咨询公司的咨询顾问诺顿带领一个研究小组,对 12 家公司进行研究,以寻求一种新的绩效管理方法。这项研究的起因是,人们越来越认识到,仅仅依靠财务指标监控公司的绩效体系是不够的。同时,这 12 家公司和卡普兰、诺顿都认为,过分依靠财务指标会影响公司的创造力,他们讨论了多种可能替代的方法。最后,他们决定通过评价相互之间存在逻辑关系的四种组织活动(财务、客户、内部经营过程、学习和成长)的绩效指标组合来全面监控组织的绩效表现。这个绩效指标的组合就是平衡计分卡。1992年卡普兰和诺顿将他们的研究结果——《平衡计分卡：驱动绩效的评价指标体系》发表在《哈佛商业评论》上，正式提出平衡计分卡的概念。

1993年，卡普兰和诺顿又在《哈佛商业评论》上发表了《让平衡计分卡工作》一文。在这篇文章中，两位作者通过几家公司的案例，说明了如何实施平衡计分卡。作者强调，不同的市场状况、产品战略和竞争环境需要不同的平衡计分卡；企业应根据它的使命、战略、技术和文化设计个性化的平衡积分卡；而且平衡计分卡的成功全取决于它的简洁性，即只要15~20个指标就可以了。

如前所述，平衡积分卡是在已有的诸如投资回报率等财务评价工具已不能满足组织发展的需要，甚至阻碍了组织发展的情况下提出来的。在《平衡计分卡：驱动绩效的评价指标体系》一文中，卡普兰和诺顿认为："传统的财务业绩考核方法，在工业时代备受欢迎，但是今天已经落后了"。他们指出，由于现在的公司面对的竞争环境，已从工业时代过渡到信息时代，传统的财务绩效考核办法就不能再像以前那样，准确地反映企业的运营状况了。

（二）平衡计分卡的基本内容

1. 平衡计分卡的四个角度

从平衡计分卡产生的根源可以看出，它是一种绩效管理方法。它通过四个相互关联的角度及其相应的绩效指标，考察组织实现其远景及战略目标的程度。这四个角度分别是财务、顾客、内部流程、学习和发展。

（1）财务

虽然传统的仅偏重财务指标衡量企业业绩的体系存在种种缺陷，但这不等于否定或废除财务衡量指标。财务指标在平衡计分卡中不仅占一席之地，而且是其他角度的出发点和落脚点。

一套平衡计分卡应该反映企业战略的全貌，首先从长远的财务目标开始，然后将它同一系列行动相联系，这些行动包括财务过程、客户、内部经营过程和学习成长过程，最终实现企业的长期经营目标。例如质量、客户满意度、生产率等方面的改善和提高最终无法转化为销售额的增加、营业费用的减少、投资回报率的增加等财务成果。那么，以上工作，做得再好也无济于事。

处于生命周期不同阶段的企业，其财务衡量的重点也有所不同。在成长阶段，企业要进行数额巨大的投资，因此其现金流量可以是负数，投资回报率亦很低，财务衡量应侧重于销售额总体增长百分比和特定顾客群体、特定地区的销售额增长率等；处于发展阶段的企业应着重衡量获利能力，如营业收入和毛利、投资回报率、经济增加值；处于成熟阶段的企业，其财务衡量指标主要是现金流量，企业必须力争实现现金流量最大化，并减少营运资金占用。

（2）顾客

在顾客方面，核心的衡量指标包括市场份额、老顾客回头率、新顾客获得率、客户满意度和从客户处获得的利润率。这些指标存在着内在的因果关系，主要体现为：客户满意度，决定新客户获得率和老客户回头率；新客户获得率和老客户回头率，决定市场份额的大小；前四个指标共同决定从客户处获得的利润率；客户满意度又源于客户对于企业对客户需求的反应时间，以及产品功能、质量与价格。

（3）内部流程

在内部流程管理方面，应本着满足客户需要原则制定业绩衡量指标。早期的内部流程是以产定销式的，重视的是改善已有的流程。现有的流程却是以销定产式的，常常要创造全新的流程，循着"调研、寻找市场——产品设计开发——生产制造——销售与售后服务"的轨迹进行。

生产制造过程的业绩衡量，可以沿用财务指标，如标准成本和实际成本的差异、成品率、次品率、返工率等。

产品设计开发可以采用以下衡量指标：新产品销售额在总销售额中所占的比例、专利产品销售额在总销售额中所占的比例、比竞争对手率先推出新产品的比例、新产品开发所用的时间、开发费用占营业利润的比例、第一次设计出的产品中可全面满足客户要求的产品所占的比例、在投产前对设计进行修改的次数等。惠普公司还推出了"时间平衡法"，以衡量产品开发部门的工作效率。这一方法要计算从开始研制某新产品到新产品投放市场，并产生可以平衡研制投资的利润所需要的时间，它的潜台词是：产品开发投资必须在一定时间内收回。

对售后服务的衡量，则可以从时间、质量和成本几方面着手，可以采用的指标包括公司对新产品故障反应的速度（即从接到客户请求到最终解决问题的时间）、用于售后服务的人力和物力成本、售后服务一次成功的比例等。

(4) 学习和发展

在学习和发展方面,最关键的因素是人才、信息系统和组织程序。过去,企业的管理理念是,公司应使工人出色地完成具体的工作;公司的上层人员确定工人的工作任务,并制定出相应的标准和监督体制;工人的任务是干活,而不是思维。然而,在最近几十年中,这种管理哲学发生了重大变化。人们逐渐认识到,公司若想超越现有的业绩、获得未来持续的成功,仅仅墨守公司上层制定的标准经营程序是不够的,还必须尊重、重视和尽可能采纳第一线员工对改善经营程序和业绩的建议和想法,因为他们距离企业内部的工序和企业的客户最近。正如福特汽车的一个修理厂厂长所言,职工的任务是思考问题,确保质量,而不是看着零部件生产出来。因此,职工被看成是问题的解决者,而不是可变成本。

此外,要促进企业的学习和发展,还必须加强对员工的培训,改善企业内部的信息传导机制,激发员工的积极性,提高员工的满意度。这一方面的衡量指标包括培训支出、培训周期、员工满意度、员工换留率、信息覆盖比率、每个员工提出建议的数量、被采纳建议的比例、采纳建议后的成效、工作团队成员彼此的满意度等。不过,应该承认,在学习和成长方面的衡量手段目前还远未达到成熟的程度,尚待进一步研究、探索。

这四个角度之间的逻辑关系是:公司的目标是为股东创造价值(财务角度),财务(收入)的增长取决于客户购买量和满意度(顾客角度),为使顾客满意,公司必须具备一定的技能和能力(内部流程角度),公司的技能和能力归根结底取决于公司管理制度和人力资本(学习和发展角度)。

2. 平衡计分卡中的领先指标和滞后指标

好的平衡计分卡绩效考核指标体系,包括领先指标与滞后指标的组合。这两种指标又被称为"绩效驱动指标"和"结果考核指标"。不过,有时很难对这两种指标进行严格的区分。

一般情况下,绩效考核指标只能够反映一个过程的最终结果,而且最终结果往往才是利益相关者所关心的东西,他们中的大多数对于反映组织未来绩效的考核指标毫无兴趣。但是,组织却需要监控自己的运转情况,如流程效率、客户市场的变化和员工的感受等,并对绩效形成过程中出现的种种问题做出及时的处理。

组织通过平衡计分卡的多种角度所获得的信息,能够加深管理人员对组织近况的认识，并促使其做出适当的反应。例如，"合作者满意度""次品率""市场供应及时率"等绩效考核指标并不只是单纯地反映员工努力的效果和成绩，还可以反映员工努力的态度和行为。通过对这些绩效考核指标的定期报告和讨论，管理者可以及时了解公司所发生的情况；一旦这些绩效驱动指标出现异常，管理者就可以有针对性地迅速采取行动。

尽管很少组织把绩效考核指标明确地划分为这两种类型，但是，从1999年10月开始实施的平衡计分卡的理光公司（总部在日本东京，成立于1936年，是一家制造和销售摄像仪器、数码相机类产品的公司），则对绩效考核的指标进行了这种分类。

之所以要采取领先（驱动）指标和滞后（结果）指标这种分类形式，一个重要的原因是考虑到风险和责任。为了鼓励员工根据绩效指标尽快采取行动，组织甚至要求员工对驱动绩效指标负责。不过，如果员工实现了驱动绩效指标的要求，但由于中间的联系过程没有控制好致使最终的结果好的指标没有实现，组织还需要通过灵活的薪酬方案，对实现驱动绩效指标的员工进行激励。

四、基于标杆管理的考核体系

标杆管理是国外20世纪80年代发展起来的一种新型经营管理方式，最先应用于施乐公司，获得了巨大成功。基于标杆超越的绩效考核体系设计就是企业以最强的竞争企业，或那些在行业中领先的、有名望的企业的关键业绩行为作为基准，将自身的关键业绩行为与之进行比较，分析这些基准企业的绩效形成原因，并在此基础上确定企业可持续发展的关键业绩标准及绩效改进的最优策略。总之，标杆超越这种考核技术在理论上已趋于成熟，在实践中也取得了较好的成果。

（一）标杆管理的形成

1. 标杆管理的定义

什么是标杆管理？标杆管理也被译为标杆法、水平对比法、基准考核法、标杆超越法、基准化等。标杆管理是一项通过衡量比较来提升企业竞争地位的过程，它强调的是以卓越的公司作为学习的对象，通过持续改善来强化本身的竞争优势。所谓标杆，最早是指工匠或测量员在测量时作为参考点的标记，是测量学中的"水准基点"，在此引申为在某一方面的"行业最佳者"

或"同业之最"。

泰勒在其科学管理实践中采用了这个词，其含义是衡量一项工作的效率标准，后来这个词逐渐衍生为基准或参考点。标杆管理的实质是模仿和创新，是一个有目的、有目标的学习过程。通过学习，企业重新思考和设计经营模式，借鉴先进的模式和理念，再进行本土化改造，创造出适合自己的全新最佳经营模式。这实际上就是一个模仿和创新的过程。

标杆管理方法产生于企业的管理实践，目前对于标杆管理还没有一个统一的定义。下面是一些权威学者和机构对标杆管理的诠释。

坎普提出"标杆管理是组织寻求导致卓越绩效的实践过程"。这个定义涵盖如此广泛，以至于它包括了所有不同水平和类型的标杆管理活动，应用于跨国度、跨行业的产品与服务，以及相关生产过程的可能领域。该定义的另一个好处是简单、易于理解，可运用于任何层次，以获得卓越绩效。它强调卓越的绩效，促使员工将寻找最佳实践概念深植于脑海中——唯有最佳实践，才能导致卓越绩效，该定义为国际标杆管理中心所采用。

美国生产力与质量中心（APQC）对标杆管理的定义为："标杆管理，是一项有系统、持续性的评估过程，通过不断将组织流程与全球企业领导者相比较，以获得协助改善营运绩效的咨询"。该定义更具体地体现了标杆管理的本质主题：向组织外部参照物学习的价值；使用结构化、正式的流程进行学习的重要性；持续地进行组织自身与一流实践的比较；驱使改善绩效行为信息的有用性。该定义吸引了超过百家大型公司的采用。

瓦泽瑞认为一个定义应该尽可能简单、清楚，它应能让使用它的人知道该做什么，以及如何达到其目标。1992年，他对标杆管理做了如下定义："标杆管理是将公司与关键客户要求和行业最优（直接竞争者）或一流实践（被确认在某一特定功能领域有卓越绩效的公司）持续比较的过程，以决定需要改善的项目"。该定义强调标杆管理与内部客户和外部客户的满意相关。

综合以上各个定义的精髓，我们可以这样来描述标杆管理：不断寻找和研究业内外一流的、有名望的企业的最佳实践，以此为标杆，将本企业的产品、服务和管理等方面的实际情况与这些标杆进行定量化考核和比较，分析这些标杆企业达到优秀水平的原因，结合自身实际，加以创造性地学习、借鉴，选取改进的最优策略，从而赶超一流企业或创造高绩效的不断循环提高的过程。

2. 标杆管理产生的背景

公元前四世纪，我国就已经有了标杆管理的思想。我国古代著名的军事家孙武，在其流芳百世的伟大著作《孙子兵法》中写道："知彼知己，百战不殆。"事实上，西方学者也把《孙子兵法》视为标杆管理的理论基础。

虽然人类一直自觉或不自觉地衡量他人的优势与劣势，继而制定自己的决策以便趋利避害，但论及理论化、系统化的标杆管理，就必须首先提及美国施乐公司，实际上视其为标杆管理的"鼻祖"一点也不过分。早在1979年，施乐公司最先提出"Benchmarking"的概念，一开始，施乐公司只在公司内的几个部门做标杆管理工作，到1980年扩展到整个公司范围。当时，以高科技产品复印机主宰市场的施乐公司发现，有些日本厂家以施乐公司制造成本的价格出售类似的复印设备，致使其市场占有率在短短几年内从49%锐减到22%。为应付挑战，公司最高领导层决定制定一系列改进产品质量和提高劳动生产率的计划。公司首先广泛调查客户对公司的满意度，比较客户对产品的反映，并将本公司的产品质量、售后服务等与本行业领先企业做对比。公司派雇员到日本的合作伙伴——富士施乐及其他日本公司考察，详细了解了竞争对手的情况。接着，公司着手确定竞争对手是否领先、为什么领先、存在的差距怎样才能消除。对比分析的结果使公司确信，从产品设计到销售、服务和员工参与等一系列环节都需要加以改变。最后，公司为这些环节确定了改进目标，并制定了达到这些目标的计划。

实施标杆管理后的效果是明显的。通过标杆管理，施乐公司使其资料成本降低了50%，产品开发周期缩短了25%，人均创收增加了20%，并使公司的产品开箱合格率从92%上升到99.5%，公司重新赢得了原先的市场占有率。行业内有关机构连续数年评定，就复印机六大类产品中施乐有四类产品，在可靠性和质量方面名列第一。

标杆管理技术的出现和流行表明企业之间的效率已经十分接近。基准管理的最大特点就是鼓励企业之间的模仿。与全面质量管理和精益生产技术等技术不同，标杆管理本身并不是一种改进生产率的技术。无论是以组织内部最佳作业为基准的内部标杆管理，以竞争对手为学习典范的竞争标杆管理，还是以不同行业相似功能最佳典范为榜样的功能标杆管理，或是以不同行业不同功能的类似流程为模仿对象的流程标杆管理，其实质上都是消除各个企业之间效率差异的过程，而不是某个企业建立独特的长期优势的过程。由此看来,标杆管理流行的过程就是企业之间相互学习和模仿的过程,是管理技术传播和普及的过程,也是所有企业的生产率普遍提高的过程。管理技术的流行是有原因的,企业难以像保护专利技术等知识产权一样保护管理技术,同时西方国家管理咨询服务十分发达,这给各个企业采用标杆管理创造了良好的条件,管理技术因此而迅速扩散。

(二)标杆管理的作用

一般来说,很多组织进行标杆管理的原因通常是为了解决目前营运上的问题,但也有很多组织将标杆管理当作是主动出击的手法,借此来创造成长的机会。无论如何,标杆管理和其他的管理工具一样,都在追求营运绩效的改善。那么在众多的管理方法中,为什么要特别推荐标杆管理呢?我们的理由是除了标杆管理可以与其他的管理工具结合之外,还因为标杆管理具有以下五个作用。

1. 追求卓越

标杆管理本身所代表的就是一个追求卓越的过程。会被其他组织选中来进行效法的组织,就标杆管理的主体而言,这些组织绝对是卓越超群的。组织之所以要选择这些标杆组织,目的便是要效法这些组织,使自己的组织也能达到同样的境界,成为其他组织模仿的对象。这样的学习管理之所以可行,是因为所谓的"卓越"往往具有共同性,即使在不同的行业也是如此。例如,大多数的组织都存在销售作业这类事项,因此不论任何行业、任何组织的销售作业都应该具有某种程度的共同性,可供观察与评估。如果某些组织的销售作业已经声誉卓越,我们或许可以详加调查,并把自己的销售作业方式跟这些组织的做法进行比较,分析是否有哪些做法可以借鉴到自己的组织中,以便让自己做得更好。这种通过广泛的观摩研究来追求卓越的方式,就是标杆管理的精神。

2. 流程再造

标杆管理的另一个重要精神就是针对流程予以再造。乍看之下,标杆管理似乎会让人联想到传统的竞争者分析。但事实上,两者在观念上存在差异之处,一般组织会很自然地将自身的产品或服务方式与竞争者相比,但这只能说是竞争者分析,而非标杆管理。两者之间的一项重要的差别在于,传统的竞争者分析强调的是结果或产品的优劣评比,而标杆管理则是着重去分析制造类制造产品或提供服务的流程,并针对此流程的弱项予以强化。从这个角度来看,标杆管理探讨的范畴远比竞争者分析来得深入。标杆管理强调的是追本溯源,深度思考在作业流程中,究竟是哪一个部分的差异造成产品或服务品质产生如此的差距,并且积极去重新设计流程,以弥补这样的差距。也就是将比较重心放置在提供产品或服务背后的作业方式或工作流程上,而非产品或服务本身。"将焦点放在过程上而不是结果上",比起竞争者分析,这种崭新的观念,更可以帮助企业达成突破性的改善;比起其他的管理方式,它也更具有实效价值。

3. 持续改善

所有的管理工具都在寻求提升组织绩效的方法,而标杆管理与其他管理工具最大的不同之处在于,标杆管理特别强调持续改善的观念。标杆管理具有循环再生特性,这个循环的特性说明了标杆管理不是一个短期的活动,也不是一次就能完成的活动,而是只有在较长期的架构之下,所得到的信息才更具有价值。任何实行标杆管理的组织,如果只将它视为一个专案或单一的事件,那是很遗憾的,这个组织所能从标杆管理活动中得到的益处,也仅是有限的改进。"追求完美的过程是永无止境的",这是任何一个想要借标杆管理来提升组织绩效、臻于卓越的企业都必须体会到的事情。如果我们能将标杆管理的对象视为一个移动的靶标,我们就能体会到为何标杆管理是一段必须持续的过程。这种过程是一种持续往复的过程主要基于三点考虑:组织所在竞争环境的持续改变;标杆组织的不断升级与更新;在组织业务范围和组织规模的不断变化。除此之外,持续进行最佳作业典范的调查,还有助于组织了解最先进的信息科技、作业技术及管理方式。

税务系统各机关业务的相似性与相通性,决定了标杆管理的管理思想和管理理念在税务系统的实践中有很好的土壤和广阔的空间。

4. 创造优势,塑造核心竞争力

标杆管理是组织创造性优势的捷径,原因是组织要想建立竞争优势,首先必须进行战略规划。进行战略规划的基础在于了解竞争优势,收集充分的信息,这样才能帮助组织做好竞争分析。标杆管理本身即为一种收集信息的过程,无论是本身还是竞争者的信息,都是标杆管理的焦点。搜集到的信息除了自己的组织与标杆的作业方式外,自然也会包括目前行业内竞争形势的优势、劣势分析。

组织存续的关键在于为服务对象创造价值的能力，这种能力可称之为核心能力。标杆管理有助于组织强化自身的资源基础，形成本身的核心能力。这是因为标杆管理的重点不仅在于了解标杆到底生产或提供了哪些比我们还要好的产品或服务，更重要的在于了解这项产品或服务是如何被设计、制造或提供的。如果组织能够彻底地分析这种最佳作业方式所提供的信息，并且经过内化吸收，成功地转换应用到自己的组织内，发展出一套独特的做法与科技技能，组织就可以塑造出自身的核心能力，为发展创造竞争优势。

5. 有利于建立学习型组织

组织可以通过标杆管理方法，克服不足，增进学习，使组织成为学习型组织。学习型组织是一个能熟练地创造、获取和传递知识的组织，同时也要善于修正自身的行为，以适应新的知识和变化。实施标杆管理后，组织会发现在产品、服务、生产流程以及管理模式方面存在的不足，并在学习标杆的成功之后，再结合实际将其充分运用到自己的组织中。

五、以任职者素质为基础的考核体系

20 世纪 70 年代，美国物理学家戴维·麦克兰德在美国《心理学杂志》上发表论文，论证了行为品质和特征较之潜能测试，能够更有效地决定人们工作绩效的高低。这一结论就如何预测工作绩效这个困扰着众多管理者的难题，从新的角度给出了新的解答。此后，基于素质的管理实践与研究得到了广泛的关注。

素质是能区分为特定的工作岗位和组织环境中工作绩效的各种个人特征的集合，包括技能、知识、社会角色与自我形象、品质、动机等。将素质与绩效联系起来，认为素质是影响员工绩效水平高低的根本因素，那么，我们在对员工的绩效进行考核时，就可以素质为基础，根据胜任某一岗位的素质要求，对员工的素质进行考核，以此作为依据考核员工在此岗位上可取得的绩效。

以素质为基础进行绩效考核，首先需要根据企业实际情况进行要素定义，也就是所谓的编制素质库，然后，根据具体需要选择相应岗位，建立能够保证产生高绩效的素质模型。以此为基础，对员工进行素质考核，并将考核结果应用到招聘甄选、人员配置、培训开发、绩效改进、职业生涯开发等人力资源管理的各个功能中去。

以素质为基础进行绩效考核，是绩效考核的新发展。但是，它应用的前提是完备的制度设计和高超的管理水平，这即使在西方发达国家也只是处于摸索阶段。而且企业总是结果导向的，若单纯强调素质对绩效的决定作用，而不强调控制、不关注具体目标的完成、不注重绩效的持续改进，就我国企业的实际而言，这一方法是行不通的。企业应该量力而行，根据战略目标的要求和自身的实际情况，平衡众多绩效考核方法和考核工具的优劣，设计和选择能支撑企业战略发展的绩效考核体系。

（一）什么是素质

素质一词最早见于生物学，指的是人的神经系统和感觉器官上的先天特点。其后，被人们用来泛指事物本来具有的内在特征。但在那个时候，素质并没有在企业中得到应用，并没有与工作业绩联系起来考虑。

将素质应用于工作领域起始于20世纪70年代。1973年，美国管理学家戴维·麦克兰德在美国《心理学杂志》上发表论文，论证了行为品质和特征较之潜能测试，能够更有效地决定人们工作绩效的高低。在戴维·麦克兰德的研究中，绩效出众者具有较强的判断能力，能够更有效地发现问题，并采取适当的行动加以解决，而且能设定富有挑战性的目标——这样的行为相对独立于知识、个人技能水平和工作经验的。

自此以后的各项类似研究，通过对数以百计的各类工作的研究，都在试图回答一个基本问题：到底是什么导致了绩效出众者和绩效平平者之间的差别。这些研究也都基于同样一个目的：如果能找到这些区分因素，并将它们具体量化，就可以利用它们，聘用更好的员工，更好地对员工进行考核，以帮助他们获得更好的绩效。这里所提到的区分因素，就是我们随后所要谈到的素质。

素质是能区分特定的工作岗位和组织环境中工作绩效的各种个人特征的集合，包括技能、知识、社会角色与自我形象等。从这个概念中我们能够看出，以素质为基础进行的绩效考核，不再将目光仅仅关注知识、经验和技能等人们可以直接观察到的信息，而是更加关注那些隐藏在冰山之下，不为人们直接观察，但却对绩效形成起决定作用的部分。胜任力的冰山模型如图2-1所示。

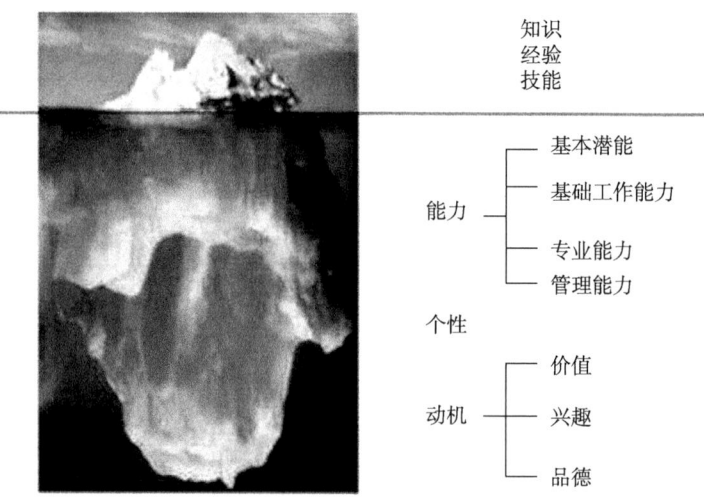

图 2-1 胜任力的冰山模型

冰山模型中,我们可以看到一个人的素质也是分层分级的。从最表层浮于冰山之上的技能、经验和知识,到最底层难以用一般方法测得的品质及动机,越靠近冰山的底部,对人潜在业绩产生的影响就越大,也就越难以通过后天习得和提高。我们可以将素质按照层级高低划分为:技能,指一个人将事情做好所要掌握的东西;知识,指一个人对于特定领域的了解;社会角色,指一个人扮演的形象;自我形象,是指一个人对自己的看法,即内在自我认同的本我;品质,指一个人持续而稳定的行为特征;动机,指在一定领域内的自然而持续的想法和偏好,如成就导向、亲和力、影响力等,它们将驱动、引导和决定一个人的外在行动。

(二) 素质的类型

总的来说,素质包括三种类型:核心素质、通用素质、角色素质。

核心素质,是作为一个整体被运用到组织中的。核心素质指的是一个组织要想成功,整个组织就应该具有的优势。这些素质通常包括顾客承诺、创造力、革新能力及质量导向等。

通用素质,通常指多数人所共有的素质,特别是那些从事某种类型工作或任务的人。例如,会计和财务人员可能都有分析能力和注重细节的能力。

角色素质,这些素质只适用于个人要承担的一个特殊的角色或一项特殊的任务。例如,"客户联络能力"和"编程能力",就是由角色所决定的特殊素质。

（三）素质是绩效考核的基础

当人们对"有效的绩效对组织意味着什么"有不同的理解时，绩效的考核是没有任何意义的。只有在对达到目标所需要的素质有共同的理解之后，谈论绩效考核才是有用的。当素质对组织达成其目标起作用时，绩效考核的贡献才能是完全直接化的、最新型的和战略性的。

在绩效合约和个人责任方面强调期望的结果是适当的，但是在把提高绩效作为考核结果时，只注重结果而不事先确定这些结果所需要的素质是武断的。

考核工作也是建立在高层次或"共同"的知识体系基础上，这些知识是围绕企业的关键数值组织起来的。因为假如没有一个清晰定义的知识体系，就不能有任何的效度和信度。当缺乏效度和信度时，任何考核体系都将是非理智的或带有政治色彩的。这时，绩效考核不仅会变得毫无价值，而且还会具有潜在的破坏性。

为组织确定的关键素质必须是简单的、强有力的、现实的。这些素质的范围必须是足够广泛的，而且他们要能对进一步的发展做出响应，以便能够囊括不断增加的技能——从一个新手为执行任务所需的技能，到有目的、有能力完成任务时所需要的灵活的、多方面的专门技能。关键素质要能够使我们在开发专门技能时，可以比较轻松地处理复杂情况。为了做到这一点，我们就要仔细地用语言表达这些素质，以防止他们被武断或机械地学习或评价。另一方面，假如我们确定的关键素质与人们学习和工作时所发生的情况的复杂性相匹配，那么这些素质将有助于获得较好的工作结果。

人们通过做那些要在某些情境中才能完成的事情进行学习，同样，他们还通过面对并战胜挑战来进行学习。他们把那些早已知道的和早已做过的事情作为目标，因此，他们开发了所需要的技能和行为。当开发工作所需要的素质时，他们要学习如何为顾客提供好的服务，以及如何增加自身所需要的某方面的知识。他们带来了自己的思想、价值观、行动，并且将其运用到他们所了解、所重视的方面，以及运用到为完成任务、提供好的服务做出积极贡献的方面。当然，当他们学会在新的和不同的情境中达到目标时，他们拥有的就不仅仅是能力了。

（四）素质模型

1. 什么是素质模型

以素质为基础进行绩效考核的理论依据在于素质是区分绩效出众与绩效平平者的最好依据。而要想根据素质来衡量员工的绩效水平，我们就必须有一个统一的衡量标准，这个标准由一整套保证从事某类工作的员工、能够获得高绩效的素质及其素质等级所构成。这个保证员工能够获得高绩效的标准体系，则为素质模型，它至少包括两个部分：一是保证获取高绩效的关键素质，即员工胜任某一工作所必须具备的关键素质；二是各项关键素质的素质等级，即员工胜任某一工作时在各项必备素质上必须达到的级别要求。

一般来说，建立素质模型是希望能够找到保证从事某类工作的员工出色胜任工作和取得高绩效的素质，当然也可以就某一具体岗位甚至是某一企业的通用素质来建立素质模型。

素质模型包括两组素质：一是成功地生产或组织了所期望的工作产出或结果的全部员工（这些员工整体也很突出）所运用的素质；二是一部分获得成功的员工运用的那些素质，这些员工的绩效被评价为"最好的"或"可作为模范的"。

2. 素质模型的建立流程

建立素质模型是一个专业性很强的过程，它一般的流程如下：

（1）选择研究职位

正如前面所提到的，建立素质模型对于保证高绩效的产生具有重要的意义，但它的建立却着实是一个费时费力的过程。由于受预算、技术及人员等条件的限制，为每一个职位建立素质模型是不可行的，也是没有必要的。以素质为基础开展人力资源管理活动，一个主要的前提假设是认为选对人比培养人更为重要，而这又集中体现在核心岗位上人与工作的相互匹配。素质模型的建立，应该根据组织战略的要求关注于关键岗位与核心人才，挑选那些战略价值最高的职位建立素质模型。

（2）选择标杆

素质模型的建立是为了找到那些保证产生高绩效的素质要求。因此，首先要明确到底什么是所谓的高绩效，要清楚界定高绩效的各类目标要求和行为表现。

确定绩优标准可以通过分析职位说明书或其他书面资料来获得，但更为常用和有效的一种方法是，通过寻找那些出色胜任工作的员工，以他们为标杆，而利用行为访谈技术来获取建立绩优素质模型的各项数据。标杆的选择可以是内部标杆，也可以是外部标杆，而这取决于企业在建立素质模型时所选择的参照系，即是以组织内的高绩效为目标，还是以区域、行业中的高绩效为目标。

（3）关键事件访谈

关键事件访谈是通过对绩优员工及一般员工的深度访谈，获取与绩效相关的素质信息的一种方法。之所以利用关键事件访谈技术来提取各种素质信息，原因就是传统的有关素质的测量方式无法提取保证工作绩效的有效信息。如智力测验不能预测学习成绩之外的工作绩效；标准化的人格特征测验也被证明在工业情境下缺乏效度。而关键事件访谈法不仅能够提取知识、经验和技能等信息，更为重要的是，它能有效提取冰山之下的素质内容。而且由于这些素质内容是从各类工作行为中获得的，他们在其他工作情况下也具有良好的适应性。

（4）构建素质模型框架

除了利用关键事件访谈，还可以通过调查问卷、专家支持系统、数据库等得到大量信息。在获取所需信息后，需要对这些信息进行分类、分析，对提取的数值进行编码、阐述和命名，从而构建素质模型的基本框架。

（5）建立素质模型

素质模型的基本框架建立起来后，需要由专业人士组成分析小组对框架内各项素质的重要程度和各项素质间的相互关系进行分析。还要再次通过关键事件访谈及该模型在素质考核中的实践应用来验证数字模型的有效性。不断对其进行修正，最终建立某一职位的素质模型。

在这几个步骤中，关键事件访谈是建立素质模型的关键。通过关键事件访谈，利用事先所编制的素质库，则能够获得保证某一工作产生高绩效的各项素质要求，从而构建素质模型的框架，并最终建立素质模型。

结束语：目前绩效管理理论的主流观点已形成，并已构建了基本的框架和体系。但是，由于主流理论过多地依赖于规范分析，缺乏对绩效管理的实证分析，缺乏对绩效管理本质的深刻揭示，致使其在理论和实践上存在两点"系统性缺陷"，这两方面的问题是我们研究者需要深思的：一方面，理论上没有清晰地定义绩效管理要素。因此，实践中绩效管理在与组织环境、战略、文化、组织特征等要素的连接上往往显得笼统而又脆弱。绩效管理的控制对象是组织或员工的绩效，绩效是行为和行为结果的函数，具有多因性、多维性、动态性，不能回避环境、目的及流程和模式选择。而且组织行为学已经揭示，组织文化与组织绩效有高度的相关性，而且不同考核方法所花费的时间和费用又有很大的差异，管理者的能力也直接影响绩效管理。因此，考核方法的选择不仅要取决于组织管理的环境、战略等要素，而且要取决于组织的文化特征，还要"取决于考核的目的和对象、考核的成本与前提条件和管理者的能力和态度"。另一方面，系统设计上，主流的流程，环环相扣，浑然一体，体现了绩效管理的动态性、目的性、应用性内涵，保证了绩效的持续改进机制的实现，但是它没能清晰地体现绩效管理控制变量、流程的自修复、优化功能，于系统的管理而言，有失完善。因为，绩效管理系统本质是一个管理控制系统，一个有效的控制系统不仅要保证系统变量不断修正、优化，而且要具备对系统核心流程本身的自修复、优化功能。主流的流程尽管隐含着绩效指标修正的功能，却明显缺少核心流程的修复、优化功能。

第三章 绩效计划

 案例 3-1

谁的错?

某企业销售部的小张今年干得不错,他按照去年的考核办法,对照"销售业绩量化考核表",自己计算了一下,估计他应当是全销售部得分最高的。他想到今年的奖金兑现和一系列的奖励措施,心里美滋滋的。因为,自己今年的"销售收入"指标完成量非常大,超过标准很多,"销售回款"指标完成得也相当不错。

但是,当小张拿到今年的"销售业绩量化考核表"时,脸色一下就变了。原来表中的"销售收入"权重变了,降得很低,使得小张今年的销售业绩在总分中所占的比重很低,即使他完成得很好,对总分的影响也不大。仅此一项,他将失去很多分值。考核表中增加了一项"老客户保持率",这项对小张极为不利,他今年的大订单都是新客户,此项标准让他失分不少。考核表中还新增了一项"产品订货项数",这对小张也极为不利。他的订单很大,主要集中在几个产品上,如果按项数计分,小张又失分很多。

看着今年的考核标准,小张感到很失落,自己辛苦了一年,按照去年年底的考核标准,本以为能评"优"的,不仅收入增加,而且个人价值也可得到体现。现在倒好,评上"良"都很危险。小张很气愤,为什么去年的标准说改就改了呢?而且还是在年底考核的时候才改?

静下来仔细想一想,公司也有道理。企业抓品种订单也是对的,不然大家都争着订单产值高的产品订单,对企业发展有不利影响。老客户是企业持续发展的保证,对客户的服务意识应加强也没错。小张想来想去,难道是自己错了?可是今年自己这么努力也没错啊,"良"都评不上,岂不太冤了。为什么年初不定标准?为什么到年底了改变标准?小张终于想通了,这不是自己的错。他找到销售部经理和他吵了起来。

企业改变量化考核标准有其道理,是为了企业良性发展。小张按照去年的标准,努力也是对的。该案例的问题就出在了绩效管理的第一个环节——绩效计划,企业在年初没有绩效计划,到年底临时修改,员工无所适从,挫伤了员工的积极性。

第一节 绩效计划概述

一、绩效计划在绩效管理中的地位

绩效管理作为一种闭环管理,是由绩效计划制定、绩效计划实施与过程控制、绩效考核与评价、绩效反馈与面谈四个部分组成。绩效计划作为绩效管理流程的第一个环节,是绩效管理实施的关键和基础所在。绩效计划制定得科学合理与否,直接影响着绩效管理整体的实施效果。

在绩效管理体系中,人们往往容易将注意力集中在绩效考评上,想方设法地找出最佳考评方式和理想的考评流程。但是,绩效考评只不过是绩效管理体系中的一个环节,而且其在整个绩效管理循环体系中投入的精力应该是最少的。也就是说,我们不能简单地将绩效管理等同于绩效考评,更不能将绩效管理作为一件孤立的工作。如果绩效管理不能与员工的发展、绩效改善、组织战略、薪酬管理等紧密相连,它就只是一种摆设与"作秀"。

实际上,绩效管理是一个完整的系统。一个闭环的管理流程,其实是一个PDCI循环,绩效考评与绩效管理的最大差别,就在于绩效考评只是PDCI循环中的一个"C",而绩效管理的重点在于"P"与"I",在于绩效计划对组织战略的支撑和组织绩效的改善。

案例3-2

明确目标的意义

有人曾做过一个试验,组织三组人,让他们分别向20千米外的一个村庄步行。

第一组的人对村庄的名称和路途的长短几乎一无所知,他们被告知只需跟着向导走就行了。刚走出四五千米,就开始有人叫苦,走了一个半小时,有人几乎要愤怒了。他们抱怨为什么要走这么远,何时才能走到。离终点只余下三四千米时，有人甚至坐在路边，不愿意走了。坚持走到终点的人，只有一半左右。

第二组的人知道村庄的名称和路程，但在路边没有里程碑，他们只能凭经验，估计终点的时间与距离。走到一半的时候，大多数人就是想知道他们已经走了多远。队伍里比较有经验的人说，大概走了一半的路程。于是，大家又继续向前走。当走到全程 3/4 的时候，大家情绪低落，觉得疲惫不堪，而路程似乎还很长。当有人说快到了时，大家又振作精神，加快了步伐，他们绝大多数人都走到了终点。

第三组的人不但知道村庄的名称、路程，而且公路上每隔一千米就有一块里程碑。人们边走边看，每缩短一千米，大家便感到一阵快乐。行程中，他们用歌声和笑声来消除疲劳，情绪一直很高，所以很快就到达了目的地。

这个故事说明，当人们的行动有明确的目标，并且将自己的行动与目标不断地加以对照，清楚自己的行动进度与目标的差距时，行动的动机就会得到维持和加强，人们会自觉克服一切困难，努力去达成目标。

员工的绩效计划是整个绩效管理的起点，也是绩效实施的关键和基础。

二、绩效计划的概念

绩效计划是绩效管理循环的起点，是关于工作目标和标准的契约，也是管理人员和员工对目标和标准达成一致意见形成契约的过程。其具体表现形式是用于指导员工行为的一份计划书。

（一）绩效计划是关于工作目标和标准的契约

为了使员工顺利有效地完成绩效计划，管理者和员工必须对员工工作的目标和标准达成一致，形成契约。契约主要包括员工要达到的工作目标和效果、各阶段的目标、结果的衡量和判断标准、员工拥有的权利和决策权限、各项工作目标的权重、为完成工作目标必须具备的技能等内容。

（二）绩效计划是员工与管理者双向沟通的过程

绩效计划是保障员工顺利实现工作目标的前提。为此，管理者和员工在制定绩效计划时，必须通过双方互动式的有效沟通达成共识，进而形成绩效计划。在沟通过程中，管理者要让员工明确组织的整体目标和所在业务单元的目标，员工应该向管理者说明自己对工作目标的认识、存在的疑惑、完成计划的设想等。

(三) 制定绩效计划的前提是参与和承诺

社会心理学家研究结果表明,人们坚持某种态度的程度和改变态度的可能性,主要取决于他在形成这种态度时卷入的程度。即是否参与态度形成过程和他是否为此进行了公开表态,即做出了正式承诺这两种因素。所以,要让员工参与绩效计划的制定,并要让员工了解制定的过程和具体的内容,这样员工就会更加倾向于遵守这些承诺,履行自己认可的绩效计划。

案例 3-3

关于参与和承诺的实验

社会心理学家多伊奇和杰勒德做了一个非常著名的实验,其结果是没有将自己的意见表明出来,即没有做出承诺的一组,受到群体压力的影响而改变自己最初意见的百分比最高;而做出了公开承诺的,非常倾向于坚持自己最初的意见。这个实验的启示是:在绩效计划阶段,让员工参与计划的制定,并且签订非常正规的绩效协议,让员工感到自己对绩效计划中的内容是做了严肃的公开承诺,这样他们就会更加倾向于坚守这些承诺,履行自己的绩效计划。如果员工没有参与到绩效计划的制定过程,仅仅是主管人员强加计划给他,或者他们的计划只是口头确定的,而没有进行公开签字,那么他们就很难保证坚持那些计划。

在一个考评周期开始时确定目标计划,是所有绩效管理阶段中最关键的一个阶段。如果在评估期的一开始这些就是确定的、重点分明的、清晰的,那么在结束时的混乱和争议就会大大减少。绩效计划通常包括两部分:

(1) 制定绩效指标和各绩效指标的标准。制定绩效计划的主要依据是组织战略的落实。管理人员与员工一同讨论,以确定绩效期内下属应该做些什么、做到什么程度、为什么要做、何时做完等。

(2) 确定岗位员工个体所需的技能、行为和发展目标,以帮助个人开发、拓展和获得新知识,带来更好的职业发展前景。绩效计划有一个很重要的内容就是考评内容,通常而言,绩效考评的内容不外乎这么三类:工作业绩、工作态度与工作能力。如果说工作业绩考评,对于绩效管理体系是必修课的话,那么工作态度与工作能力的考评就是选修课了,它可以根据组织的需要,与绩效管理的目标进行选择。

三、制定绩效计划的原则

在制定绩效计划的过程中，无论是制定组织绩效计划、部门绩效计划，还是个人绩效计划，都应该遵循一些基本原则。

（一）战略性原则

在制定绩效计划体系时，必须坚持战略性原则，即要求在组织使命、核心价值观和愿景的指导下，依据战略目标和经营计划制定组织绩效计划，然后通过目标的分解和承接，制定出部门绩效计划和个人绩效计划。

（二）协同性原则

绩效计划体系是通过以绩效目标为纽带形成的全面协同系统。在纵向上，要求依据战略目标和经营计划制定的组织绩效目标、部门绩效目标和个人绩效目标是一个协同的系统；在横向上，业务部门和支持部门的目标也需要相互协同，特别是支持系统需要为业务部门达成绩效目标提供全面的支持。

（三）参与性原则

在制定绩效计划的过程中，管理者必须与员工进行充分的沟通，确保组织战略目标能够被组织所有员工正确地理解。同时，管理者还需要认真倾听员工的各种意见，妥善处理各方利益，确保绩效计划制定得更加科学合理。总之，通过全员参与绩效沟通，确保管理者和员工对绩效计划中的绩效目标、绩效指标、绩效标准、行动方案等内容达成共识，以保证在签订绩效协议的时候，做出充分的承诺。

（四）SMART 原则

SMART 原则是重要的操作性管理原则。在制定绩效目标和绩效指标的过程中，特别是在制定绩效目标时，需要遵从 SMART 原则。SMART 原则的具体含义如下。

1. 绩效目标应该是明确的

"S"（specific）是指绩效目标应该尽可能地细化、具体化。只有将这种要求尽可能表达得明确而具体，才能够更好地激发员工实现这一目标，并引导员工全面实现管理者对他的绩效期望。例如，某客户经理的绩效目标为

"三天内解决客户的投诉",而不是"尽快解决客户投诉问题";人力资源部培训主管的绩效目标是"第一季度20%时间用于培训新员工",而不是"要利用淡季,进行员工培训"等。

2. 绩效目标应该是可衡量的

"M"(measurable)是指目标能够衡量,就是可以将员工实际的绩效表现与绩效目标相比较,即应该为绩效目标提供一种可供比较的标准。绩效目标通常通过绩效指标和绩效标准,来体现可衡量的特征。例如,客户经理的绩效目标为"提高客户满意度",衡量该目标的绩效指标之一是"回复客户投诉率",绩效标准则是"24小时内答复投诉问题"。需要指出的是,可衡量并不一定要绝对量化。

人们常说一些用来说明"考量"作用的管理格言。这一类格言有若干种形式,有的是从正面表述,如"能够考量的,才能够实现""有考量才有管理",或"有考量才能有成功"。也有的从反面来表述,如"不能考量的就不能实现"。虽然在表述上略有差别,但内涵是相同的。正面的表述在于重点强调考量是绩效的充分条件,反面的表述重点在于强调考量是绩效的必要条件。严格来说,这两种说法都有些夸张,现实中有些活动并没有经过考量,从中也不会得到什么好处,却有人乐此不疲。有些活动经过了严格的考量,也还是有人对此漠然视之。但是无论如何,绩效的考量对于组织绩效的改进,肯定能起到非常重要而且效果显著的作用。如果你想改进某方面的绩效或活动,而又无法知道自己做得怎么样,甚至也不清楚自己的改进活动会有什么结果与成效,那会怎么样呢?答案显而易见。

3. 绩效目标应该是可达到的

"A"(attainable)是指目标通过努力就能够实现,即做到目标切实可行,使目标能够"蹦一蹦,够得着"。切实可行,是在两者之间找到一个最佳的平衡点,即一个员工通过努力可以达到的可行的绩效水平。因此,在绩效目标制定过程中,管理者和员工需要充分沟通,共同制定具有很强的可行性的绩效目标,而不是一味为了追求高绩效,盲目利用行政手段和权力,强加给员工的高绩效目标。

4. 绩效目标应该与战略相关

"R"(relevant)是指绩效目标体系要与组织战略目标相关联,个人绩效目标要与组织绩效目标和部门绩效目标相关联。与战略相关联原则,要求在制定绩效目标时，应对组织战略有清晰明确的界定，同时在分解和承接过程中要避免错误推理而制造出看似漂亮，但对组织战略无贡献，甚至适得其反的绩效目标。

5. 绩效目标还应该有时限性

"T"（time-based）就是指实现目标需要有时间限制，这种时间限制实际上是对目标实现方式的一种引导，要求确定工作任务的权重、事情的轻重缓急、员工的工作能力，确定完成绩效目标的最后期限，确定项目进度安排，并据此对绩效目标进行有效的监控，以便在出现问题的时候，能及时对员工进行绩效辅导。

四、制定绩效计划的基本程序

绩效计划通常包括准备阶段、绩效标准的确定阶段、绩效目标的确定阶段、绩效沟通、审定和确认阶段。由于绩效标准确定是绩效计划的核心，将在下面进行详细介绍，此阶段只介绍绩效准备阶段、沟通阶段、审定和确认阶段。

（一）准备阶段

绩效计划是由包括组织高层管理者在内的委员会与部门主管共同协商、部门主管与员工共同协商而制定的，为了使协商取得预期的效果，事先必须准备好相应的信息。

1. 组织信息

为了使员工的工作绩效能够与组织的目标结合在一起，在进行计划协商之前，主管和员工都需要重新回顾组织目标，保证在绩效计划协商之前，双方都熟悉了组织目标。对于员工来说，了解关于组织发展战略和经营计划的信息是非常必要的，而且对于组织信息了解越多，越能在自己的工作目标中保持正确的方向。

2. 部门信息

每个部门的目标都是根据组织的整体目标逐渐分解而来的，不但经营性的指标可以分解到生产、销售等部门，而且对于业务支持性部门，其工作目标也与整个组织的经营目标紧密相连。

3. 个人信息

关于个人信息，主要是两个方面的信息：一是工作岗位的说明书信息，二是上一个绩效期的考核结果。在岗位的工作说明书中，通常规定了岗位的主要工作职责，将工作职责作为出发点，设定员工工作目标，可以保证个人的工作目标与职位的要求联系起来，员工在每个绩效计划期的工作目标通常是连续的或有关联的，因此在制定当期绩效计划时，有必要回顾上一个绩效期的工作目标和评价结果。而且，在上一个绩效期内存在的问题和有待进一步改进的方面，也需要在本次的绩效计划中得到体现。

（二）沟通阶段

沟通阶段是委员会与部门主管、部门主管与员工经过充分的交流，对部门和员工在绩效计划期内的工作目标和计划达成共识的过程。

1. 沟通中应遵循的原则

（1）平等沟通的原则

委员会与部门主管在沟通中是一种相对平等的关系，不应该在计划会议上以组织或高层领导的意愿强加给部门主管，应充分听取他们的意见和建议，共同制定各部门经过努力能够实现的绩效目标；部门主管和员工在沟通中也是一种相对平等的关系，他们是共同为了部门的成功而做计划。

（2）听取被考核者的意见的原则

在委员会与部门主管的沟通中，由于部门主管对部门和岗位的熟悉，多听取他们的意见，有利于绩效计划的制定更加客观；在部门主管与员工的沟通中，有理由承认员工是真正最了解自己所从事的工作的人，员工是其所在工作领域的专家，因此在制定工作的衡量标准时，应该更多地发挥员工的主动性，更多地听取员工意见。

（3）指导与协调的原则

委员会对各部门主管的沟通，更多地协调各部门绩效指标之间的关系，以确保整个组织内绩效计划的平衡，对部门主管提供必要的帮助；部门主管对员工的影响也主要是在如何使员工个人工作目标与整个业务单元乃至整个组织的目标结合方面，以及员工如何在组织内部与其他人员或其他业务单元中的人进行协调配合。

（4）共同决策的原则

委员会与部门主管共同做决策，部门主管也应该与员工一起做决定，不是代替员工做决定。被考核者所做决定的成分越多，绩效管理就越容易成功。

2. 沟通的内容

绩效标准、绩效目标和绩效权重的确定过程是一个双向沟通的过程，管理者和被管理者双方都负有责任。在这个过程中，管理者主要向被管理者解释和说明的是：（1）组织整体的目标是怎样的。（2）为了完成这样的整体目标，部门的目标是什么。（3）为了达到这样的目标，对被管理者的期望是什么。（4）被管理者的工作应该达到什么样的标准，完成工作期限应该如何制定。被管理者应该向管理者表达的是：（1）自己对工作目标和如何完成工作的认识。（2）自己对工作的疑惑和不理解之处。（3）自己对工作的计划和打算。（4）在完成工作中可能遇到的问题和需要的支持。

3. 沟通的形式

沟通的过程有多种形式，这里介绍的只是最普通的一种形式。

（1）回顾有关信息。在进行绩效计划沟通时，往往需要先回顾已准备好的各种信息，包括组织的经营计划信息、员工的工作描述和上一个绩效期的评估结果等。

（2）确定绩效目标。在组织经营目标的基础上，各个部门和每个员工需要设定自己的工作目标。部门要根据部门工作职责确定绩效目标，员工要针对自己的工作目标确定个人目标，并要注意这些目标的具体性、可衡量性，而且应该有完成的时间限制的要求。

（3）讨论主管人员提供的帮助。在制定绩效计划过程中，委员会要了解部门在完成计划过程中可能遇到的问题和需要的资源支持，部门主管也需要了解员工在完成工作时可能遇到的困难和障碍，并对考核者遇到的困难，提供可能的帮助。

（三）审定和确认阶段

在经过了周密的准备并且进行了充分沟通之后，初步形成了绩效计划，但仍然需要审定绩效计划工作是否成功地完成了。当绩效计划结束时，需要看到如下结果：

（1）员工的工作目标与组织的总体目标紧密相连，并且员工清楚地知道自己的工作目标与组织整体目标之间的关系。

（2）员工的工作职责和描述已经按照现有的组织环境进行了修改，可以反映本绩效期内主要内容的工作。

（3）部门主管和员工对主要工作任务及其重要程度、完成任务的标准、员工在完成任务过程中掌握的权限，都已经达成了共识。

（4）部门主管和员工都十分清楚在完成工作目标的过程中可能遇到的困难和障碍，并且明确部门主管所能够提供的支持和帮助。

（5）形成一个经过双方协商讨论的协议，该协议中包括员工的工作目标、实现工作目标的主要工作结果、衡量工作结果的指标和标准、各项工作目标所占的权重以及完成目标的时间要求，并且部门主管和员工双方要在该协议上签字。

第二节 绩效计划的内容

绩效计划的主要任务是谋划一个绩效周期内应该"做什么"和"如何做"。"做什么"在绩效计划中具体体现为确定绩效目标、绩效指标和绩效评价标准。这需要管理者和员工通过沟通，确保组织战略目标能分解到部门目标和个人目标，最终实现组织战略目标在个人目标上的落地。"如何做"的问题主要体现为行动方案。其保证绩效计划内容的完整性、系统性、科学性和可操作性，对于绩效计划环节乃至整个绩效管理系统的成功，都有非常重要的意义。

一、绩效目标

绩效目标是连接组织战略与绩效管理系统的纽带，也是绩效计划的关键内容。绩效目标体系是对组织战略目标的分解和细化，是制定绩效指标、绩效评价标准和行动方案的起点和基础。

（一）绩效目标的内涵

绩效目标是指管理者与员工在使命和核心价值观的指引下，对组织的愿景和战略进行分解和细化，具体体现为绩效主体在绩效周期内需要完成的各项工作。具体明确的绩效目标是实现组织纵向和横向协同的基础，也是实现组织、部门和个人协调一致的纽带和关键。在管理实践中，有时候可以用"到什么时间完成什么目标"这样的模式来界定绩效目标。但是很多工作是持续性的和重复性的，没有明确的起止时间，则很难界定。因此，目前对绩效目标的理解主要有两种：一种是将绩效目标理解为"绩效指标加目标值"，如

"完成年度销售额 300 万元";另一种则是将绩效目标理解为绩效的行为对象,具体表现为一个动宾词组,如"增加团体客户总量"和"开发并维持战略伙伴关系"等。理解绩效目标的内涵,还需重视以下内容。

1. 绩效目标的来源

绩效目标的来源主要有两类。首先,绩效目标来源于对组织战略的分解和细化。客户价值主张决定组织竞争战略的选择,合理构建和妥善传递的客户价值主张是绩效管理的精髓和核心。通过对战略的分解与细化,形成组织绩效目标、部门绩效目标和个人绩效目标来引导每个员工都按照组织要求的方向去努力,从而确保组织战略的顺利实现。其次,绩效目标来源于职位职责。职位职责描述了一个职位在组织中扮演的角色,即这个职位对组织有什么样的贡献和产出。职位职责相对比较稳定,除非该职位本身从根本上发生变化。

2. 绩效目标的差别

使用不同的绩效管理工具,对绩效目标的理解有较大差别。在目标管理中,绩效目标通常采用"绩效指标加目标值"的表述方式。在关键绩效指标中,没有明确提出绩效目标的概念,不同层次的绩效计划是通过指标分解建立起相互的联系。在平衡计分卡中,主要将绩效目标和绩效指标分开,绩效目标具体表现为一个动宾词组,在不同层次的绩效计划体系中,通过绩效目标的承接与分解建立关系,在一个绩效计划之内,强调绩效目标之间,是一个具有因果关系的逻辑体系。

(二)绩效目标的类型

在管理实践中,比较常见的分类方式是依据绩效层次的不同,将绩效目标分解为组织绩效目标、部门绩效目标和个人绩效目标。除此之外,还有以下几种常见的分类方式。

(1)按照绩效周期的长短,可以将绩效目标分为短期绩效目标、中期绩效目标和长期绩效目标。短期绩效目标,通常在几天、几周或几个月内完成的绩效目标。中期绩效目标是指半年或一年,甚至一年多内完成的绩效目标。而长期绩效目标则是指完成时间更长一些,可能要 2~3 年,甚至更长时间,或者需要划分为几个关键性阶段的绩效目标。

(2)根据绩效目标的来源,可将绩效目标分解为战略性绩效目标和一般绩效目标。战略性绩效目标来源于对组织战略目标的分解，强调激发组织内所有人的创造力，激励所有人为之采取新思维、新方法和新思路，为了实现组织战略目标，而群策群力、协同合作和共同奋斗。一般绩效目标，则是来源于组织系统内具体职责的要求，是指维持组织正常运行必须履行的日常工作。

（3）根据持续时间和内容的差别，还可以将绩效目标分解为成就型绩效目标与标准型绩效目标。两种类型绩效目标含义、适用范围和举例见表3-1。

表3-1 成就型绩效目标与标准型绩效目标的区别

目标	成就型	标准型
含义	通过在特定的时间点上应该达到怎样的结果、取得怎样的成就来表示绩效目标	通过在持续性和重复性的工作中，应遵循怎样的标准来衡量的绩效目标
适用范围	从事有明确可见的结果产出的工作的人员，如业务人员、销售人员、管理者、有特殊技能的专业人员等	工作内容主要是重复性、支持性的职位，如秘书、行政事务专员、出纳、前台等
举例	到6月底完成600万元的销售额；将年度经营成本控制在100万元的范围内；年底提交软件的测试版本	报表的错误率低于1%；现金报销在三个工作日内完成；电话铃响三声之内必须接听

资料来源：武欣. 绩效管理实务手册 [M]. 北京：机械工业出版社，2005（2）：72-73.

此外，以平衡计分卡为基础的绩效管理实践中，还可以根据绩效目标协同方式的不同进行分类。按照纵向协同的要求，可以将绩效目标分为承接目标、分解目标和独有目标；按照横向协同要求，可以把绩效目标划分为共享目标、分享目标和独有目标。

（三）绩效目标的制定

绩效目标是制定绩效计划的首要内容。绩效目标的制定，需要在遵循绩效计划制定基本原则的基础上，严格按照目标制定的基本步骤进行，并能把握制定过程中的关键点。

1. 明确绩效目标制定的基本步骤

绩效目标的制定过程通常包括如下几个步骤：

（1）成立一个由高层领导参与的战略规划小组，负责拟定和描述组织的愿景。在高层领导之间达成共识后，确定组织的战略目标。对一个成熟的组织来说，则是直接根据组织的愿景和战略，结合组织的年度工作计划，制定组织的绩效目标。

(2) 每位高层领导与其分管部门的管理者组成小组，提出各部门的目标，然后基于部门目标和部门工作计划，制定部门绩效目标。在制定部门绩效目标时，管理者需要注意部门绩效目标和组织绩效目标的纵向协同和不同部门之间的横向协同。

(3) 部门管理者与员工就部门目标分解和实现方式进行充分沟通，形成每个人的绩效目标。在这一过程中，上级需要统筹协调每个人的工作内容，保证本部门的目标能够实现。同时也要保障双向沟通渠道的畅通和员工的发言权，并鼓励下级人员积极参与绩效目标的制定。通过保障基层员工的绩效目标与部门绩效目标的协同性和一致性，来确保个人部门和组织目标的协同性和一致性，进而通过绩效系统，化组织战略为每个员工的日常行动。

2. 绩效目标制定的关键点

在绩效目标制定的过程中，为了确保绩效目标的科学性和可操作性，绩效目标制定者还需要把握如下几个关键点。

(1) 进行充分的绩效沟通

在制定绩效目标的过程中，管理者和员工需要进行充分、平等、全面的沟通。绩效计划制定中的沟通与承诺，主要体现为通过充分参与提升员工对绩效目标的承诺程度和工作卷入程度，从而提升目标达成的可能性。在传统的目标制定过程中，缺乏充分的沟通，采取上级给下级分配任务的方式，由组织的最高管理层制定组织的战略及目标，然后逐层分解到组织的各个层次；最高领导层的目标经常是一种充满激情的陈述，使用的往往是泛泛的描述性语言，而下面每一个层级在接受信息时，必然加入自己的理解，经过层层过滤，到一线人员所做的往往是与战略毫不相关的事，甚至朝着相反的方向运行。

(2) 确保绩效目标的动态调整

绩效目标的制定通常遵循"先建立后完善"的原则。绩效目标制定需要严格遵循 SMART 原则，先确定至关重要的绩效目标，同时避免将绩效目标与日常工作计划等同。然后保证目标数量适中，绩效目标过少，则说明可能有重要的目标被忽略；绩效目标过多，则可能造成工作繁杂，没有重点，或者是工作职责相互交叉和重叠。在建立了绩效目标之后，管理者与员工进行持续沟通，对已制定的绩效目标进行修正和完善。绩效目标是根据每个绩效周期的现状确定的，而现实情况处在不断的变化之中，因此，管理者应该注意对目标进行及时的动态调整。特别是在制定了分阶段的目标的情况下，这种调整应更频繁。

（3）管理者需要提高对绩效目标的认识

第一，不能将需要达到的目标和切实可行的目标混淆。管理者可能面对来自上级或客户的压力，这些压力对部门绩效目标常常有较大的影响，部门绩效目标又需要落实到部门个人绩效目标上。在这种情况下，管理者提出的绩效目标，就可能会超过员工的能力与资源的限制。如果员工没有最后的决定权或缺乏充分沟通，其常常会面对超出自身能力的绩效目标，因此而充满挫折感，并致使工作的努力程度降低。

第二，需要清楚所有绩效目标都必须为组织战略目标服务，保障目标体系在纵向上注重协同性和一致性。在绩效周期长短上注意长、中、短兼顾，在重要性上注重重点突出。

第三，不可将所有需要解决的问题都包含在绩效目标之中。管理者必须清楚，绩效管理不是万能的，不能医治百病，更不能代替一切。绩效管理只有与组织的各种制度规范、组织文化、管理实践以及外部环境结合起来，才能充分发挥绩效管理系统的作用。

二、绩效指标

绩效目标必须转化为可以直接衡量的绩效指标。把绩效目标转化为可衡量的绩效指标是绩效计划中具有较高技术含量的工作。绩效指标是员工日常行为的指挥棒，绩效指标设置得科学与否，在很大程度上影响着整个绩效管理系统的成败。

（一）绩效指标的概念

1. 绩效指标的内涵

指标是指衡量目标的单位或方法，是指目标预期达到的指数、规格、标准。绩效指标是用来衡量绩效目标达成的标尺，即通过绩效指标的衡量来判断绩效目标的实现程度。绩效指标必须包括行动、期望的程度结果、到期时间以及某种形式的质量和数量指标。绩效指标反映了组织对该职位工作的要求，是对该职位上每个员工工作赋予的基本目标值，是评价该职位上员工绩效的基准。由于绩效指标是直接面向绩效评价，因此绩效指标也叫绩效评价指标或绩效考核指标。

绩效指标可以涉及某一个具体目标的诸多方面，如数量、质量、时间和成本等。质量是指目标完成得如何，通常包括有用性、响应度、所获得的效果（如问题得到解决的程度）、接受率、差错率以及客户反馈（如客户的投诉、差错率、回报）等。数量是指产出情况如何，包括产出量、产出效率、消耗成本等。时间，即要在预定的期限内完成，可分为严格遵守时间表、工作周期以及最终完成期限（如时间表、进度报告等）。成本，即指生产单位产品的成本是多少、投资回报率是多少等。

2. 绩效指标的类型

为了更好地设计绩效管理系统中的绩效指标，我们应该熟悉绩效指标的具体分类，并将各类绩效指标纳入绩效评价系统之中。

（1）工作业绩指标与工作态度指标

根据绩效评价内容不同，可以将绩效指标分为工作业绩指标和工作态度指标。

工作业绩指标。所谓工作业绩就是工作行为所产生的结果，平常应该直接反映组织绩效目标或战略目标。评价员工绩效时所强调的工作业绩指标，应该体现组织成功所需要的关键绩效结果。这些指标可能表现为该职位的关键工作职责，或一个阶段性的项目，也可能是年度的综合业绩。在设计工作业绩指标时，通常的做法是将业绩具体表现为完成工作的数量指标、质量指标、工作效率指标以及成本费用指标。

工作态度指标。在组织中可以见到这样的现象：一个能力很强的人出工不出力，没能实现较高的工作业绩；而一名能力一般的员工兢兢业业，却做出十分突出的工作业绩。这两种不同的工作态度产生了截然不同的工作结果。因此，为了对员工的行为进行引导，从而达到绩效管理的目的，在绩效计划和绩效评价中，应加上对工作态度进行评价的指标。

（2）硬指标与软指标

美国著名管理学家和社会心理学家斯坦利·E·西肖尔认为硬指标（如营业额、废品数量等）和软指标（如协作关系好坏、顾客满意度等），必须相互补充，二者同等重要。所谓硬指标，指的是那些可以通过以统计数据为基础，把统计数据作为主要评价信息，建立评价数学模型，以数学手段求得评价结果,并以数量表示评价结果的绩效指标。使用硬指标进行绩效评价,能够摆脱个人经验和主观意识的影响,具有相当的客观性和可靠性。在处理硬指标的评价结果时,如果需要完成复杂或多变的计算过程,还可借助电子计算机等工具来进行,以有效提高评价的可行性和时效性。软指标指的是主要通过人的主观评价,得出评价结果的绩效指标。在行为科学中,人们用专家评价来指代这种主观评价的过程。所谓专家评价,就是由评价者(专家)对系统的输出做出主观的分析,直接对评价对象进行打分或做出模糊判断(如很好、好、一般、不太好或不好)。这种绩效指标完全依赖于评价者的知识和经验来做出判断和评价,容易受各种主观因素的影响。

(3)"特质、行为、结果"三类绩效指标

在很多理论和实证研究中,综合运用"特质、行为、结果"这三类指标进行绩效指标体系的设计,是一种比较常见的方法,这三类绩效指标的详细比较如下(见表3-2)。

表3-2 "特质、行为、结果"三类绩效指标对照

指标	特质	行为	结果
适应范围	适用于对未来的工作潜力做出预测	适用于评价可以通过单一的方法或程序化的方式实现绩效标准或绩效目标的岗位	适用于评价那些可以通过多种方式达到绩效标准或绩效目标的岗位
不足	没有考虑情境因素,通常预测效度较低,不能有效地区分实际工作绩效,员工易产生不公正感,将注意力集中在短期内难以改变的人的特质上,不利于改进绩效	需要对那些同样能够达到目标的不同行为方式进行区分,以选择真正适合组织需要的方式,这一点是十分困难的。当员工认为其工作重要性较小时,意义不大	结果有时不完全受评价对象的控制,容易诱使评价对象为了达到一定的结果而不择手段,使组织获得短期效益的同时丧失长期利益

(二)绩效指标设计的准备

在绩效管理过程中,绩效指标扮演着双重角色,既是"晴雨表",又是"指挥棒",既通过指标衡量实现绩效状况,又对管理决策和员工行为产生指引作用。可以说,组织成员对绩效指标的准确理解和认识直接关系到绩效管理的成败。因此,绩效指标体系的构建是一项具有很高的技术性和挑战性的工作,管理者需要为此做全面的准备。

1. 绩效指标的基本特征

高质量的指标体系应该具有如下基本特征。

（1）独立性。独立性指的是绩效指标之间的界限应当清楚明晰，不会发生含义上的重复。这要求各个绩效指标必须具有独立的内容，有独立的含义和准确的界定。指标名称的措辞要讲究，要求做到内容界限清楚，避免产生歧义。在必要时需要给出操作性的定义，做到含义具体、明确，避免指标之间出现重复。例如，"沟通协调能力"和"组织协调能力"中都有"协调"一词，但实际上应用的人员类型是不同的。这两种协调能力的含义也是不同的。"沟通协调能力"一般可以运用于评价普通员工；"组织协调能力"则主要针对管理者，用于评价他们在部门协调和员工协调中的工作情况。

（2）可测性。绩效指标之所以需要测量和可以测量，最基本的特征就是该绩效指标指向的变量具有变异性。具体来说，评价能够产生不同的评价结果。只有这样，绩效指标的标志和标度才具有存在的意义，绩效指标才有可能是可以测量的。另外，在确定绩效指标时，还要考虑到评价中可能遇到的种种现实问题，确定获取所需信息的渠道以及是否有相应的评价者能够对该指标做出评价等。绩效指标本身的特征和该指标在评价过程中的现实可行性共同决定了绩效指标的可测性。

（3）针对性。绩效指标应针对某个特定的绩效目标，并反映相应的绩效标准；应根据部门职责或岗位职能所要求的各项工作内容及相应的绩效目标和标准，来设定每一个绩效指标。

2. 绩效指标的选择依据

在确定绩效指标的过程中，需要关注如下几个选择指标的基本依据。

（1）绩效评价的目的。绩效评价的目的是通过对绩效指标的评价来促进绩效目标的实现，从而助推组织战略目标的实现。通过对绩效指标的有效监控和评价，对员工行为产生正面的导向作用，但由于各部门或具体岗位的工作内容涉及的指标往往很多，对绩效指标的监控和评价不可能面面俱到。因此，绩效评价的目的是选择绩效指标的一个非常重要的原则。

（2）工作任务和绩效标准。每个部门或岗位的工作任务，在组织系统中已经有相对明确的规定，每个组织的总体目标都会逐步分解到具体的部门和员工。组织、部门和个人的工作任务（绩效任务）及绩效标准事先都应该有明确的规定，以确保工作的顺利进行和工作目标的实现。因此，绩效指标应该体现这些工作任务和标准，从数量、质量、时间上赋予绩效指标特定的内涵，使绩效指标的名称和定义与工作任务相符、指标的标度与绩效标准相符，这样的绩效指标方能准确地引导员工的行为，使员工的行为与组织的目标一致。

（3）获取绩效信息的便利程度。高绩效管理系统通常对各个环节有明确的要求：绩效监控应该方便易行；绩效评价必须有据可依、避免主观随意性；绩效评价结果也易于被评价对象接受。这就要求我们能够方便地获取与绩效指标相关的统计资料或其他信息，并且要求信息来源必须稳定可靠和获取信息方式简单可行。获取绩效信息的难易程度并不是可以直观判断的，通常需要在管理实践中进行小范围试行，并不断进行调整。如果信息来源渠道不可靠或相关资料呈现矛盾状态，也应该及时予以调整，以使绩效指标能够方便、准确地得到评价。有时，员工所从事的工作是不可量化的，对这类工作绩效指标的选择通常反映在"工作质量""与同事协同的情况"以及各种"特殊事件"等方面。

（三）绩效指标体系的设计

绩效指标体系的设计是一项系统性的工作，要求指标的设计者必须系统、全面地认识绩效指标，使用科学的方法，选择合适的路径，并为每个绩效指标赋予合适的权重。

1. 绩效指标体系的设计方法

设计绩效指标体系的主要工作之一，就是依据准确、全面地衡量绩效目标的要求，在坚持相关基本原则的基础上，采用科学的方法设计合适的绩效指标。常见的设计绩效指标体系的方法，主要有以下五种。

（1）工作分析法。工作分析是确定完成各项工作所需履行的责任和具备的知识及技能的系统工程，是人力资源管理的基本职能。工作分析的主要内容由两部分组成：一是职位说明；二是任职资格。职位说明包括：工作性质、职责、进行工作所需要的各种资料、工作的物理环境、社会环境、与其他工作相联系的程度等与工作本身有关的信息。对人员的要求包括：员工为了完成本工作应具备的智力、体力、专业知识、工作经验、技能等相关要求。在制定绩效指标的过程中进行的工作分析，最重要的就是分析从事某一职位工作的员工需要具备哪些能力和条件，职责与完成工作任务应以什么指标来评价，指出这些能力和条件及绩效指标中哪些比较重要，哪些相对不那么重要，并对不同的指标完成情况进行定义。这种定义就构成了绩效指标的评价尺度。

（2）个案研究法。个案研究法是指对个体、群体或组织在较长时间里连续进行调查研究，并从典型个案中推导出普遍规律的研究方法。例如，根据评价的目的和对象，选择若干个具有典型代表性的人物或事件作为调研对象，通过对他们的系统观察和访谈来分析确定评价要素。常见的个案研究法有典型人物（事件）研究与资料研究两大类。典型人物研究是以典型人物的工作环境、行为表现和工作绩效为直接对象，通过对他们的系统观察和分析研究来归纳总结出他们所代表群体的评价要素。资料研究是以表现典型人物或事件的文字材料为研究对象，通过对这些资料的总结、对比和分析，最后归纳出评价要素。

（3）问卷调查法。问卷调查法就是设计者根据需要，把要调查的内容设计在一张调查表上，写好填表说明和要求，分发给被调查者，让被调查者根据个人的知识与经验，自行选择答案，以收集和征求不同人员的意见。调查的问题应设计得直观、易懂，不宜过多，应尽可能减少被调查者的回答时间，以免影响调查表的回收率和调查质量。例如，研究者通过访谈法把评价某员工的绩效指标归纳为40个指标，为了从这40个指标中筛选出关键的绩效指标，就可以采用问卷调查法。问卷调查法按答案的形式可以分为封闭式问卷和开放式问卷两大类。封闭式问卷分为是非法、选择法、计分法、排列法四种。另外，开放式问卷没有标准化答案，被调查者可以按照自己的意愿自由回答。

（4）专题访谈法。专题访谈法是指研究者通过面对面的对话，用口头沟通的途径直接获取有关信息的研究方法。例如，通过与各部门主管、人力资源部门人员、某职位人员等进行访谈，获取绩效指标。专题访谈的内容主要围绕下面三个问题展开：你认为担任该职位的员工最基本的要求是什么？该职位的工作主要特点是什么？检验该职位工作成效的主要指标是什么？

研究者通过分析汇总访谈所得的资料，可以获得许多极其宝贵的资料。专题访谈法，有个别访谈法和群体访谈法两种。个别访谈法轻松、随便、活跃，可快速获取信息；群体访谈法以座谈会的形式进行，具有集思广益、互相启发的优点。

（5）经验总结法。众多专家通过总结经验，提炼出规律性的研究方法，称为经验总结法。一般又可以分为个人总结法和集体总结法两种。个人总结法是请人力资源专家或人力资源部门人员回顾自己过去的工作，通过分析最成功或最不成功的人力资源决策来总结经验，并在此基础上设计出评价员工绩效的指标目录。集体总结法是请若干人力资源专家和组织内有关部门的主管（6~10人）集体回顾过去的工作，采用头脑风暴的方式分析绩效优秀者和绩效一般者的差异，列出长期以来用于评价某类人员的常用指标，在此基础上提出绩效指标。

2. 绩效指标体系的设计原则和路径

在具体设计绩效指标体系的管理活动中，管理者需要根据绩效指标的基础知识、基本理念和思想，设计出符合组织具体要求的绩效指标体系，以确保组织、部门和个人三个层次的绩效指标体系，能有效地支撑组织战略目标的实现。虽然管理实践各不相同，但是了解绩效指标设计中的具体原则和绩效指标体系的设计路径，却是绩效指标体系设计工作中普遍需要高度重视的两个问题。

（1）绩效指标体系的设计原则。绩效指标体系通常是由一组既独立又相互关联，既能衡量绩效目标又便于监控和评价的系列指标构成。绩效指标体系呈现出层次分明的结构。一方面，绩效指标包括组织、部门和个人绩效指标三个层次；另一方面，针对每一个职位的绩效指标也呈现出层次分明的结构。无论采取何种分类方式，每一类指标都包含若干具体的绩效指标，都会形成一个层次分明的结构。为了使各个指标更好地整合起来，以实现评价的目的，在设计绩效指标体系时，需要遵循一些基本的设计原则。其中最常见的原则，有如下两条：

第一，坚持定量指标为主、定性指标为辅的原则。定量化原则是绩效指标设计实践中的首要原则，一般通过执行 SMART 原则，以提高绩效指标设计的质量和效率。但是并不是所有绩效都能量化或好量化，因此还需要一定的定性指标作为补充。例如，根据不同职位的工作性质，人们往往会发现将所有绩效指标量化并不可行，这时我们就需要考虑设计定性指标；当然，对于定性的绩效指标，也可以运用一些数学工具进行恰当地处理，使定性指标得以量化，从而使评价的结果更精确。

第二，坚持"少而精"原则。这一原则指的是绩效指标需要反映绩效管理的根本目的，但不一定要面面俱到。设计"少而精"的关键绩效指标体系，做到简洁明了和重点突出，便于监控和评价。所以，在制定绩效指标或者从绩效指标库中选择绩效指标时，需要确定或选取最有代表性的项目，从而简化绩效监控和评价过程。

（2）绩效指标体系的设计路径。设计绩效指标的一个重要标准就是评价对象所承担的工作内容和绩效标准。这种工作内容和绩效标准的区别，很明显地反映在个人的职位职能上。在制定处于组织中不同层级和职位的个人绩效指标时，我们需要使用不同的绩效指标和权重。在设计绩效指标的实践中，通常首先设计组织绩效指标和部门绩效指标，然后通过承接和分解，分别获得组织高层管理者和部门管理者的绩效指标。具体来讲，绩效指标体系的设计路径，有如下两种：

路径一：针对不同层级的目标设定相应的绩效指标。

管理层级是设计绩效指标体系纵向框架的依据。不管采用何种类型的组织结构，管理层级是必然存在的，只不过是从数量上有所差别而已。一般来说，一个组织的层级可以划分为组织、部门和个体三个层级。相应的个体也可区分为高层管理者、中层管理者和普通员工。由于不同层级的主体在纵向上存在着职责和权限的分工，因此，各自的绩效目标或者绩效目标的侧重点也存在着相应的差异。但是，由于组织、部门和个体以及不同层级的人员是通过绩效目标之间的承接和分解，来实现牵引、支持和配合。因此，各自的绩效目标大多存在一定的逻辑关系。

绩效指标是用于衡量绩效目标的手段，它的设计和组合是以目标为导向的。因此，基于绩效目标在纵向上的逻辑链，我们可以建立起具有一定关联的绩效指标体系，如果上下级主体之间绩效目标相同，则它们的衡量指标也相同；如果下级目标是对上级目标的分解，就需根据目标细化的程度设置各自的衡量指标，但是这些指标所评价的内容综合起来，应该能够大体上反映上级目标的绩效状况。另外，不同层级的主体总归有自己的特殊任务，需要独立完成自己特有的目标。相应地，这些目标的指标一般也是个性化的，与其他指标没有必然的联系。因此，我们可以从纵向上对指标进行归类，区分为上下级的绩效指标是共同的、有关联的还是独有的指标。

路径二：针对不同职位的特点选择不同的绩效指标。

职位类别是设计绩效指标体系横向框架的依据。在我国，由于没有建立起严格的职位职能分类标准，不同的企业对于职位职能的分类存在不同的看法。常见的职位类型包括生产类、工程技术类、销售类、研发类、行政事务类、职能管理类、政工类等，常见的职能等级包括经理、部长、主管、主办、操作工人等。但不论用什么样的称谓，最重要的是在企业的职位体系中，对这些不同的称谓进行严格地定义和区分，以便为人力资源管理的各方面工作提供一个准确的、可操作的职位平台。

按职位职能标准进行绩效管理的前提就是在企业建立、健全这样一个明确的职位系列。在分层分类评价时，不一定要严格按照这个职位系列来进行。通常，我们会对比较复杂的职位系列进行一定的合并。分层评价的层次究竟应该如何确定并没有明确的规定，具体的分类方式应该根据企业规模，特别是管理幅度和管理层次来确定。至于分类的标准，主要根据组织的生产经营对人员类别的需要而定。

为了更好地推行分层分类的绩效管理，可以将组织的职位系列体现为一个以职位类型为横坐标，以职位等级为纵坐标的矩阵图。

3. 绩效指标的权重设计

绩效指标的权重是指在衡量绩效目标的达成情况过程中，各项指标的相对重要程度。在设计绩效指标体系的过程中，不同的指标权重对员工行为具有牵引作用。确定各项指标的权重是一项非常重要的工作，也是一项具有较高技术要求的工作。权重设计通常需要注意影响绩效指标权重的因素和具体的设计方法两大方面的内容。

（1）影响绩效指标权重的因素

影响绩效指标权重的因素很多，其中最主要的因素包括以下三类：

第一，绩效评价的目的是影响绩效权重的最重要的因素。绩效管理是人力资源管理职能系统的核心模块，绩效评价的结果往往运用于不同的人力资源管理目的。不同的评价目的要求对各个绩效指标赋予不同的权重，但是关于权重的这种规定，并不需要明确到每个绩效指标。例如，将绩效指标分为工作业绩指标和工作态度指标这两个大类，然后根据不同的评价目的，规定这两个评价维度分别占多大的比重。

第二，评价对象的特征决定了某个绩效指标对于该对象整体工作绩效的影响程度。例如，责任感是评价员工工作态度时常用的一个指标，但是对于不同类型的员工来说，责任感这一绩效指标的重要程度各不相同。对一个保安人员来说，责任可能是工作态度指标中权重最大的指标，而对其他类型的员工，责任感的权重可能就没那么大。

第三，组织文化倡导的行为或特征也会反映到绩效指标的选择和权重上。例如，以客户为中心的文化较为重视运营绩效和短期绩效，而创新型文化更为关注战略绩效和长期绩效，因此在指标选择和权重分配上两者会各有侧重。

（2）权重设计方法。在综合分析指标权重的影响因素之后，就需要对每个绩效指标设定相应的权重系数。在通常情况下，指标权重设定工作是在统筹考核各种影响因素的基础上，采用科学的设计方法，设计具体的权重系数。主要的权重设计方法有如下几种：

第一，专家经验判断法。专家经验判断法是最简单的权重确定方法。它是决策者个人根据自己的经验和对各项绩效指标重要程度的认识，对各绩效指标的权重进行分配。有时决策者也会召集相关人员和专家学者共同讨论，听取大家的意见，共同商定权重的大小。也可以请多个专家为每个绩效指标打分，然后取专家赋值的平均值为权重。这种方法基本上是基于个人的经验决策，往往带有片面性。对于比较简单的绩效评价工作，这个办法花费的时间和精力比较少，容易被接受。但在实际的应用过程中，应注意不同利益主体之间观点的平衡，避免决策专断的行为。

第二，权值因子判断法。权值因子判断法是指由评价人员组成评价专家小组，由专家组制定和填写权值因子判断表，然后根据各位专家所填写的权值因子判断表来确定权重的方法。这种方法的实施一般包括组成评价的专家组、制定绩效指标权重因子判断表、专家填写权值因子判断表、对各位专家所填写的权值因子判断表进行统计，得出绩效指标权值等步骤。

第三，层次分析法。层次分析法是对人们的主观判断进行形式的表达、处理与客观描述，通过判断矩阵计算出相对权重后，进行判断矩阵的一致性检验，克服两两相比的不足。层次分析法确定指标权重，一般包括建立树状层次结构模型、确立思维判断定量化的标度、构造判断矩阵、计算权重等步骤。

第四，加权平均法。传统确定绩效指标的方法是将绩效指标人为地划分为一定比例，这种方法在管理实践中常常出现权重分配不完全的现象。采用加权平均法来确定绩效指标权重，具体包括如下三个步骤：首先，将所有指标划分为三类，并赋予不同的权重系数。即全局性指标的权重系数为5，局部性指标的权重系数为3，事务性指标的权重系数为1。其次，每个指标的满分赋值为100分，考核主体根据考核标准进行打分，经权重系数加权，得到每个指标的加权得分。最后，对所有指标加权得分进行求和，并根据指标数量对权重进行求和，取两者的商记为最终评价得分。这一思路的特点是所有指标的满赋值相同，所有情形下，同一指标的权重系数相同。其优点在于，指标的权重结构统一、简单，便于进行指标设计与管理；被考核对象的得分，不受指标数量与权重结构的限制，突破了组织指标设计时常常遭遇的容量问题；指标赋值和权重系数的统一，便于对不同组织、岗位的绩效进行分析，也有利于指标权重分配保持一致性。当然，这一思路也有其难点，即如何科学划分指标类型。也就是说，哪些指标是全局性的、哪些指标是局部性的、哪些指标是事务性的？全局性、局部性和事务性的判断标准是什么？实际上，这些问题的根源在于考核内容本身，其破解之道依赖于考核内容的设计思路和质量。

三、绩效标准

（一）绩效标准的概念

绩效标准，又被称为绩效评价标准，描述的是绩效指标需要完成到什么程度，反映组织对该绩效指标期望达到的绩效水平。通常，每个绩效指标都应该设定相应的绩效标准，便于管理者在绩效监控和绩效评价中判断绩效指标的完成情况。对于绩效标准的理解还需要重点关注以下两个方面的内容。

1. 最低绩效标准和优秀绩效标准

最低绩效标准是指对某个被评价对象而言必须达到的最低绩效水平。这种标准是每个被评价对象经过努力都必须达到的水平，主要是用于判断被评价者的绩效是否达到组织的基本要求，其评价结果主要用于决定一些非激励性的人事待遇，如基本的绩效工资要求等。优秀绩效标准是指被评价对象未做要求和期望，但可以达到的高绩效水平，通常只有一小部分员工付出很大努力才能达到。优秀绩效标准通常不设上限，只设优秀的基准线。执行优秀绩效标准主要是为了确定一些激励性的人事待遇，如额外的奖金、分红、职位的晋升等。

2. 绩效标准要求稳定性和动态性的平衡

绩效标准的制定过程是管理者和员工充分沟通后共同确定的，标准一旦确定，在外部环境没有发生重大变化的时候，应该保持标准的稳定性。不能因为领导个人的喜好和意志的变化，对绩效标准随意调整，否则会降低绩效系统的权威性。但是，当管理和技术的大幅进步、外部环境的急剧变化和竞争突然加剧等情况，导致原来制定的绩效标准不适应新形势的时候，就需要及时对绩效标准进行动态调整或修正。例如，一家生产型企业，因为引进大型先进生产设备，从而实现了生产率和产品质量的大幅提升，原来的卓越标准就有可能变成基本标准，这就要求对原来的绩效标准进行及时调整。

（二）绩效标准的表现形式

在绩效管理实践中，绩效标准的具体表现有如下两种形式：一种表现为区间值；另一种表现为一个数值，即目标值。

1. 作为一个区间值的绩效标准

绩效目标描述的是实现战略所必须做好的事项，绩效指标强调的是从哪些方面衡量绩效目标，具体来说是追踪和评价目标实现程度的"晴雨表"。绩效标准则指各项绩效指标分别应达到什么水平才符合组织的期望。绩效标准是绩效指标"晴雨表"的具体体现，在绩效管理实践中，通常反映为绩效评价结果在某个特定区间该达到的绩效标准。例如，某公司在年销售额这个指标上，具体的绩效标准为"达到80万~100万"，这个标准就体现了一个区间值。其他指标的衡量标准也表现为一个区间。绩效标准通常需要特别注意可行性，与整个绩效计划协调一致，并直接面向绩效管理各环节。

虽然绩效标准可以分为最低标准和优秀标准两大类，但是通常用一个连续的绩效等级来衡量具体的绩效指标完成情况。要具体说明的是评分标准和等级描述实际上共同构成了绩效评价过程的标尺。评分标准的划分通常有四种形式：第一种是量词式，即采用带有程度差异的形容词、副词、名词等词组表示不同的等级水平，例如，好、较好、一般、较差、差。第二种是等级式，即运用一些能够体现等级顺序的词、字母或数字，表示不同的评价等级，例如，优、良、中、差等。第三种数量式即用具有量的意义的数字表示不同的等级水平，可细分为离散型和连续性两种。第四种是定义式，即通过语言描述的方式界定评分标准和等级。相对于前三种评价尺度而言，定义式的评价标识比较复杂，要求设计者针对每一个绩效指标的不同绩效等级进行具体描述，不仅要求语言高度简练，而且要具体、准确，具有很强的针对性。尽管设计难度大，但是它能够有效地提高评价的客观性，更好地实现评价的行为引导作用。因此，在绩效评价中得到了越来越广泛的应用。

2. 作为一个数值的绩效标准

将绩效标准设定为一个具体的数值，有利于对绩效的判断形成一个明确的标准。在平衡计分卡中，通常使用一个具体的目标值作为衡量绩效指标是否达成的标准。目标值是组织所预期的特定指标的未来绩效状态，通常决定了组织为实现既定目标的资源投入程度和员工努力程度。将目标值设定为一个具体的数值，要求在最低标准和优秀标准中取一个平衡点，即兼顾目标值实现的挑战性和可行性。由于目标的设置和指标的选择，在某种程度上带有一定的价值判断成分，员工即使有不认同的地方也不至于激烈反对。但是确定目标值和行动方案的过程更多地依赖历史数据和客观条件，而且与员工的个人利益紧密相关，这更容易产生分歧和争议。这要求通过目标值引导员工行为，既有利于组织绩效的达成，也能得到员工认同和信服。设定科学合理的目标值，对于组织绩效的影响非常明显，但它的确是个艰难的过程。在管理实践中，深入理解具体设计步骤和方法，对目标值的设定非常关键。

（1）目标值设定的步骤。目标值的设定可以分为两个主要步骤：一是将整体的价值差距分解到每个战略主题；二是在每个战略主题内，根据战略地图因果关系分别设置目标值。

第一步，分解价值差距。目标值设定源于愿景描述，由于愿景是一个宏伟而大胆的挑战性目标。因而在现实和理想状态之间必然产生价值差距。管理层常通过执行战略来缩小这种价值差距。具体做法是，把价值差距分解到不同的战略主题。每个战略主题都会以一种独特的方式创造价值，并且它所创造的价值累加起来应该能弥合整体的价值差距。每一个主题的目标值都反映了该主题在支持和实现战略各组成部分过程中的影响力。例如，美国消费者银行在当前运营收入达 2000 万美元的情况下，设立了"5 年内收入超过 1 亿美元"的挑战性目标。随后，它将这一价值差距分解到运营管理、客户管理、增长三个战略主题上。其中，为"运营管理"主题设定的目标值是，要求"降低 20%的单位客户的服务成本"，但仍然要提供始终如一的服务。为"客户管理"主题设定的目标主题是"单位客户的收入提高 50%"，实现途径是成为客户可信赖的财务规划者，向他们交叉销售多种金融产品和服务。为"增长"主题设定的目标值是通过卓越的绩效表现和创新的产品"吸引 40 万名新客户"。最后，再制定今后五年中每一年应该实现的目标值，根据这个时间进程表，持续到第五年年末，如果三个战略主题都达到目标值，那么，该银行就能实现"营业收入超过 1 亿美元"的预定目标。

第二步，运用因果逻辑关系设定目标值。这一步是将每个战略主题的目标值，进一步分解到主体内的战略目标。在具体设定目标值时，每个目标值的设定，应该和主题中其他战略目标的目标值形成因果关系。战略地图四个层面的目标之间具有因果逻辑关系，这条因果关系链提供了清晰的自下而上的战略可行性验证，从而提高了目标值设定的科学性和可行性。例如，美国消费者银行的客户服务战略主题在财务层面设定了"提高净收入50%"的挑战性目标。为实现这一目标值,该银行在财务层面还设置了"提升单位客户收入"这一子目标,目标值为20%,这个增长将为实现总体目标做出贡献。然后在客户层面则设置了减少客户流失率,目标值是减少25%的客户流失,具体途径是通过改善客户服务要求,提升员工能力来实现,要求服务水平提高30%。优秀员工是实现这些目标的基础,因此,设定了关键员工流失率降低20%的目标值。

(2)运用标杆法设定目标值。目标值的数据确定在最初阶段主要是依赖管理者的经验判断,随着有关历史数据的不断积累,目标值的数据将变得日益精确。尽管经验判断或多或少带有主观色彩,但还是有一些客观数据可以参考。通常的做法是设定标杆目标值,也就是说,在设定目标值时可以考虑采用指标的外部标杆。运用标杆法设置目标值就是一个对标的过程,即通过对比标杆找差距来设置目标值。参考公共数据、行业协会的数据或者查询公司数据库,公司可以确定它要达成的各项指标的绩效水平。如果公司的状况和那些对标的外部公司具有相似性,那么这些数据就形成了公司目标值的参考值。但是在运用标杆法设置目标值的时候,需要认真考虑外部标杆产生的条件,及其与公司内部的实际情况是否具有可比性,应该避免将与自身情况差异巨大的外部优秀实践作为标杆。

四、行动方案

(一)行动方案的概念

行动方案是指为实现具体的目标值而制定的有时间限制的、自主决定的项目或行动计划,旨在确定达到绩效目标的路径,其最终目标是为了达成组织战略目标服务。行动方案是目标、指标和目标值落地的具体实现路径,其完成质量会受到时间限制和成本制约,同时还受组织管理系统的影响。除企业财务规则之外,所有的非财务目标通常都应该配置具体的行动方案。行动方案之间的逻辑关系也受到绩效目标之间的逻辑关系的影响。在确定行动方案过程中,应该着重关注行动方案是否能帮助管理者和员工都达到规定的绩效标准,并确保各类行动方案如何配合与协同,从而有利于达成组织战略目标。

组织层面的行动方案通常是战略性行动方案。战略行动方案与组织日常经营活动不同,也是有时间限制的自主决定的项目或计划的集合,其直接目标是促进组织绩效目标的达成，最终目标是实现组织战略目标。在管理实践中，用长期战略规划与短期行动方案连接起来，实现战略执行力和协同性，有利于组织战略的顺利"落地"，但如何将两者紧密联系起来，则成了管理者面临的重大挑战。

（二）行动方案的制定

绩效目标、绩效指标和目标值确定之后，管理者和员工就需要谋划如何才能达成这些目标值了，因此制定行动方案就成了当务之急。

（1）实现组织战略目标是战略行动方案的要义所在，但是许多组织虽然制定了各种行动方案，其中很多方案都是对组织战略目标贡献非常有限，甚至很多部门都各自为政，为争夺有限的资源而恶性竞争。在确定战略行动方案的过程中，需要实现行动方案之间系统相互协同，共同助推战略目标的达成。高层管理者的时间和注意力与战略行动方案的制定和执行都极为珍贵。高层管理者应该通盘谋划各个战略性行动方案的制定，尽量实现各个行动方案之间相互协同、相互支持。员工对工作的熟悉有利于目标值的顺利达成。因此，管理者还应该调动员工实现目标值的积极性和主动性，通过员工充分参与，激发员工内在潜力，以便制定科学合理、执行力强的行动方案。

（2）通常每个非财务指标都需要配置相应的行动方案，来确保预定目标值的顺利达成。在行动方案确定之后，还应当评估目前的方案是否能够帮助他们实现这些目标值，如果存在问题，是否需要增加新的行动方案予以配合。

（三）行动方案的检验

行动方案是组织资源配置的指南。在各种行动方案确定之后，还应该进行及时检验，以剔除不合理的现有方案，开发新的替代方案。通常，组织管理者在各种行动方案汇总之后，应该按照规范的流程进行正式评估，对正在执行的行动方案和新提的行动方案的优先级进行排序，并得出量化的分数，以筛选出高质量的行动方案。每个组织都应该设计适合组织实际的评价流程和标准。利如，某公司就按照战略匹配度与收益（50%权重）、资源需求（30%权重），以及组织能力和风险（20%权重）三个标准对其行动方案进行了排序。其中每个标准都进行了含义说明，并划分为三个等级，每个等级赋予1、3、9共三个不同分值。三个标准的得分分别乘以相应权重，加入之后就可以得到行动方案的总分，然后组织就可以根据每个方案的得分进行优先排序。

第三节 绩效计划的制定

绩效计划体系是包括组织、部门和个人三个层面的完整体系，其最终目的在于保障所有员工的工作行为、方式和结果都为实现组织战略目标服务。绩效计划的制定是一个多层次的、复杂的管理流程，其关键点则是通过流程化的制度设计，来保证绩效计划兼具科学性和操作性。

一、绩效计划的总体设计

（一）绩效计划体系的构成

与绩效管理一致，绩效计划体系通常可以分为组织、部门和个人三个层次，围绕组织战略制定绩效计划体系，需要保证几个层次的绩效计划能层层支撑，以确保绩效计划系统能全面反映组织战略目标的具体要求。绩效计划体系的制定过程就是通过对组织战略的层层分解、细化、承接，最终落地到个人绩效计划的完整流程。

我们以大型企业集团的绩效计划体系构建为例对此进行详细说明。大型企业的绩效计划体系通常包含企业集团、业务单元与支持单元、部门和个人四个层次的绩效计划。确保绩效计划体系的全面协同，是绩效管理的重要特征，也是绩效计划体系的技术难点之一。每个层次的绩效计划，都包含绩效目标、绩效指标、绩效标准和行动方案等基本内容。其中目标和指标是绩效计划体系的核心内容。绩效计划体系需要以绩效目标为纽带，在纵向上协同企业总部与业务单元；在横向上协同业务单元和支持单元。

通过对组织战略目标的层层分解获得绩效目标体系是设计绩效管理系统的重点、难点和关键。保证绩效计划体系四个层次和相互协同的要义就在于绩效目标体系坚持战略导向，具体路径就是保障高层次的绩效目标通过有效的分解或承接的方式，获取下一层次的绩效目标。组织绩效目标直接源于组织的战略目标，通过对组织绩效目标的承接或分解来获得业务单元的主要绩效目标，有利于保证业务单元绩效计划体系的战略性。从操作层面来讲，有的组织绩效目标能够被业务单元直接承接，这类目标在两个层次上目标名称都保持一致；有的目标则不能被业务单元直接承接，而是需要经过分解才能被不同的业务单元承接。这类目标的名称在两个层次上发生了变化。业务单元的核心绩效目标主要来源于对组织绩效目标的承接和分解，但是也有部分目标是组织层次没有的，而是业务单元的独有目标。因此，业务单元的绩效目标体系，常常包括承接目标、分解目标和独有目标三大类。

（二）制定计划的步骤

在绩效管理实践中，通常将绩效计划制定过程分解为绩效计划的准备、绩效计划的制定、绩效协议的签订三个步骤。

1. 绩效计划的准备

绩效计划的制定是一个管理者和员工双向沟通的过程。绩效计划准备阶段的主要工作是交流信息和动员员工，使各层次绩效计划围绕组织战略目标的实现而展开。绩效计划的准备工作主要是收集准备组织、部门和个人相关信息，并确保员工能有效地理解相关信息。

信息准备工作通常是三个层级的信息都要全面准备，其中完备的组织信息是保障绩效计划系统有效性的关键。首先，组织信息准备工作的核心是将组织内部所有人员熟悉组织的使命、核心价值观、愿景和战略，使其日常行为与组织战略保持一致。传递这些信息的形式有很多，除了举办专门培训之外，还有年度总结大会、部门或业务单元的传达会、高层领导的走访，或者通过各种文件、通告、组织内部网以及内部刊物等形式。其次，部门绩效信息主要是指为了制定部门绩效计划必需的各种信息。主要包括在组织战略指导下，部门运营计划、部门职责相关资料、部门上一绩效周期的绩效情况。最后，个人信息的准备主要包括所任职位的工作分析和上一个周期的绩效反馈。管理者必须对高绩效员工给予肯定，对造成绩效不佳的原因进行深入分析，在绩效计划中全面体现绩效改进措施，并承诺提供必要的帮助，从而使员工不断提高其工作绩效。

2. 绩效计划的制定

绩效计划的质量决定了整个绩效管理系统的成败，绩效计划的制定是绩效计划的核心工作。绩效计划制定的过程是一个持续沟通的过程，其主要任务是制定出内容完整、各层次相互协同的绩效计划体系，最终为实现组织战略目标服务。在绩效计划制定过程中，需要考虑绩效计划能否被有效执行，是否便于有效地监控，是否面向绩效评价，以及计划被成功执行后，结果能否被有效应用等问题。

3. 绩效协议的签订

绩效协议是绩效计划的最终表现形式，是指关于工作目标和标准的契约。具体来说，管理者和员工经过充分沟通，对绩效协议的核心内容（绩效目标、绩效指标、目标值、指标权重和行动方案）等达成共识，经过双方确认之后，签订了绩效协议，就标志着绩效计划工作的完成。绩效协议的签订，包括对初步拟定的绩效计划的再审核和确认。这个阶段的时限可以根据绩效计划的复杂程度或者层次不同确定具体期限。一般组织绩效计划和部门绩效计划审核的时间更长、反复修订次数更多；个人绩效计划审核修订的时间较短。绩效协议审核主要是针对绩效计划拟定过程中未尽事宜进行增补或修订，主要是对细节上的进一步确认。管理者和员工都有完善初步的绩效计划的义务，都需要对一些细节问题深入思考、反复推敲和最后确认，具体问题如下：

（1）在本绩效期内，主要工作内容和职责是否明确？

（2）应达到何种工作结果？

（3）这些结果可以从哪些方面去衡量？判断标准是什么？

（4）各个绩效指标的权重分配是否科学？各类目标组织是否明确？对战略实现非常重要的目标，是否受到了足够的重视？

（5）在本绩效期内，绩效目标是否需要分段完成？对目标完成过程中存在的困难和挑战的估计是否充分？领导应该提供的帮助是否足够？

（6）员工在完成工作时拥有哪些权利？决策权限如何？

（7）管理者和员工对绩效计划执行过程中的沟通程序是否清楚？如何防止出现偏差？

（8）为了完成工作任务，员工是否有必要接受某一方面的培训或通过自我开发的手段，掌握某种工作技能？

在经过严密的审核之后，管理者和员工都应该在绩效协议上签字确认。绩效协议的签订标志着绩效计划的完成。绩效协议的签订，不仅仅是书面协议的签订，也代表了管理者和员工在心理上做出的一种承诺。

二、制定绩效计划的准备工作

为了保证绩效管理系统具有战略导向性和协同性，绩效管理流程一般是从审视和重申组织使命、核心价值观、愿景和战略开始。在制定组织绩效计划前，高层管理团队通常需要就组织的使命和核心价值观达成一致，并对愿景和战略有清晰的描述。

(一) 明晰使命

1. 使命的含义

使命是组织存在的根本原因，它概括了组织为人类所做出的贡献和创造的价值。使命就像组织远航时的灯塔，指引着组织发展的方向，指引和鼓舞着组织成员不懈努力。使命就像启明星，是组织永远不可及的追求，虽然使命本身不会发生变化，但是它却可以激发改变。"使命永远不可能完全实现"这一事实，恰恰激励着组织持久地追求。使命不仅仅锚定了组织发展方向，也是组织战略制定的根本指南，而且为组织配置资源提供了最高准则，为组织所有管理系统的协同提供了根本依据。

使命可以延续上百年，因此不能将其和具体的目标、战略混为一谈。使命不等于经济目标，"利润最大化"并不能激励组织中各个层级的成员，并且不具有指导作用。正如管理学家詹姆斯·C·柯林斯所说："对于那些尚未认清真正核心目的的组织来说，'股东财富最大化'是一种现成的、标准的目的，但它实际上是一种无效的替代品"。

2. 明晰使命的方法

使命如果经过适当的构思，可以成为基础广泛且长盛不衰的动力源泉；清楚地认识组织的使命，对组织持续健康发展具有根本性意义。需要注意的是，使命的主要作用是指引和激励，而不是一定需要造成不同。换言之，使命陈述的关键在于真实，不必独一无二，不在于与众不同。在管理实践中，很多组织都认识到使命的重要性，但却不明确自身的真正使命是什么。例如，对迪士尼来说，"我们的存在是为了替小孩制作卡通"，必然是个差劲的使命宣言，既不引人入胜，又没有足够可延续百年的弹性。但是"我们的想象力带给千百万人快乐"，就是一个让人动容和富有弹性的使命。

明晰使命的一种方法是提出下面这个问题："为什么不干脆把这个组织关闭，出售资产，获取利润？"然后致力于寻找现在或百年后同样正确的答案。具体操作时，可从职责和价值两个方面对组织的使命进行陈述。阐述职责就是界定组织归根到底是做什么的，即为何存在；阐述价值，就是要表明做好这些事能够给社会带来何种益处，即存在的理由。这需要组织成员采用追问的方式，不断寻找组织存在的深层次原因，并直接决定了使用的准确性和清晰度。例如，一家制药厂开始把"为人类的医疗制药"作为其使命，其中"制药"是其职责，"为人类的医疗"是其价值。经过反复讨论，最终形成的使命是"为人类的健康致力于医疗的重大改善"，其职责由"制药"深入到"医疗的重大改善"，其价值由"为人类的医疗"清晰化为"为人类的健康"。

（二）提炼核心价值观

1. 核心价值观的内涵

核心价值观是一个组织在实现所肩负使命的过程中，必须长期坚持的、深层的、根本的信仰和价值准则，也是指引组织决策和组织成员日常行动的永恒原则。核心价值观是最为根本、深植在组织内部的，变动或妥协的机会极为稀少。组织真正的核心价值观只有几条，在数量上一般严格限制在3~6条，如果超过6条，很可能是混淆了核心价值观和经营做法、管理谋略、文化标准，而不是组织长期坚持的根本价值准则。因为只有少数的价值观才是深植于组织内部的、最根本的指导原则。核心价值观是初始组织长盛不衰的根本信条，不能将其与特定的文化或作业方法混为一谈，也不能为了经济利益或短期权益而自毁立场。

经过组织文化长期积累和沉淀，高瞻远瞩的组织一般都提炼出了独特而明晰的核心价值观。这些核心价值观一般源于组织创始人或最高领导者的个人信仰，并且是组织领导者长期倡导、全体员工一致信奉的价值观念。核心价值观应具有个性，防止趋同现象。但价值观的功能在于引导和激励，因此不必过于强调价值观的差异，而忽视其核心功能。另外，一个组织真正的和有效的核心价值观，要求在内容上必须真实反映组织长期坚持的基本信条，在语言表述上必须通俗易懂，在数量上必须严格控制。核心价值观在陈述的时候，必须做到表达简单、清晰、直接而有力。例如，沃尔玛第一条价值观，"我们把客户放在前面，如果你不为客户服务，或是不支持为客户服务的人，那么我们不需要你"就非常好。像"上善若水""厚德载物"和"达兼天下"之类的价值观则偏于晦涩、空洞，很难转化为实际行动。

2. 提炼核心价值观的方法

真正的核心价值观是在组织长期实践过程中沉淀下来，长期指导组织实践、规范员工行为，并经受住实践考验的价值准则。因此，组织在提炼核心价值观时，必须保持绝对的自我诚实，即必须由"自我需要"来决定自己应该持有的核心价值观,而不能出于当时的环境、竞争需要或者追逐管理时尚,也非来自对其他组织价值观的模仿。同时,需要强调核心价值观能够经受时间的考验,不能将组织的一般价值观也当成核心价值观。最后,对讨论结果进行深入分析和提炼,找出组织长期坚持的本质的东西,即找出那些长期指导组织实践、规范员工行为,并且是实实在在的、可见可闻可感的基本信条。

阐明核心价值观的关键是怎样从个人的层次入手,逐渐上升到组织的层次。提炼组织核心价值观最通行的一种方法是在组织内部举行所有员工参与的关于核心价值观的大讨论。领导者应发动管理层和所有员工,都参与到核心价值观的讨论中,共同对核心价值观和价值体系做出详细定义。员工讨论得越充分,核心价值观内容就越细致,员工就越能准确把握领导者和组织对他们的要求,以及他们需要努力的方向。为了提炼组织的核心价值观,并区分组织真正坚守的核心价值观和应时而变的做法或谋略,通常采用追问的形式。在提炼核心价值观的实践中,以下几个问题比较常见,特别是最后三个问题尤为关键。

(1)你在工作中持有什么样的核心价值观,即是你始终追求的,不管是否有益,你都会坚持?

(2)如果要你向你的孩子或其他亲人形容你在工作中持有什么样的核心价值观,并且希望在他们长大成人、出来工作时也接受同样的价值观,你会怎么做?

(3)假设第二天一早醒来,你就拥有了一笔足够你安度余生的钱,你还会继续坚守这样的核心价值观吗?

(4)你可以预见自己所坚持的核心价值观在100年后,还会像今天一样有意义吗?

(5)如果有人指出你所坚持的核心价值观中有几点将使你在竞争中不利,你还愿意坚持吗?

(6)如果将来你要在一个全新的领域建立一个公司,你会为这个新的公司处以什么样的核心价值观,而无须考虑这个公司从事的行业?

(三)愿景描述

1. 愿景的内涵

愿景是组织规划的发展蓝图和期望实现的中长期目标,是组织成员"发自内心的意愿"。愿景能够反映组织的使命和核心价值观,指引战略的制定,指导组织成员执行战略的行动,确保组织沿着正确的方向发展。

柯林斯和波勒斯认为,组织的愿景一般包括两个组成部分:一是组织在未来 10~30 年要实现的胆大包天的目标;二是对组织完成胆大包天的目标后的情景的生动描述。胆大包天的目标应该是简洁、可行并且鼓舞人心的,它是组织成员共同努力的目标,是团队精神的催化剂,能够激发所有人的力量,促使组织团结。而生动描述则是用憧憬的语言传达想要展现给世界的形象。例如,亨利·福特对"大众化汽车"这个胆大包天的目标所进行的生动描述是:"我们要为大众生产一种汽车,这种汽车的价格很低,不会有人因为薪水不高而无法拥有它,人们可以在上天赐予的广阔空间内,尽情地享受他们幸福的家庭生活……让我们实现这个目标时,每个人都将拥有一辆汽车。马会从马路上消失,汽车取而代之……我们将会给众多的人提供就业机会和令人满意的工资"。

卡普兰和诺顿认为,愿景应该表明组织最高层面的宏伟战略目标,并认为陈述愿景应该包含挑战性目标、市场定位、时间期限三个要素。其中,挑战性目标是指愿景应该与组织当前的定位有所区别。卡普兰和诺顿赞同柯林斯和波勒斯的观点,认为领导最重要的作用是为组织设立宏伟、长期和大胆的目标。也就是说,一个优秀的领导者,首先要承担起设定宏伟目标的责任,在组织内营造一种紧迫感,为所有员工设定挑战性目标,并规定具体的时间期限和明确的评判标准。对于政府机构和非营利性组织来说,愿景应该是与其使命相关的挑战性目标。市场定位是指愿景应该以市场为导向,对业务、顾客、竞争者、资源和能力做出综合分析和判断,明确组织将要参与的竞争领域和预期的市场表现。清晰的、准确的市场定位,实际上表明了组织想要如何创造价值,能够为战略分析和决策提供指引。时间限制是指愿景表达的是组织的中长期目标,应具有明确的完成期限,其时间跨度一般为 3~10 年。

2. 愿景的阐述

卡普兰和诺顿与柯林斯和波勒斯在愿景的界定总体上是相同的,但是在细节上存在较大的区别。他们都强调宏伟目标的重要性,虽然对时限的界定和理解不一样,但是都强调愿景是组织的中长期目标。卡普兰和诺顿的论述更加侧重在组织的使命、核心价值观、愿景和战略这个体系中,去理解愿景,注重操作性和实效性;柯林斯和波勒斯对胆大包天的目标进行生动描述,就是强调愿景的激励性。美国学者保罗·尼文则认为,一个清晰的、具有说服力的愿景陈述应该具有简洁、吸引所有利益相关者、与使命和价值观保持一致、可验证性、可行性和鼓舞人心等基本特征。

对愿景的准确阐述有助于一个组织获得竞争优势。但组织对愿景的陈述除了有一个清晰的、具有说服力的宏伟目标之外，通常还包括三个关键因素，即挑战性目标、市场定位和时间期限。愿景是一个组织的中长期目标，而且是一个具有很高挑战性的宏伟目标，或者说是一个胆大包天的目标，仅仅运用三因素框架对愿景进行陈述，还远远不够，还需要通过有效的管理技术和途径，将愿景与战略对接在一起，并通过战略的制定，绘制一幅完整的、详细的、可操作的宏伟蓝图。目前，最有效的方式就是通过绘制战略地图，实现愿景与战略的无缝对接，从而完成愿景的完整陈述。可以说描述愿景的最后一个环节是确定细化的愿景，而战略地图就是一个很好的细化愿景的工具。

（四）制定战略

1. 战略构成与战略描述

战略是一种假设，是关于为或不为的选择。因此，在进行战略开发与调整的时候，首先需要对战略的构成有一定的了解。迈克尔·波特主要从竞争战略层面来探讨战略，他将战略分为三个层次：一是定位，即战略就是一种独特、有利的定位，关系到各种不同的运营活动；二是抉择，即在市场竞争中做出取舍；三是配置，即在组织的各项运营活动之间，建立一种有效的联系。因此，一份完整的战略不仅要定义"战略是什么"，还应该指出"如何实现战略"。

哈佛商学院研究得出一个结论，无论战略形成的来源如何，一个好的战略表述都需要包括以下三项基本要素：目标，即战略要达到的最终结果；优势，即组织达到目标所使用的方法；范围，即组织想要经营的领域及市场。目标、优势和范围三项要素构成的战略框架，常称为OAS框架。三项要素的具体含义如下：

战略表述中"目标"部分的陈述与先前讨论的愿景类似，既要求尽量对目标进行量化，如盈利能力、规模、市场份额、排名和股东回报等，也要求设定具体的时间期限，如3~5年实现。"优势"表示组织将采取何种差异化、更好的或独特的竞争手段，描述企业如何吸引客户的价值主张。价值主张应该包含那些组织想要区别于或优于竞争对手的购物体验或关系。它可以用传统的战略术语表述，如低成本或产品、服务、客户关系等方面的差异化。"范围"界定了组织想要竞争或赢取的细分市场，范围可以是细分的目标客户、产品线的宽度、采用的技术、服务的地区集中向一体化的进程。三项要素共同构成了一个组织的战略表述，如美国西南航空公司的 OAS 战略表述（见表 3-3）。

表 3-3　美国西南航空公司的 OAS 战略表述

目标（O）	战略要达到的最终结果	成为美国最盈利的航空公司
优势（A）	组织达到目标采用的方法	以公共汽车、火车的价格、频率及可靠性，提供快速的航空服务
范围（S）	组织想要经营的领域与市场	针对那些注重飞行便利性并对价格敏感的乘客

明确战略表示的根本目的，就是要实现"化战略为每一个员工的日常行动"，这就要求我们对战略进行更加深入的阐述，通常也叫战略方向描述。在 OAS 框架的基础上，战略方向描述包含三个组成部分："战略目标"即确定具体要实现的目标；"要做好的事"即确定如果要实现目标，必须采取哪些关键的行动，这些必须做好的事，是下一步设计战略地图和行动方案的重要信息来源；"首要衡量指标"，即确定如何衡量目标绩效。下面以某公司购物体验这一战略问题为例，对此进行简要说明。首先，该公司将战略问题具体化为"如何使我们的店有情趣？"，然后针对这个问题的分析可以找出战略方向描述，并以此为基础，形成具体的战略目标要做好的事情（实现目标的具体路径）以及对目标绩效进行衡量的指标。

2. 战略制定的工具选择

开发和选择战略方案需要借助战略分析和规划工具。半个世纪以来，关于战略制定和开发的论述已积累不少，其中不乏非常优秀的战略理论，如战略定位思想、资源基础观、核心竞争力理论、客户价值理论、蓝海战略、应急战略、经验共创和颠覆性创新等。除了这些战略性方法，还有很多运营改善的方法论，如全面质量管理、六西格玛、国际标准化组织认证体系、精益制造和学习型组织等。此外，还有补充战略和运营管理，以使风险最小化的方法论，如企业风险管理、内部控制、COSO 内部控制等。很多公司有效地运用以上方法或工具成功地制定了各种战略，但是也有很多管理者对这些工具的使用缺乏明确的认识。平衡计分卡作为一种集大成的战略性管理工具，充分吸收了各种先进管理思想的精华，对各种战略的、运营的或风险管理的方法，在管理实践中的地位和作用，进行了定位和描述。当面对纷繁复杂的管理论和工具无从下手时,高层管理团队可以利用战略地图引导战略选择。每种管理和分析工具有特定的应用范围,这要求以战略地图为基本框架,多种方法共同支撑战略制定。如果要深入理解如何进行战略选择,管理者需要构建全面的、以战略地图为核心的、逻辑清晰的认知体系,拥有以战略地图引导战略选择的能力。

不管采用哪种管理方式,战略制定的结果都是形成组织的发展方向,形成组织区别竞争对手的差异化定位和产品组合,获得持续性的竞争优势和出色的财务绩效(对于政府及非营利性组织来说,是获得社会认可和赞许)。战略的创造性,是达到这个目标的重要手段。战略规划的参与者可以运用上述方法形成差异化战略。当管理层对战略制定工具更加了解后,他们就可以根据组织的状况、历史、文化及竞争力选用最贴近实际、最有效的工具。

战略地图是一种战略制定和战略描述的可视化工具。绘制合适的战略地图,即绘制化战略为行动的蓝图,是制定绩效计划的第一步。通过战略地图的制定,组织内各层次的员工通过这个显微观察的环节,全面审视战略所包含的细节元素,从而使人们对战略有更直观、深入和透彻的理解。从某种意义上来说,通过绘制战略地图并确定组织绩效计划,是战略开发过程的拓展和延伸,是化战略为行动的关键环节。

三、绩效计划体系的制定

绩效计划体系的制定,需要掌握两个方面的内容:一是全面掌握特定层级绩效计划的制定流程,二是掌握绩效计划体系分级开发的基本原理。

(一)绩效计划的制定流程

在制定绩效计划时,需要在充分准备的基础上,完成绩效计划体系的制定。虽然这两部分的内容在前面已经进行了全面阐述,但这些素材只有按照合适的流程进行整合,才能形成完整的绩效计划体系。

1. 确定工作要项

工作要项是对组织战略目标起到增值作用的重要工作和任务,其目的是确保各层级的绩效计划紧扣当前的工作重心。组织工作要项通常由组织战略目标和重要工作计划决定。这就要求管理者和员工对组织使命、核心价值观、愿景和战略目标有全面深入的了解。另外,工作要项是确定绩效目标、绩效指标以及目标值的基础,核心是通过工作要项确定绩效目标体系。

组织内不同层级的工作要项的来源与责任人不一样。组织工作要项是制定组织绩效计划的基础,而组织绩效计划的责任人则是高层领导团队,组织最高领导都是第一责任人。部门工作要项则由组织绩效目标、部门运营计划和工作计划共同决定。部门工作要项决定了部门绩效计划,同时部门绩效计划的责任人是整个部门管理团队。一般员工则需要从职位分析、职位描述以及部门各项任务的分解等方面确定其工作要项。对于职位描述中所包含的各项工作任务,可以根据它们彼此之间的相关度高低,将它们划分为几个任务族或职责领域。每一个工作任务族或职责领域就是员工需要在其中达成一定结果的一个宽泛的工作区域。

一般来说,确定工作要项需要遵守以下几个原则:

(1) 增值产出原则,即工作要项必须与组织目标相一致,这要求在组织的价值链上能够产生直接或间接的增值。

(2) 客户导向原则,即制定工作要项需要从客户的需求出发,凡是被评估者工作要项输出的对象都是被评估者的客户。

(3) 结果优先原则,即工作要项应尽量为某项活动的结果,确实难以界定结果的再考虑工作过程中的关键行为。

(4) 设定权重原则,即应为各个工作要项确定合适的权重。

基于以上原则,管理者和员工就能开展确定工作要项的工作。通常必须做如下工作:

(1) 关于部门以及部门员工的增值工作要项列表。

(2) 针对每一项工作要项的绩效目标和指标。

(3) 各项增值工作要项的相对重要性等级。

(4) 追踪个人和部门实际表现的方式,以便将个人实际表现与要求的绩效计划相对照。

一旦工作要项被确定下来,就需要进一步确定它们的相对重要程度。为了理解这个问题,需要回答以下几个问题:

(1) 员工在完成每一项工作职责方面所花费的时间占总工作时间的百分比是多少?

(2) 如果员工未能充分履行自己的职责,是否对其所属工作单位的使命达成产生重大影响?

(3) 员工的工作失误会产生重大的不利后果吗?未能充分履行职责会导致员工本人或其他人员受伤或死亡吗?会导致严重的财产损失吗?会导致时

间和金钱损失吗?

2. 制定绩效计划体系

基于工作要项确定绩效计划体系,是化战略为行动的重要举措。化战略为行动的具体流程包括:以战略为基础确定工作要项并通过,并通过工作要项决定核心绩效目标体系,然后在此基础上制定包括目标、指标、目标值和行动方案在内的完整的绩效计划体系。

(1) 制定目标。在确定工作要项之后,我们需要确定分别从什么角度去衡量各项工作要项,从哪些方面评估各工作要项。绩效目标作为对工作要项的可衡量的结果陈述,对组织战略目标的达成具有重要的影响。在绩效目标确定之后,各级员工应该能够获得及时的反馈,从而指导自己在实现绩效目标过程中的进展状况。制定绩效目标环节的关键点就是确保工作要项完全无死角地由明确的、可衡量的绩效目标来承接,从而避免重要工作不被考核,而遭到忽视,甚至遗忘的情况出现。

(2) 制定和审核绩效指标。绩效指标为评价者提供有用的参考参照信息,从而帮助他们判断绩效目标的实现状况。一旦绩效目标确定下来,就必须确保每个目标能够被准确衡量,也就开启了绩效指标的制定流程。绩效指标制定通常分为指标制定和审核两个步骤。在实践中,很多组织常常忽略审核环节。绩效指标审核的目的是确认初步制定的绩效指标是否能够全面、客观地反映被评估者的工作绩效,以及是否具有可操作性。审核绩效指标通常包括如下几个方面:绩效指标是否是对工作结果的评估;绩效指标是否可以证明和观察;绩效指标是否可以解释被评估者80%以上的工作目标;是否从客户的角度来界定绩效指标;多个评估者对同一个绩效目标进行评估,结果是否取得一致;跟踪和监控这些绩效指标是否可以操作。

(3) 设定目标值。绩效指标确定之后,就需要确定每项指标的衡量标准,即确定目标值,才有利于衡量绩效目标的实现程度。设定合适的目标值是绩效计划制定的重要内容。在实践中,目标值本身就是能产生一种锚定效应,(所谓锚定效应是指当人们需要对某个事件做定量评估时,会将某些特定数值作为起始值,起始值就像锚一样制约估测值),即员工通过目标值来锚定努力程度和工作产出的标准。目标值过高容易造成很多员工不能达到目标,使之产生挫败感,进而形成消极的氛围;目标值过低,又没有激励效果,容易造成慵懒的文化,对核心员工尤其不利。因此,成功的管理实践通常强调适度挑战性的目标值，在确保绝大多数员工经过努力能实现目标的同时，还能产生正面的激励效果。

（4）制定行动方案。以绩效目标、指标和目标值为基础制定行动方案，并以此为资源配置和预算的基础性依据，是战略目标顺利实现的重要保障措施。特别需要注意的是，所有具有挑战性的目标值都应有专门的行动方案予以支持，以确保其顺利实现。但是，由于很多行动方案都与既定战略目标关系不够紧密，甚至没有关系。因此，在制定行动方案时不能忽略对行动方案的审核和验证。

（二）绩效计划体系的分级开发

绩效计划体系是一个包含多个层级的完整体系，需要实现组织战略目标逐级落地到组织内个人头上，即确保所有工作要项都有人承担。在绩效管理实践中，绩效计划体系是采取分级开发的模式。首先，开发组织绩效计划，然后以此为基础制定高层管理团队的个人绩效计划；其次，依据组织绩效计划制定部门绩效计划，再以此为基础，制定部门管理团队的个人绩效计划；最后，依据部门绩效计划，制定部门内员工的个人绩效计划。组织类型的不同和绩效管理工具的差异，并不影响绩效计划体系分级开发的基本流程。下面以平衡计分卡为基础的绩效计划体系为例，详细讲解分级开发操作步骤。

1. 企业绩效计划体系分级开发步骤

制定绩效计划体系的关键点，就是保障整个体系围绕着战略全面协同。首先，要求在纵向上，实现总公司、分公司和部门之间的全面协同，则要求通过承接和分解等形式，对组织战略进行有效分解；其次，要求在横向上，保证领导团队成员之间协同，这要求领导干部个人对领导团队的绩效目标通过承接和分解的形式落实到具体的责任人。通常，绩效计划体系的轴心是纵向协同，而领导团队成员之间的横向协同，则是绩效计划体系实现的重要保障。

一般来说，企业分级开发包括如下三个步骤：

第一步，开发总公司绩效计划体系。首先，需要开发总公司战略地图和平衡计分卡，主要是确保总公司所有战略目标和工作要项全部细化为绩效目标和可衡量的指标。其次，在横向上还需要确保总公司所有目标和指标，由总公司高层领导团队通过承接（共同承接或单独承接）和分解的形式承担下来。在实践中，领导团队个人承担的绩效目标和指标因分工不同会有差异：有的目标和指标需要所有高层领导共同承接；有的目标和指标则需要根据分工情况，由分管领导主要承担下来；而有的目标就不能直接由个人承担，需要经过分解才能由不同领导者个人承担下来。但总体上，结果性的目标和指标需要所有领导者共同承担。另外，有些工作没有进入总公司的绩效计划，但却需要在分管领导的工作中体现出来，这部分目标和指标也需要补充进来，以便形成领导干部个人完整的绩效计划。

第二步，制定分公司绩效计划体系。首先，通过对总公司目标的承接和分解，结合分公司战略规划，开发分公司战略地图和平衡计分卡，并制定分公司的绩效目标和指标。其次，分公司绩效目标和指标，同样由分公司领导团队通过承接（共同承接或单独承接）和分解的形式共同承担。与总公司一样，分公司领导也要通过承接、分解和补充等形式，分别确定不同领导者的个人目标和指标；权重分配也需要根据分工协同商定。

第三步，部门和个人绩效计划体系的确定。通过对分公司目标的承接和分解，结合部门职责，开发部门战略地图和平衡计分卡，并以此为基础开发部门管理者和普通员工的平衡计分卡，确定部门绩效目标和指标。部门管理者的目标和指标设计流程与组织层次保持一致。对于普通员工平衡计分卡的开发，除了注意对部门目标的承接之外，还需要充分考虑职位的具体职责。

2. 政府组织绩效计划体系分级开发步骤

政府组织绩效计划体系开发步骤与企业相似。但通常，政府管理的幅度宽，管理的层级多，并且组织结构复杂，职责范围更广，利益相关者诉求差异大。因此，政府绩效计划体系更需要强调协同性。政府绩效计划通常是根据上级政府规划和任务、本地政府五年规划与年度计划相关规定进行编制。在分级开发步骤上，与大型企业集团并无不同。

3. 个人绩效计划的其他模式

任何组织的绩效计划体系，最终都要落到个人绩效计划上，但是在不同的情况下，计划应该包含哪些具体内容，要视组织文化、员工情况和管理者的管理风格等方面的因素而定。不过，在管理实践中，人力资源管理部门往往会向各级管理者提供一个绩效计划的框架，作为对管理者制定计划的过程和方式的指导性建议。另外，根据实际需要，这一框架还会提供一种（也可能为若干种）结构化的管理绩效计划表格。绩效计划在管理实践中没有统一的模式。

第四章 绩效监控

绩效监控是连接绩效计划和绩效评价的中间环节，也是绩效管理系统中耗时最长的一个环节。在整个绩效监控过程中，管理者需要与员工进行全面的绩效沟通，管理者对员工进行及时的绩效辅导，同时为绩效评价收集必要的绩效信息。

第一节 绩效监控概述

一、绩效监控的内涵

（一）绩效监控的定义

管理的基本职能，包括计划、组织、领导和控制。不能简单地将绩效监控与管理学科中控制的概念等同起来，更不能将其简单视为一个束缚员工手脚的贬义词。绩效监控是为了达到组织战略目标和组织竞争力的全面提升，对绩效计划实施情况进行全面监控的过程，涉及管理的组织、领导、控制等基本职能。

关于绩效监控的内涵，不少学者从员工个人绩效和战略绩效两个方面进行了探索和研究。但是，目前学术界关于绩效监控的明确界定并不多见。例如，有的学者认为绩效监控指的是，在绩效考核期内，管理者为了掌握员工的工作绩效情况而进行的一系列活动。有的学者认为绩效监控的目标是为决策层提供决策依据，为其更好地监控组织战略与运营提供有力支持和保障，同时也为个人业务与管理部门的业绩评价提供依据。

本书认为，绩效监控是在绩效计划实施的过程中，管理者与员工通过持续的绩效沟通，采取有效的监控方式，对员工的行为及绩效目标的实施情况进行监控，并提供必要的工作指导与工作支持的过程，其目的是确保组织、部门及个人目标的达成。

(二）绩效管理过程控制的一些误区

绩效管理不但需要有前期的绩效计划、绩效指标的确立和后期的绩效反馈，而且期间的绩效控制起着承上启下的重要作用。没有对绩效管理的过程进行周密、认真的控制，前期所做的绩效计划必然付之东流，而绩效反馈也就无从谈起。在现阶段，许多实施绩效管理的组织，仅仅是做一些绩效计划，在绩效实施过程中急功近利、缺乏记录、沟通不足，导致缺乏控制而使得绩效管理的成果付之东流。

1. 过于强调近期绩效

如果一个管理者不是收集整个评估阶段的资料，发生在早期的事情就会被淡忘，这样管理者将会把测评的着眼点放在近一两个月员工的绩效表现。不是说管理者有忘记几个月之前发生的事情的倾向。事实上，员工自己也是更容易记得发生在一两个月之内的事而非几个月前的事。或者他们把"遥远的过去"看得已经不相干。毫无疑问，这种倾向会导致不准确的评估。另外，如果碰巧员工在绩效评估将要结束时遇到一些困难，而管理者在年初没有对他们的绩效给予足够的重视，这也是引起评估不准确的原因。在这两种情况下，管理者过分强调了某个特定时间，这会产生误导。这当然不是员工想记录的平衡的状况。能够抵消这种心理倾向的唯一办法是，管理者在一年中认真地做记录，然后根据记录对员工进行评估，而不是仅仅通过员工近期表现来评估。具有挑战性的是知道要寻找什么，以及采取一种严密的方法在整个评估周期内收集并记录信息。

2. 根据自我感觉评判

管理者自己的感觉与员工的绩效或行为是相关联的。一般情况下，管理者都会对员工的能力如何、工作努力程度如何等有个整体感觉，这是没有错的。但是，这些感觉从其本质来讲是不可靠的，严格意义上讲是站不住脚的，在对员工的反馈中没有太多的用处。管理者应该说出这样的话，"我不认为你在工作中尽了全力，这有证据，事实上，你并没有达到我们在年初制定的工作标准。"必须有足够的证据去支持感觉。否则，员工将对管理者做出的结论产生怀疑，尤其是员工甚至不知道考核者在说什么。事实上，即使自我感觉是正确的，它也不会带来任何益处。有时，通过证据，员工的一些不正确的自我感觉会自然被事实修正。

3. 误解或混淆绩效标准

即使已经制定了一套清晰的绩效标准，管理者也明白对每位员工的期望是什么。但是，员工可能不理解这些标准，因为管理者没有把标准正确地解释给员工。在这种情况下，员工很容易误解或混淆原来的绩效标准。如果在绩效考核的过程中，用来评估员工的标准，没有对员工进行很好的解释说明，那么年末的评估结果，即使是正确的，也会被认为是不公平的。有些员工感到被欺骗，大多数员工不可能很好地完成工作。因为没有一个明确的目标来指引他们。好的管理者在一年中要对其员工进行培训、指导、监督，并使其能力得到提升。为员工制定出明确的目标和清晰的标准，使他们把目标牢记在心，这些并不难做到，只是需要多做一些工作。

4. 缺少足够的、清晰的绩效记录资料

很显然，管理者若不是希望靠直觉和记忆去评估，那么充分的证明文件将是必不可少的。出现没有书面证明的错误，大都是因为以下两个原因：（1）一些管理者常常没有时间和精力去关心那些琐事，因为发生在一年里的绩效评估远不如最近发生的事重要。从这方面说，绩效评估与别的工作一样，需要注重细节，并进行认真记录。（2）一些管理者对绩效评估过程是一个整体这点不清楚。他们不愿意对员工的不佳表现做记录。即使他们会毫不犹豫地和员工谈他们工作中所出现的问题。他们总是想："为什么要记下来？为什么要让它一直待在员工记录中，只要员工不离开这个组织，它将会一直伴随着员工？"问这些问题就相当于问绩效评估是否有必要进行。我们对这些问题的意见是，事实上对员工优缺点做出准确记录的绩效记录，会比那些有意识忽略缺点的记录更公平、更准确。它也是制定员工职业发展规划所必需的。管理者在根据绩效评估暂停一个员工的工作之前，应该考虑这个结果可能对组织内其他员工产生的影响。很显然，如果不严格区分符合要求的绩效表现和不符合要求的绩效表现，那么，对其他员工是不公平的。更不用说，如果一个员工因"不能胜任工作"而被解雇，然后以此与组织对簿公堂，一个准确的绩效记录是非常重要的。假设一个管理者发现，应该对某个员工的行为给予纪律处分，如果绩效记录中只有这个员工在过去几年中"很有效"或"很成功"的记录，那么，管理者应该如何让处分合理化呢？不完整的绩效记录文件也阻碍了一个员工的晋升。如果组织中有一个晋升的机会，那么，部门管理者会查看每个候选人的资料。如果员工的特点没有被清晰和准确地记录

在文件中,那么他可能不会被考虑。

5. 没有足够的时间进行讨论

如果只是制作一些表格,然后逐字读给员工听,或把表格发下去,然后说:"请阅读这些表格并填好。"当然,这种绩效评估不会花很多时间,省时省力,但效果可想而知。如果绩效管理或评估系统希望成功地发展员工,就需要去帮助他们提高当前的工作水平,应该腾出足够的时间去深入讨论员工的绩效表现,就评估的含义与员工进行双向对话,而不是仅仅给员工一个评估的结果。

6. 管理者说得太多

有人会说,绩效评估讨论的要点不是让员工知道他做得如何吗?所以,就应该管理者说得多一些。事实上,如果管理者想充分利用讨论,并从中得到更多东西,他不只需要说,还需要听。讨论是一个了解绩效问题产生根源的机会,并使评估更有激励作用。管理者需要知道员工的感觉,并能仔细倾听员工心声,所以管理者需要具备好访谈和演讲技能。如果管理者说得太多,那么他对员工能了解多少呢?绩效评估过程也同样如此。如果你说得太多,就只是在做总结。如果你能够让员工给予回应,可能会发现员工只是勉强同意或接受你的意见,即使他并不愿意去听。你可以得到员工对他行为的解释,然后你们可以一起制定让双方都满意的计划。因此,管理者需要员工的参与,让员工说得更多,而不是更少。

7. 缺乏后续行动和计划

作为一个管理者,如果已经做好了每一件事,但没有后续的行动和计划,也很难实现目标。绩效控制是环环相扣的,为管理别人的绩效(或当一个人正在考虑他自己的绩效时),制定一项提高绩效的计划(最好是书面形式的)是非常重要的。还应该制定另外一项计划去帮助员工提高他们的其他能力,使员工为将来的挑战做好充分准备。

(三)过程控制对于绩效管理的重要性

有人认为,"绩效是一系列与组织目标相关的行为;绩效是在特定的时间内,特定的工作职能或活动的产出记录。"也有人认为,"绩效是员工所做的工作中,对实现组织的目标具有效益和贡献部分。绩效以性质来分,包括量化的和不可量化的;以效益来分,包括近期的和远期的;以形态来分,包括有形的和无形的。"还有不少人则认为,"绩效是员工在实现组织或部门目标的过程中,对于组织和部门的贡献度,以及在过程中表现出来的行为。"

将绩效与任务完成情况、目标完成情况、结果或产出等同起来的观点,在许多管理学的文献中受到了质疑。这是因为:一部分产出或结果可能是由个体所不可控制或不能控制的因素决定的;而且,过分强调结果或产出,会使组织管理者无法准确获得各类活动信息,从而不能很好地对员工进行指导与帮助,而且更多时候会导致员工的短视行为。

曾经有管理学者将管理定义为"管理就是管过程"。这种定义其实也相当有道理,对应于将绩效看作是"管理过程"的观点,这是因为:一是许多工作并不一定是由员工的行为直接产生出来的,也可能有与工作没有密切关系的其他因素在影响。例如,员工的工作情绪对员工生产效率的影响等。另一方面任务履行者所做的每一件事,都不一定同他的目标任务有直接关联。二是对于工作结果的一味追求,可能会忽略产生结果的过程中那些个体无法控制的原因。尽管其行为也要受外界因素的影响,相比而言,行为更是在个体直接控制之中。

上述内容要说明的是,绩效管理过程与结果一样,都是不容忽视的。福尔尼斯对于来自世界各地的两万经理人的调查,请经理们列出员工无法按要求完成分配任务的原因,排在前八位的是:(1)员工不知道该做什么;(2)员工不知道怎么做;(3)员工不知道为什么必须做;(4)员工以为自己正在做,即缺乏反馈;(5)员工有他的无法控制的障碍;(6)员工认为管理者的方法不会成功;(7)员工认为自己的方法更好;(8)员工认为有更重要的事情要做。

这项调查的结果表明,绩效管理问题更多地出在前期的任务分配和中期的任务指导上,而不是后期的评估。此项调查中,前两个原因在所有回答中占据的比例高达99%。虽然大部分经理自认为已经为员工布置了任务,进行了基本的任务指导,但效果并不理想,员工仍然缺乏明确的努力方向和反馈。

绩效管理实质是对影响组织绩效的员工行为的管理,绩效管理的重心不是绩效考核的评价结果,而是在绩效考核过程中通过持续的沟通,使得员工接受工作目标、正确执行绩效计划、认识绩效问题,不断地提高和改进。而整个组织采用一种积极的手段,如对绩效信息进行有效的收集和整理,来保证绩效管理系统的正常动作。首先应该明确,绩效考核的过程控制是每个管理者和每个员工的责任,只有大家都参与其中才能保证绩效考核的顺利完成。

二、绩效监控的内容

绩效监控是对绩效实施情况的全面监控，主要进行全面的绩效沟通和提供及时的绩效辅导，并收集相关绩效信息。绩效计划的内容和重点不一样，绩效监控也随之表现出不同的特点。通常情况下，为实现组织绩效目标和战略目标，管理者需要通过监控组织、部门和个人等绩效计划的执行情况。为了确保组织战略目标的实现，绩效监控通常重点关注如下几个方面的具体内容。

（一）组织系统协同的监控

组织协同是一个系统性工作，也是组织获得高绩效的重要条件，其目的在于创造各部分之和大于整体的系统效应。管理者对组织系统协同性监控的目的，是确保所有的工作行为和工作产出都能为实现组织战略目标服务。协同的实质是围绕战略整合组织，实现密切配合和协同作战。组织协同通常围绕着组织的价值创造战略展开，价值创造战略通常需要考虑组织价值主张和客户价值主张的一致性问题。企业价值主张也叫企业价值定位，是为创造企业价值所设定的跨业务单元的主要目标，是公司总部为下属单位所界定的战略大纲。组织协同通常是自上而下的协同，即由公司总部阐述企业价值主张，然后交由各战略业务单位执行。理想的组织协同需要企业总部清晰地了解竞争环境和每一个战略业务单元的优缺点，并以此来制定和贯彻企业价值主张。客户价值主张通常是指战略业务单元所坚持的关于其怎么面对客户的价值主张，如总成本最低、产品领先、全面客户解决方案或者系统锁定等。明确的客户价值主张有利于高层管理者认可战略业务单元，并能以此为基础，进行合理的资源配置，从而确保战略得以有效执行。

组织协同的监控是一个流程，通常通过整合或延长价值链来创造协同效应。在基于平衡计分卡的价值创造体系中，通过四个层面的目标体系相互协同来创造协同效应。具体体现在这四个层面都需要体现企业价值定位，在绩效监控上则需要聚焦核心的监控指标。

当企业把各个分散经营的业务单元和职能单元的不同工作协同在一起时，将会产生一种额外的价值，即企业衍生价值。与优秀的赛艇选手为具有优秀素质的划桨手提供一个协同发挥的舞台一样，高效的企业总部也能整合与协同业务单元和职能单元，围绕企业价值主张，创造出高的衍生价值。这要求企业总部能够清晰阐述企业价值主张，并通过自上而下的管理流程，使业务单元、职能部门和外部合作伙伴之间产生协同效应。这个流程通常包括如下四个步骤：第一，实现企业总部与业务单元的协同；第二，整合内部支持和服务部门；第三，实现组织与外部组织系统协同；第四，协同全体员工。创造组织协同效应，从来都不是一蹴而就的，它是一个持续的管理过程，并且随着公司战略的调整，由公司高层领导做出及时的反应和明确的工作安排。

（二）关键业务流程的监控

关键业务流程是构筑企业竞争优势的战略性流程，对关键业务流程进行全面、系统、动态的监控和改进，有利于改善运营短板和提升资源配置效果，有利于持续提升组织绩效和达成组织战略目标。关键业务流程的确定始于企业的客户价值主张，不同的客户价值主张所关注的关键业务流程也不同。总成本最低战略聚焦于降低成本、提高质量以及缩短供应、生产、分销和服务交付周期。全面客户解决方案战略，则关注目标客户的选择、获得以及加深与目标客户的关系。产品领先战略注重发掘创新机会、提高产品研发的技术和管理能力以及对上市时机的准确把握。系统锁定战略则致力于提高产品和服务平台的标准化等级以及与辅助厂商开展良好合作。

管理实践表明，全面质量管理和流程再造思想，在对战略目标与流程改进计划的协同上，存在着显著不足。企业应该根据客户价值主张，厘清价值创造的流程，识别能够产生战略差异化的关键业务流程，并对阻碍绩效持续提升的流程设计进行改善。对企业的全部业务流程进行梳理，并根据企业价值主张区分流程的战略优先级，是流程控制和改进计划的关键控制点。其中，鲍德里奇质量标准、卡普兰和诺顿对企业流程的分类，有助于对企业流程进行有效监控。

鲍德里奇质量标准将企业现有流程分为"卓越"和"需要改进"两类，企业应该在分类管理的基础上，至少努力实现战略性流程达到"卓越"标准。通常的做法是立足于公司价值定位，对战略性流程进行识别、衡量和改进。例如，采用总成本最低战略的航空公司认为，"只有当飞机运送乘客时，公司才能为客户创造价值"。因此，"缩短飞机地面周转时间"就成为最核心的运营流程目标。通过对地面周转流程的关键环节的分析，发现通过对如下三点进行优化就能成功缩短周转时间：乘客下机、清洁和再次登机；行李卸载和重新装载；地面维护和燃料补给。

卡普兰和诺顿将流程分为战略性流程和重要流程两类。虽然战略性流程监控非常重要，但是对于公司日常运营计划的有效监控也不可忽视，因为其占用了公司 90%左右的资源和时间。任何战略性流程都不会独立发挥作用，只有在公司整体运营水平有力支持下，才能发挥出应有的带动作用。公司平常应该开发出一套完整的仪表盘指标，对运营过程进行全面系统地监控，以便及时发现问题和采取补救措施。

（三）个人绩效的监控

组织各层次的绩效都是由人创造的，整个绩效监控体系的落脚点是个人绩效的监控，通常组织协同性和关键业务流程监控，在很大程度上也是通过对个人绩效的有效监控来实现的。如果在个人绩效监控中发现问题，管理者应该与员工进行及时沟通，深入分析存在问题的原因，搞清楚到底是因为组织协同和工作流程等组织制约因素造成，还是个人原因影响，以便及时有效地采取应对措施。

个人绩效监控一般需要通过绩效监控表，对绩效监控过程进行规范和记录，以确保绩效信息的完整性和准确性。例如，某公司所采用的岗位绩效监控表，对绩效周期、绩效指标完成情况、关键事件和原因分析等内容进行了明确的规定。该公司对员工绩效信息进行全面收集，有利于管理者对员工绩效进行全面监控（见表 4-1）。

表 4-1　岗位绩效监控表（示例）

岗位名称			部门名称		
受约人			发约人		
监控周期	年　月　日至　年　月　日				
编号	关键绩效指标名称	目标值	实际值	关键事件描述	原因分析
1					
2					
3					
…					

三、绩效监控的过程

良好的绩效表现不会自动获得，正如庄稼不会播种后就会自动收获一样。在绩效计划执行过程中，只有持续不断地进行绩效监控，才可能得到预期的绩效结果。绩效监控作为连接绩效计划和绩效评价的中间环节，是一个持续的沟通过程，起始于绩效协议的签字确认，终止于绩效评价。绩效协议签订之后，管理者就需要对绩效计划执行情况进行监控，与员工进行充分的绩效沟通，针对存在的问题提供必要的辅导，并对沟通和辅导的过程中收集的绩效信息进行汇总，为绩效评价提供准确有效的绩效信息。

管理者一般通过抓住监控过程中的关键问题，来提升监控的效率和改善监控的效果。这些问题主要包括：第一，围绕组织战略的实现和绩效目标的达成，以保证在绩效计划实施过程中能及时发现问题，并能够提出解决方案。第二，针对绩效监控过程中发现的问题，进行及时的绩效辅导，为员工实现绩效提升提供支持，并修正工作任务实际完成情况与目标之间的偏差。第三，正确理解绩效沟通与绩效辅导的关系。虽然绩效辅导与绩效沟通的目的都是帮助员工达成绩效目标，但是，绩效沟通是贯穿整个监控过程的双向沟通。技巧辅导仅在出现问题时才出现，并且是指管理者通过沟通的形式，帮助员工达成绩效目标的行为。第四，进行绩效信息收集，特别是记录员工工作过程中的关键事件和绩效数据，为绩效评价提供信息。

四、绩效监控的方法

严格来讲，确保组织战略目标顺利实现的所有沟通方式，都可以作为绩效监控的方法。管理者需要了解每种监控方法的优缺点，并能针对具体情况，选择一种或多种监控方法。本书在此介绍三种最常用的绩效监控方法。

（一）书面报告

书面报告是绩效监控中最常见的一种方法，主要是指下级以文字或图表的形式，向上级报告工作进展的情况。书面报告可以分为两种类型：一类是定期的书面报告，如工作日志、周报、月报、季报、年报等；另一类是不定期的书面报告，主要是对绩效管理实践中，对绩效影响重大的工作所做的各种专项报告，可以根据工作进展的情况做具体的安排。

书面报告能提供大量、全面的绩效信息，也可以在管理者与员工无法面对面沟通的时候，进行及时的监控。在具体使用该方法时需要注意以下三点：第一，汇报内容需要做到重点突出；第二，尽量通过绩效信息平台，做到绩效信息的共享；第三，与其他方法结合使用，确保信息的双向沟通，并避免汇报内容的形式化。

(二) 绩效会议

绩效会议是指管理者和员工就重要的绩效问题，通过召开会议的形式进行正式沟通的绩效监控方法。为了使绩效会议能达到预期的目的，管理者需要注意绩效会议的目的、过程以及基本技术等关键点。

召开绩效会议的目的，主要包括以下几个方面：为了对绩效实施情况进行例行检查；对工作中暴露的问题和障碍进行分析和讨论，并提供必要的措施；对重大的变化进行协商或通报；临时布置新任务。

虽然绩效会议形式有差别，但是一般都包含以下几个基本步骤：会议准备、确定议程、进行会议沟通、达成共识、制定行动方案等。通常需要做好会议记录，并将会议记录及时反馈给所有与会者。

为了达到有效监控的目的，管理者召开绩效会议时需要注意以下几点：营造平等和谐的氛围；给予员工充分的表达机会，充分挖掘员工的积极性；会议目的具体、明确，不开无味和冗长的会议。

(三) 走动式管理

美国管理学家彼得斯与沃特曼在《追求卓越》一书中，提出了"走动式管理"的概念。具体指高层管理者为了实现卓越绩效，经常抽空前往各个办公室走动，以便获得更丰富、更直接的员工工作相关信息，并及时了解下属员工工作困境的一种策略。走动式管理不是说管理者到各部门随便走走，而是通过非正式的沟通和实地观察，尽量搜集第一手绩效信息，发现问题或潜在危机，并配合情境做出最佳的判断。同时，走动式管理也是对员工汇报的绩效信息进行核查的过程，带着问题到工作实践中去分析原因和排除障碍。

在使用走动式管理进行绩效监控的时候，管理者需要注意以下几点：第一，需要走进基层和一线接触工作实际，通过现场的观察和沟通，来了解员工的工作进度、实际困难和潜在能力，并获得他们的信任与尊重。第二，不一定每次走动都能获得重要的信息。管理者经常走动，对重大绩效事故的防范有很大的帮助，不必等到事故发生之后再焦头烂额地处理。第三，走动式管理不仅是一种有效的绩效监控的方法，更是一种情感管理、现场管理方法。在使用走动式管理的时候，管理者需要思考如何实现管理方法和领导艺术的有效融合，有效提升组织绩效，从而使组织获得持续的竞争优势。

第二节 绩效沟通

绩效沟通贯穿整个绩效管理过程，绩效沟通的效果在一定程度上决定着绩效管理的成败。绩效监控阶段是绩效沟通最集中的阶段。因此，本书在绩效监控中详细介绍绩效沟通。

一、绩效沟通的概念

绩效沟通是管理者和员工为了实现绩效目标而开展的建设性、平等、双向和持续性的信息分享和思想交流。其中，绩效沟通中的信息包括有关工作进展情况的信息、员工工作中的潜在障碍和问题的信息，以及各种可能的解决措施等。对于绩效监控过程中的绩效沟通概念的理解，需要特别注意以下几个方面：

（一）绩效沟通的目的是实现绩效目标

绩效沟通的目的是解决问题，应该在不损害人际关系的前提下进行。所有沟通，都应该围绕实现组织的战略目标而展开，同时应尽量避免不好的情绪、不当的方法和无关的内容。

（二）绩效沟通是一种平等的沟通

沟通最本质的目的就是思想的传递。为了让对方准确了解自己的想法，信息发出者应该通过了解听者的需求和可能的反应，决定自己要使用的沟通手段和方式，坚持换位思考，从对方的立场出发思考问题，"己所不欲，勿施于人"。信息只有在平等主体间传递，才有利于信息形成沟通的环路。否则，管理者高高在上，信息传递通常不顺畅。即使有信息传递，信息本身的准确性和及时性也会受到影响。

（三）绩效沟通是一种有效的沟通

绩效沟通是一个封闭的环路。七个环节中的任何环节出现问题，都可能导致沟通的失败，如图4-1所示。

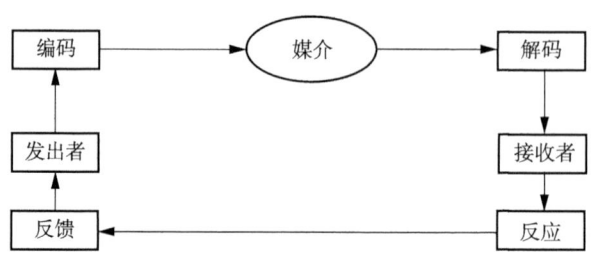

图 4-1　沟通过程模型

管理者必须准确地知道绩效计划的执行情况，员工要及时将绩效计划的执行情况向上级反映，并且所传递的信息要能被双方充分理解。沟通更重要的意义在于，传递想法而非传递信息本身，让发出的信息（语言或行为），被接收者充分理解，才是真正有效的沟通。我们都有这样的体验：我们请某人做某事，而他却没有反应。这个时候我们的第一反应就是更大声地重复一次，甚至会嚷嚷："难道你没有听见吗？"人们往往将沟通失败归咎于听力的问题，而事实也许并非如此。

在沟通过程模型中，信息的编码、沟通媒介（渠道）的选择和信息的解码，是沟通取得成功的关键环节。整个沟通过程从信息的发出开始，到得到来自接收者的反馈为止，不断循环。之所以强调反馈阶段，是因为沟通的目的就是传达信息，更进一步就是传达思想。接收者接收信息的情况，能够说明沟通的目的是否得以实现。因此，接收者的反应是沟通过程模型中的重要一环。结合上述的模型，我们认为，有效的沟通过程，包括以下七个方面的基本要素：第一，沟通的目的。沟通的目的就是整个沟通过程所需要解决的最终问题，这是统领整个沟通过程的灵魂。第二，信息源（发出者）。信息源就是指做出沟通行为，将信息向外传达的人。第三，信息本身。有多少信息、有什么方面的信息需要传达，取决于沟通的目的和信息源的意志。发出者应该充分考虑其他要素的情况，如考虑接收者的接收能力和沟通环境的特征等，在此基础上决定如何组织信息。第四，媒介。媒介的存在方式，包括书面、口头语言、肢体语言等。更具体地说，有面对面的会谈、电子邮件、录像等方式，媒介的选择，是沟通过程中的一个重要因素。第五，接收者。接收者就是通常所说的听者，听者听的愿望（或者说接收信息的愿望）是积极的、消极的还是中性的，都会影响整个沟通过程的效果。第六，反馈。从沟通过程模型中可以看出，接收者的反馈是沟通过程的一个要件。这种反应传递到信息源处，就形成了反馈。反馈是接收者向发出者传递信息的方式，发出者应根据反馈的情况，调整下一步的沟通方式，以更好地实现沟通的目标。第七，环境。沟通的环境因素，影响着发出者编码与接收者解码的方式。在管理环境中，这种环境因素不仅包括沟通的物理环境，还包括组织文化和管理者的管理风格等。

沟通模型为我们提供了一个研究有效沟通的理论框架。在研究绩效沟通问题时，掌握沟通模型的构成和运作原则是非常重要的。在解决各种沟通问题时，我们可以通过分析过程模型中的每一个要件，准确地找出问题所在。

（四）绩效沟通是一种持续的沟通

绩效沟通贯穿于整个绩效管理的四个环节，在绩效监控中持续时间最长，但是却最容易受到忽视。绩效沟通的中断会导致管理者与员工之间产生各种各样的摩擦，使绩效管理成为员工与管理者之间不断争执和冲突的重要原因。因此，充分了解绩效沟通，掌握绩效沟通的技巧成为每一位管理者必须掌握的管理技能之一。

二、绩效沟通的目的和内容

（一）绩效沟通的目的

绩效沟通的直接目的是通过管理者与员工持续、有效的沟通，实现员工绩效的改善和提升，最终目的是实现组织的战略目标。为了提高绩效沟通的质量，管理者作为绩效沟通的设计者和主导者，必须深入地理解沟通和绩效沟通的重要性。

1. 沟通的重要性

著名管理学家亨利·明茨伯格于20世纪60年代末提出了经理角色理论。在该理论中，他将管理者的日常管理活动中扮演的角色分为以下10种，即挂名首脑、领导者、联络者、监听者、传播者、发言者、企业家、混乱驾驭者、资源分配者、谈判者。有人将这10种角色进一步组合成三类角色，即愿景设计者、激励者和推动者。首先，管理者是愿景设计者。必须把自己设定的愿景转化为员工共同的愿景，这就要求管理者具有高超的沟通技巧。其次，管理者要通过愿景激励员工的工作积极性，这就要使员工的目标与管理者设计的愿景相结合。管理者作为激励者的角色，进一步强化了沟通的重要性。最后,管理者还要通过大量的沟通活动,推动组织愿景的实现。无论是作为愿景设计者、激励者还是推动者,沟通都发挥着重要的作用。

此后,弗雷德·卢森斯和他的助手对450名管理者进行研究。具体通过"管理者究竟在做什么"系列问题进行。在组织中提升最快的管理者与组织中总成绩最佳的管理者,从事的工作相同吗?他们对管理工作强调的重点相同吗?他们从另一个角度考察了沟通的重要性。具体来说,他们发现管理者都从事以下四类活动:(1)传统管理:决策、计划和控制。(2)沟通:交流信息、处理各类书面文件等。(3)人力资源管理:激励、惩戒、协调冲突、人员配备和培训。(4)网络联系:社交活动、政治活动和外界交往。

他们发现,沟通对于各种管理者来说,都是一项十分重要的管理活动,具体反映在普通管理者、成功管理者和有效管理者都在"沟通"上花费了很多时间。

在这里,成功的管理者是指那些在组织晋升速度最快的人;有效的管理者是指那些工作业绩的数量最多、质量最高,员工对他的满意度和承诺度最高的管理者。从组织的角度出发,我们最关注的就是有效的管理者在四类活动中的时间分配情况。研究表明,有效的管理者花费了最多的时间(44%)用于沟通。即使对于普通的管理者和成功的管理者,沟通在这四类工作中也处于占用时间第二多的位置。

2. 绩效沟通的重要性

在传统的工作环境中,工作场所和工作内容都相对固定,员工往往只需要根据既定的绩效计划,按照明确的流程按部就班地工作就能达到其职责要求,从而完成相应的绩效任务。员工掌握必要的知识技能,对获得高绩效相对更加重要,而绩效沟通对绩效的影响还不是非常明显。但是,在信息化、网络化和全球化时代,科技迅猛发展、信息日益膨胀、工作生活节奏加快等因素,深刻地影响了人们的行为、组织战略以及生产和经营的模式调整周期越来越短,职位说明书的更新速度也越来越快。在某些行业中,人们甚至发现,为某些职位制定明确详细的职位说明书几乎已变得不再可能。这种情况在绩效管理中的直接表现,就是必须保持绩效计划的弹性,确保员工的工作实践与实际情况的要求保持一致。面对变化的工作环境,管理者与员工的持续有效的沟通就显得日益重要。如果缺乏必要的沟通,管理者在计划调整或临时增加任务时,员工可能产生不满,甚至抵触情绪,从而影响绩效目标的

（二）绩效沟通的内容

鉴于绩效沟通的重要性，管理者和员工都应该根据绩效沟通的目的，精心准备沟通的内容。对于管理者而言，如果不掌握最新的情况，可能会面临许多不必要的麻烦。管理者特别应该有意地收集一些绩效评价和绩效反馈时需要的信息。这些信息将帮助管理者更好地履行他们在绩效评价中担负的职责。通常管理者需要关注以下问题：（1）我必须从员工那里得到哪些信息，以帮助他们更好地协调员工的工作，并在必要的时候向上级汇报？（2）我必须提供给员工哪些信息和资源，以帮助他们完成工作？

员工通过与管理者之间的绩效沟通，可以了解到自己的表现获得了怎样的评价，以便保持工作积极性，并且更好地改进工作。员工还需要通过这种沟通了解管理者是否知道自己在工作中遇到的各种问题，并从中获得有关如何解决问题的信息。当工作发生变化时，员工能够通过绩效沟通了解自己下一步应该做什么，或者应该着重去做什么。因此，员工通常首先关心以下问题：（1）必须从管理者那里得到什么样的信息或资源？（2）我必须向管理者提供哪些信息，以保证更好地完成工作目标？

通过以上问题的回答，管理者能够更好地明确绩效沟通的内容，这是确定绩效沟通内容的一个非常实用的思路。通过绩效沟通，管理者和员工应该能够回答以下问题：（1）工作进展情况如何？（2）绩效目标和计划是否需要修正？如果需要，如何进行修正？（3）工作中有哪些方面进展顺利？为什么？（4）工作中出现了哪些问题？为什么？（5）员工遇到了哪些困难？应如何帮助他们克服困难？

三、绩效沟通的原则

实现高效的绩效沟通，并不是一件简单的事情，管理者和员工都需要为绩效沟通做充分的准备。既要掌握基本的沟通技能，又要遵从基本的沟通原则。以下两项基本的绩效沟通原则，对规范沟通行为、提高沟通效果具有重要的作用。

（一）事实导向原则

人们在沟通中存在两种关注焦点：关注问题和关注人。所谓关注问题，指的是沟通关注问题本身，注重寻找解决问题的方法。所谓关注人，则更多地关注出现问题的人，即在遇到问题时，往往会非常直接地将问题归咎于人，而不是问题本身。关注人的沟通往往会带来很多负面的影响。事实导向原则就是要求沟通双方从解决问题的目的出发，针对问题本身提出看法，充分维护他人的自尊，不要轻易对人下结论，这个原则主要是为了克服对人而不对事情下结论的错误倾向。通过对事实的描述避免对人身的直接攻击，从而避免对双方的关系产生破坏作用。

管理者向员工提出缺点和错误时，特别需要恪守这一原则。下面的例子就是针对员工存在的问题，采取了描述性沟通。首先，管理者应该描述需要修正的情况。这种描述应该基于事实或某个特定的、公认的标准。例如，可以说"你在这个季度的销售额排名中，处于部门最后一名的位置""这个月你收到了三次有关服务质量的投诉"等，这种描述能够在很大程度上避免员工的抗拒心理。其次，仅描述事实是不够的，还应对这种行为可能产生的后果做一定的描述。例如，可以说"你的工作业绩出乎我的意料，这将对我们整个部门的销售业绩产生不良的影响""顾客表示无法接受这样的服务水平，他们宁可放弃我们的产品"等。在这里，管理者应该注意不要使用过于严厉责备的口吻，否则员工会将精力集中于如何抵御攻击，而不是如何解决问题。最后，管理者可以提出具体的解决方式或引导员工主动寻找可行的解决方案。

（二）责任导向原则

所谓责任导向，就是在绩效沟通中，引导对方承担责任的沟通模式。绩效沟通需要确认问题的责任承担者，为采取积极的补救措施和促进绩效目标的达成提供基本保障。责任导向原则，需要我们有效地选择沟通方式——自我显性的沟通与自我隐性的沟通。典型的自我显性的沟通，使用第一人称的表达方式；而自我隐性的沟通，则采用第三人称或第一人称复数。如"有人说""我们都认为"等。通常，自我显性的沟通方式，能够更好地与对方建立联系，表达合作与协助的意愿。如"我想这件事可以这样……""在我看来你的问题在于……"等说法，都能够给人这样的感受。而自我隐性的沟通通过使用第三者或群体作为主体，避免对信息承担责任，从而逃避就其自身的情况进行真正的交流，这往往给人一种不合作、不友好的感受。因此，责任导向原则要求人们采取自我显性的表达方式，与沟通对象建立良好的关系。

四、绩效沟通的方式

管理者与员工的每一次交流都是一次具体的沟通,并且沟通是一个充满细节的过程。沟通有各种各样的方式,每种方式都有其优缺点和适合的情境。因此,有效沟通的关键是在不同的情境下选择适合的沟通方式。总的来说,绩效沟通可分为正式的绩效沟通和非正式的绩效沟通两大类。

(一) 正式的绩效沟通

通常,正式的绩效沟通方式主要包括正式的书面报告和管理者与员工之间的定期会面两种形式。其中,管理者与员工之间的定期会面,又包括管理者与员工之间一对一的会面和有利于管理者参加的团队会谈。

1. 正式的书面报告

书面报告是绩效管理中比较常用的一种正式沟通的方式,主要是员工使用文字或图表的形式向管理者报告工作的进展情况。书面报告可以是定期的,如工作日志、月报等,也可以是不定期的。除了定期的书面报告之外,管理者往往还会要求员工就某些问题准备不定期的专项书面报告(见表4-2、表4-3)。

表4-2 工作日志

姓名:_____ 职位:_____ 所属部门:_____ 时间:___月___日

序号	工作活动内容	开始时间	结束时间	备注
1				
2				
3				
…				

表4-3 工作月报

目标工作任务	完成情况	困难问题	解决方案	需要的支持	备注
1					
2					
3					
…					

书面报告的最大优点就是简单易行,而且能够提供文字记录,避免进行额外的文字工作。为了让员工更好地完成书面报告,管理者应该让员工有机

会决定他们应该在报告中写些什么，而不是由管理者一厢情愿地决定。当双方就这个问题达成一致后，管理者可以设计出一个统一的样表，以方便员工填写。这种表格的形式非常多，但通常需要包括工作目标的进展情况、工作中遇到的问题、建议和意见等栏目。另外，书面报告的形式，在很大程度上还取决于员工的文化水平。对不同文化程度的员工，工作报告的要求往往也不同。在很多情况下，员工不欢迎书面报告。他们将这项工作视为额外的负担，只是应付了事。因此，大多数情况下，他们只是浪费了大量的时间，仅提供了一大堆毫无意义的信息。

2. 定期会面

面对面沟通是一种比书面报告效果更好的沟通方式。面对面的会谈不仅是信息交流的最佳机会，而且有助于在管理者与员工之间建立一种亲近感。这对于培育团队精神、鼓励团队合作非常重要。在绩效管理中，通常从制度上规定管理者和员工必须定期会面，从而强化面对面沟通的效果。一对一面谈和团队会议是定期会面的两种重要形式，这两种会面形式的最大问题是，容易造成时间的无谓耗费。另外，沟通频率也是管理者需要考虑的重要问题。下面对这两种会面形式做简要介绍。

（1）一对一面谈

定期会面最常见的形式就是管理者与员工之间的一对一面谈。每次面谈开始时，管理者应该让员工了解面谈的目的和重点，并且一般将会谈的问题集中在解决员工个人面临的问题上，以便会谈更具实效性。一对一面谈进行绩效沟通的优点，主要表现为如下几点：第一，面谈的方式可以使主管人员与员工进行比较深入的沟通；第二，面谈的信息可以保持在两个人的范围内，可以谈论比较不宜公开的观点；第三，通过面谈会给员工一种受到尊重和重视的感觉，比较容易建立管理者与员工之间的融洽关系；第四，管理者在面谈中可以根据员工的处境和特点，有针对性地给予帮助。

在进行一对一绩效面谈的过程中，应该注意以下问题：首先，沟通双方应保持平等地位。大多数管理者都会犯一个错误，就是过多地教训而忘记倾听。员工是最了解其工作现场情况的人，从他们的口中了解情况是非常重要的，管理者应该更多地鼓励员工进行自我评价和报告，然后再进行评论或提出问题。如果问题是显而易见的，就应该鼓励员工尝试着自己找出解决问题的方式。其次，管理者还应该在面谈中记录一些重要的信息，特别是在面谈中提及一些计划性的事务，更应该如此。例如，对于工作计划的变更、答应为员工提供某种培训等，都应该留有记录，以防止过后遗忘。最后，管理者应该在面谈的最后留出足够的时间，让员工有机会说说他想说的问题。

（2）团队会议

很多工作都是以团队为基础开展的，团队成员之间在工作中相互关联并发生影响。群策群力是解决问题的最好方式之一。每个成员都能够不同程度地了解和掌握其他成员的工作情况，而且每个成员都能够通过解决大家共同面对的问题，提高个人乃至团队的绩效。团队会议就是与之相适应的沟通方式。团队会议通常由管理者参加，会议内容应该精心设计，以避免不恰当的内容造成无效沟通而浪费时间，或在团队成员之间造成不必要的摩擦或矛盾。

团队会议意味着更多的时间和更高的复杂性，管理者需要根据团队情况灵活把握。对于较小的团队，会议的形式和内容还比较容易确定。如果涉及的团队较大，会议就不能过于频繁，会议议程和重点需要专门设计。有时可采用派代表参加会议来解决人员过多的问题，也可以使用一些结构化的问题提纲和时间表来控制进程。不能由于个别难以解决的问题，而影响整个会谈的进度，毕竟这种团队式会谈的时间是十分宝贵的。强调时间限制是十分重要的，只有充分利用每一分钟，才能够使会谈发挥最大的效益。团队式的会谈也应该做好书面的会议记录，通常参会成员可以轮流做这项工作，并及时向参会人员反馈书面记录的整理资料。

另外，涉及个人绩效方面的重点问题不应轻易成为团队会议的话题。任何人都有犯错的时候，这种公开的讨论是最严厉的惩罚。不同的文化背景，影响了人们对这种情况的承受能力和接受能力。通常情况下，这种针对个人的绩效警告应在私下进行。

（二）非正式的绩效沟通

管理者和员工之间的绩效沟通，更多的时候是采取非正式沟通的形式。事实上，工作过程中或工作之余的各种非正式沟通，为他们提供了非常好的沟通机会。非正式绩效沟通，没有固定的模式，是一种灵活的沟通方式，其最大优点在于它的及时性。当员工在工作中发生问题时，管理者可以与之进行简短的交谈，从而促使问题得以及时解决。管理者也可以在工作现场或公司食堂等公共场所与员工交谈，了解工作进展，及时解决存在的问题。并不是所有的管理者都必须或可能做到这一点，但是管理者四处走动，并与员工进行非正式交谈的确是一个好的管理手段。

有的管理者感到,自己非常愿意通过这样的沟通,促进团队和部门的工作业绩,但员工好像不愿意把那些管理者希望了解的情况告诉管理者,但在大多数情况下,问题都出现在管理者一方。出现沟通障碍时管理者首先应该检讨一下自己的态度,管理者应该注意学习各种各样的沟通技巧,成为一个合格的倾听者。无论对正式沟通还是非正式沟通来说,这都是绩效沟通得以顺利进行的重要条件。

随着通讯与网络的发展,人们的沟通更加便捷,受地域限制越来越少,这为管理者和员工进行深入的绩效沟通提供了条件。在这种情况下,非正式沟通也可以是书面形式的,但是管理者可以更快捷地予以反馈信息,从而通过虚拟网络,达到员工与管理者之间面对面交流的效果。

五、绩效沟通的技巧

绩效沟通是技术要求相对高的一种沟通,在绩效管理全过程中,管理者与员工都需要进行充分的绩效沟通。在具体的沟通实践中,管理者需要运用各种各样的沟通技巧和方法,下面介绍几种常见的沟通技巧。

(一)积极倾听技巧

沟通是一个双向的过程,即沟通双方不仅要通过沟通的过程向对方传递信息和想法,还要通过沟通过程获取所需信息。从前面谈到的沟通过程模型中可以看出,双向沟通更深层次含义在于,信息发出者并不是单向地发出信息,还需要根据接收者的反应,从而调整沟通的内容和方式。积极倾听,是有效沟通的重要保障之一。绩效沟通中的任何一方都应该具备积极倾听的技巧,以充分获取信息,使整个沟通的过程得以顺利进行。但是很多管理者经常忽视积极倾听的意义,尤其是在与员工沟通时,他们往往失去应有的耐心,这种做法将严重影响沟通的质量,甚至影响管理者与员工之间的良好关系。有学者将积极倾听的技巧分为以下五步:第一,解释。倾听者要学会用自己的词汇解释讲话者所讲的内容,从而检验自己是否完全理解了对方的想法。第二,向对方表达认同。当有人表达某种情感或很情绪化时,对对方的感受表示认同,能够帮助对方进一步表达他的想法。第三,简要概括对方的内容,将对方所说的内容进行简要地概括,表明确实了解对方所要表达的内容,并促进对方进一步说明他的观点,将谈话推向更进一步的话题。第四,综合对方表达的内容，得出一个结论。与前三种做法不同，听者不仅可以总结、概括对方的观点，还可以形成一个结论性的观点，以便使话题能够得到进一步的展开。第五，站在对方角度进行大胆地设想。

还有学者对积极倾听的技巧展开研究，并总结出积极倾听的八点建议：第一，为听做好准备；第二，培养自己的兴趣；第三，倾听主要的观点；第四，以批判的态度听；第五，集中注意力听，避免分心；第六，善于做笔记；第七，做出积极反应，帮助说者；第八，克制自己，让说者表达完整。

（二）非语言沟通技巧

沟通并不是一个简单的语言传递的过程，即使在语言沟通的过程中，也传递着丰富的非语言信息。有研究表明，沟通中只有不到10%的信息是通过纯语言传递的，近40%的信息是通过非语言传递的，而超过50%的信息是通过肢体语言传递的。沟通双方应该通过合适的语音、语调将语言表达出来，并配合准确的肢体语言，才能够准确地传递相关信息。

沟通双方能否很好地运用非语言沟通技巧，是影响建设性沟通成败的一个重要因素。关于各类肢体语言的基本含义的相关文献非常丰富，举手投足，一颦一笑都传递着特定的信息。沟通双方需要结合沟通环境，对这些肢体语言进行准确的解读。但必须注意，离开沟通环境，很多肢体语言的解读都是空洞的，没有意义的。学习肢体语言的可能含义，能够帮助我们在沟通中对这些无意识的反应做出有意识的认识，从而更好地掌握沟通对象的意图。

（三）绩效沟通中组织信息的技巧

绩效沟通中，由于沟通双方的生活背景、经历以及个人观点和地位等方面不同，沟通过程中的信息接收者和发出者会对相同信息符号产生不同的理解。因此，如何组织沟通信息，便于沟通双方准确理解，就成了保障沟通质量的重要决定性因素。在组织信息过程中，管理者和员工需要保障绩效信息的完整性和准确性。

1. 信息的完整性

信息的完整性是指在沟通中信息发出者需要尽量提供完整和全面的信息。具体来说，要求信息发出者注意以下几个方面：沟通中是否提供了全部的必要信息；是否根据听者的反馈回答了全部问题；是否为了实现沟通的目的提供了必要的额外信息。信息提供是否完整，需要从沟通双方在沟通实践中，经过信息的编码和解码全过程来确认。很多时候，我们以为已经把需要告诉对方的信息都表达了，但实际上，这往往只是自己的一厢情愿。例如，员工可能提供部分绩效信息，以为管理者对很多信息都是清楚的；管理者在进行绩效辅导的时候，也常常会忽略一些他认为员工理所应当知道但实际上员工完全可能不知道的信息。虽然在信息沟通中，所有人都不可能做到信息的面面俱到，但沟通双方都必须做到关键信息不遗漏。

2. 信息的准确性

信息的准确性是指提供的信息对沟通双方来说应该是准确的、对称的。信息完整性是要求信息发出者提供全部的必要信息，而信息的准确性则强调信息发出者提供的信息是准确的。沟通信息的准确性要求，根据环境和对象的不同采取相应的表达方式，从而帮助对方精确领会全部的信息。许多关于人际沟通的研究工作关注信息的准确性。这些研究普遍强调，应该使信息在整个传送过程（编码和解码）中基本不改变或偏离原意，并将之视为有效沟通的基本特征。为了保障沟通双方对信息都有精确的理解，我们应注意以下两个方面：（1）信息来源对沟通双方来说都应该是准确和可靠的，这是信息准确性的基本要求。在沟通过程中，出现信息不准确现象的一个非常重要的原因，就是原始数据的可靠性不符合沟通的需要。特别是管理者对员工的工作失误提出意见时，就必须使用双方都能够认同的信息源所提供的信息。（2）信息传递方式有助于沟通双方准确理解信息。在沟通过程中，应该使用沟通双方都能够理解的媒介手段和恰当的语言表达方式。第一，选择合适的媒介手段。目前主要的媒介包括会谈、书面报告、信息系统等形式。在选择媒介时，不能仅凭信息发出者的意愿，而要根据沟通对象的特征、沟通的目的，以及各方面的环境因素进行综合考虑。例如，管理者要针对某个员工在工作中的问题进行辅导，通常就应该采取一对一面谈的形式。而对于团队工作中的问题，在团队成员数量有限并有可能集中而不影响工作进展的情况下，就可以采取团队会议的方式进行沟通。随着信息技术的不断发展，信息传递的准确性有了很大的提高，人们可以在很短的时间内将信息以文字、文件、图像、声音等形式传送到世界的各个地方。第二，恰当的语言表达方式的选择。主要注意恰当的词汇和恰当的语言风格两个方面。关于沟通词汇的准确理解，主要是沟通双方在文化和语言上的差异，往往会导致对相同词汇的不同理解。关于语言风格的选择，沟通双方可以根据不同的沟通主题决定，是选择正式语言、非正式语言还是非规范语言，这三种不同类型的语言，运用不同的沟通方式服务于不同的沟通对象和沟通目的。

第三节 绩效辅导

绩效管理的目的不是对员工进行控制，而是实现各层次绩效的全面提升。在绩效管理过程中，绩效辅导扮演着绩效持续提升助推器的角色。因此，有人认为，"不会指导员工的管理者，不是有效的管理者；不愿意指导员工的管理者，不是合格的管理者"。

一、绩效辅导的概念

绩效辅导是指管理者采取恰当的领导风格，针对员工绩效计划执行过程中存在的问题和潜在障碍进行充分沟通，激励或指导员工克服困难，帮助其实现绩效目标，并确保其工作不偏离组织战略目标的持续过程。管理者作为绩效辅导的主导者和推动者，不仅需要向员工提出的各种要求做出积极回应，还需要能够前瞻性地发现潜在危机，并在其出现之前予以解决。

对绩效辅导深入理解，需要注意以下几点：第一，绩效辅导的目的是促进绩效的持续提升，而管理者提供及时的帮助，这是绩效辅导的关键。员工在执行绩效计划的过程中遇到困难或障碍而需要帮助时，管理者需要及时地提供各种必要的帮助和支持。在必要的时候，还应为员工提供培训的机会，使其具备完成绩效计划必备的知识和技能。第二，激励员工是绩效辅导的重要途径。绩效辅导不是管理者越俎代庖，绩效改进的主要责任者还是员工本人，关键在于激发员工的主人翁意识和对绩效的责任感。第三，需要注意管理者领导风格和绩效辅导之间的匹配。绩效辅导由管理者具体执行，并且领导风格和管理者的特征对绩效辅导有较大的影响。第四，及时沟通是绩效辅导成功的基本保障。这要求管理者根据绩效计划的执行情况，全面收集绩效计划执行的各种信息，及时做出正确的辅导决策。

二、绩效辅导风格的选择

只有管理者知道如何有效地领导员工，员工的绩效才有可能最大限度地获得持续提高。缺乏有效的领导，员工就很难将他们的个人活动与组织当前的需求有机结合起来。事实上，大多数管理者都工作繁忙。但心理学家告诉我们，过度繁忙会极大地影响人们的认知过程，过于忙碌的人往往不愿意倾听，从而减少了与别人的沟通，急于求成，这种情况很可能会导致绩效管理的最终失败。例如，如果你是销售总监，发现手下一位优秀的销售员业绩忽然开始下滑；再如，你是研发部门经理，发现部门中一位设计人员逐渐失去了灵感；同一项目组中两个员工最近发生了不愉快；或者一个员工经常不遵守企业的规章制度，如经常迟到等，你会采取怎样的方式控制事态或处理问题？针对管理实践中影响绩效水平的各种问题，管理者的绩效辅导中选择适当的管理风格就非常重要了。

（一）下属成熟度与绩效辅导风格的选择

管理者不可能也不需要随时对下属进行绩效辅导。通常只需在下属需要辅导的时候，提供辅导与支持即可。对管理者来说，准确判断下属在什么情况下需要绩效辅导就成为一个技术性问题。为了提高绩效辅导的有效性，管理者需要对不同的下属采取不同的方式，以便使绩效辅导更有针对性。保罗·赫西和肯·布兰查德在1969年提出的情境领导理论，又被称作领导生命周期理论，为管理者做出正确的判断和选择正确的绩效辅导风格提供了理论指导。该理论将领导划分为任务行为和关系行为两个维度，并根据两个维度组合成指示、推销、参与和授权四种不同的领导风格。

S1 指示：高任务—低关系领导风格

S2 推销：高任务—高关系领导风格

S3 参与：低任务—高关系领导风格

S4 授权：低任务—低关系领导风格

该理论还比较重视下属的成熟度。这实际上隐含了一个假设：领导者的领导力大小，实际上取决于下属的接纳程度和能力水平的高低。根据下属的成熟度，也就是下属完成任务的能力和意愿程度，可以将下属分为四个类型。

R1：下属既无能力，又不愿意完成某项工作，这时是低度成熟阶段

R2：下属缺乏完成某项任务的能力，但愿意从事这项任务

R3：下属有能力，但不愿意从事某项任务

R4：下属既有能力，又愿意完成某项任务，这时是高度成熟阶段

保罗·赫西和肯·布兰查德的情景领导理论的具体模型如图4-2所示。

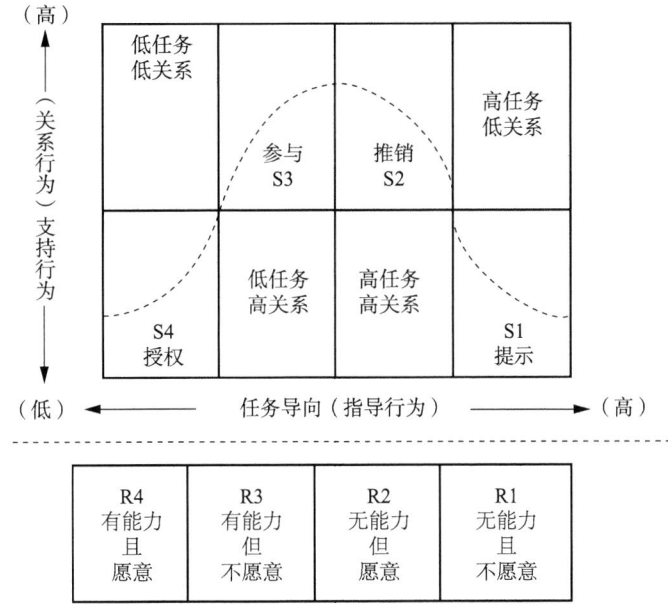

图4-2 情境领导理论

情境领导理论的核心就是将四种基本的领导风格和下属的四种成熟度阶段相匹配。管理者依据下属的不同绩效表现,做出适当回应,并提供相应的帮助。随着下属成熟度的提高,领导者不但可以减少对工作任务的控制,而且可以减少关系行为。具体来讲,在R1阶段,采取给予下属明确指导的指示性风格;在R2阶段,领导者需要高任务—高关系的推销型风格;到R3阶段,参与型风格的领导最有效;而当下属的成熟度达到R4阶段,领导者无须再做太多的事情,只需授权即可。

(二)环境和下属的权变因素与绩效辅导风格的选择

管理者在帮助员工实现其绩效目标的过程中,还需要充分考虑下属自身的特点和环境的限制因素,才能提供有针对性的绩效辅导。罗伯特·豪斯提出的路径—目标理论,为管理者提供了相关的理论指导。豪斯认为,如果领导者能够弥补下属或工作环境方面的不足,则会提升下属的工作绩效和满意度。有效的领导者,通过明确指出实现工作目标的途径来帮助下属,并为下属清除在实现目标过程中出现的重大障碍。领导的有效性,是以是否能够激励下属达到组织目标,以及下属在工作中得到的满足程度来衡量的。路径—目标理论是豪斯提出的另一种经典的领导权变理论,该理论同时提出了两种权变因素作为领导者行为与业绩结果之间的中间变量（如图4-3所示）。

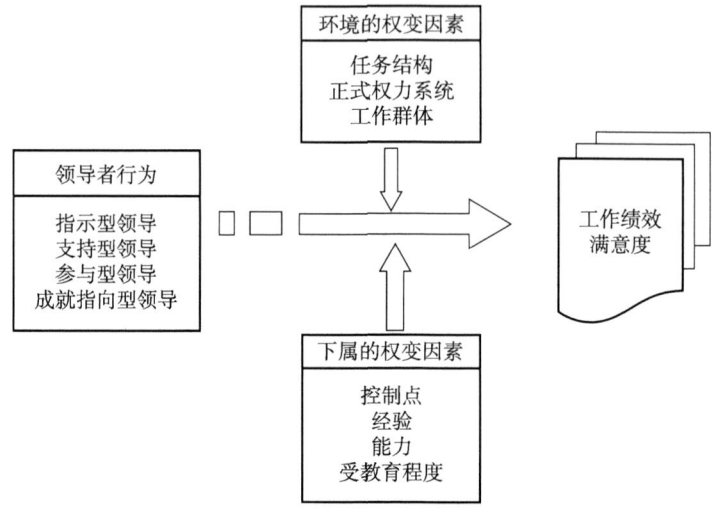

图4-3 路径—目标理论模型

一种是下属控制范围之外的环境，包括任务结构、正式权力系统和工作群体等，另一种是下属个性特点中的一部分，如控制点、经验、能力以及受教育程度等。路径—目标理论模型中的四种领导风格中的内涵如下：

指示型领导：由领导者发布指示，下属不参与决策。

支持型领导：领导者对下属很友善，而且更多地考虑下属的要求，关心下属。

参与型领导：下属参与决策和管理，领导者主动征求并采纳下属意见。

成就指向型领导：领导者为下属设置具有挑战性的目标，并相信下属能达到这些目标。

从路径—目标理论模型可以看出，管理者在选择绩效辅导风格时，需要根据下属和环境两方面的权变因素，决定在指示型领导、支持型领导、参与型领导以及成就指向型领导等辅导风格中，做出具体的选择，从而确保通过有效绩效辅导来弥补下属的不足，以更好地实现绩效目标。随着知识经济时代的到来，知识型的职位或知识型员工担任的职位所占的比重不断增加，这类下属受教育程度不断提高，学习的能力不断增强，物质生活水平和需求层次不断地提升，导致下属更多地追求成就感，需要自我控制。管理者对这类员工，应当采用一种合作、参与、授权的领导风格。豪斯还指出，领导者的选用没有固定不变的公式，应当根据领导方式与权变因素的恰当配合来考虑。另外，与菲德勒不同，豪斯认为领导者是弹性灵活的，同一领导，可以根据不同的情境因素，选择不同的领导风格。

路径—目标理论虽然受到中间变量过少的限制，但无论是理论本身还是由之推导出的观点，都得到了不同程度的验证，为领导者选择领导行为奠定了理论基础，这些管理的箴言也符合许多高效管理者的行为理念。为了实现绩效目标，管理者需要及时、系统地找出并清除绩效障碍。同时，管理者角色也发生了改变，其基本角色也不再是法官，在更多的情况下是伙伴、教练或者导师。由路径—目标理论还可以推导出一些观点，这些观点对于领导行为的指导同样具有很重要的意义。

（1）当面对结构模糊的任务或工作压力较大时，指示型领导会带来更高的满意度。

（2）当任务结构化的时候，支持型领导会得到比较高的绩效和满意度。

（3）对能力强或经验丰富的下属而言，指示型领导被视为累赘。

（4）组织正式权力系统越完善、越官僚化，领导者越应采用支持型风格并减少指示行为。

（5）当工作群体内部有剧烈冲突之时，指示型领导会产生较高的下属满意度。

（6）内控型下属更适合接受参与型领导。

（7）外控型下属则对指示型领导更满意。

三、绩效辅导的实施

就具体工作而言，管理者并不见得比员工有更深入、更全面的了解，但是这并不妨碍其成为一名合格的辅导者。绩效辅导的实施过程中，关键是建立一种绩效辅导机制，确保管理者能全面监控绩效计划执行的情况，及时发现员工存在的问题和困难，并提供必要的帮助。

（一）绩效辅导的基本流程

与绩效沟通一样，绩效辅导也贯穿绩效监控的全过程。绩效辅导不是一种被动行为或一项临时性活动，而是通过使用一种（或几种）特定的方法收集所需数据，使管理者获得有关员工足够的信息，确保管理者的指导有的放矢，以协助员工解决存在问题的持续过程。在流程设计上，管理者应该明确提供辅导与帮助两种情况：一种情况是，管理者只需要直接提供指导和协助就能解决问题；另一种情况是，管理者不能提供直接的帮助，只需要为员工提供培训机会，以帮助其达到绩效目标。另外，解决问题的过程也是绩效信息收集的过程，应该在绩效辅导过程中，全面收集并记录相关绩效信息。

在绩效监控过程中，对顺利达成或超额完成绩效目标的员工，管理者则需要及时给予表扬与肯定，对其进行激励，并帮助其对内在潜力进行持续开发，为承担更艰巨的任务做好准备。另外，绩效辅导时机和辅导方式的选择，对管理者的绩效辅导过程中获得良好效果，具有重要影响。因此，管理者也需要对其特别关注。优秀管理者在绩效辅导过程中，应该在以下三个方面发挥作用。

（1）与员工建立一对一的密切联系，向他们提供反馈，帮助员工制定能拓展其目标的任务，并在他们遇到困难时提供支持。

（2）营造一种鼓励员工承担风险、勇于创新的氛围，使他们能够从过去的经验中学习。这包括让员工反思他们的经历，并从中获得经验，从别人身上学习，不断进行自我挑战，并寻找学习新知识的机会。

（3）为员工搭建交流平台，使他们有机会与不同的人一起工作。把他们与能够帮助其发展的人联系在一起，为他们提供新的挑战性工作，以及接触某些人或情境的机遇，而这些人或情境是员工自己很难接触到的。

（二）绩效辅导的时机

管理者实施绩效辅导的目的，主要有两个方面：一是对员工进行有效的指导，帮助员工发现问题、解决问题，更好地实现绩效目标；二是对员工进行指导时，收集关于员工绩效的信息，获得准确的绩效信息反过来又会提升绩效辅导的有效性和针对性。管理者应该根据掌握的绩效信息，有效把握辅导的最佳时机，以确保绩效辅导取得良好效果。一般来说，在以下时间进行指导会获得较好的效果。

（1）正在学习新技能时

（2）正在从事一项任务，而你认为如果他们采取其他方式，能够更加有效地完成任务时

（3）被安排参与一项大的或非同寻常的项目时

（4）面临新的职业发展机会时

（5）未能按照标准完成任务时

（6）弄不清工作的重要性时

（7）刚结束培训学习时

（三）绩效辅导方式

绩效辅导方式受管理者辅导风格的影响非常大，而管理者的辅导风格是一个从教学型辅导者到学习型辅导者的连续性过程。但是，不同的辅导风格所对应的辅导方式不一样（如图4-4所示）。

图4-4 辅导者风格与辅导方式

其中一端是教学型辅导者。这种类型的辅导者喜欢直接告诉员工该如何做。他们都具有某一方面的专长，并希望通过向员工传授这些专长，使其完成一项具体的工作。他们凭借自身的经验，向员工传授完成工作所必需的技能和知识。这种辅导对那些需要依据某种恰当方法，反复操作的任务是合适的。对于在一线工作的员工特别有帮助，这些员工在提供产品或服务时需要取得连续性的可预见的结果。另一端则是学习型辅导者。这种风格的辅导者，更加喜欢提问和倾听，而不是直接告诉员工如何做。这类辅导者传授的是他们广博的专业知识，而不是实际的技术经验，他们相信每个人都有潜力，他们为员工提供各种迎接挑战、施展才能及学习的机会，这种辅导在一个问题存在多种解决方案，而不是只有唯一的解决途径的时候非常有效。尤其对那些承担新责任、从事全新的或非常规项目的员工来说，这种辅导非常有帮助。

每个管理者，都有一种天生的或者具有倾向性的辅导风格。为此，管理者在进行绩效辅导时，需要将自己的辅导风格与环境及员工的情况进行匹配，具体问题具体分析，使自己对员工的辅导更加有效。也就是说，虽然管理者的"自然"风格可能在连续区间内保持不变，但为了取得满意的辅导效果，管理者必须采用权变观念，根据具体情况采用不同的风格来进行辅导。

第四节 绩效信息的收集

一、绩效信息收集的重要性

全面准确和客观公正的绩效信息，是做出绩效管理决策的基础。绩效信息的质量在一定程度上决定了绩效管理的成败。赫伯特·西蒙认为,"决策过程中至关重要的因素是信息联系,信息是合理决策的生命线"。绩效信息是绩效管理成功的基础和关键之一,绩效管理各环节都需要高质量的绩效信息做支撑。作为长期持续的基础性工作,绩效信息收集的重要性,主要体现在以下四个方面:

(1) 绩效信息是绩效监控决策的基础。通过对绩效计划执行过程中各种绩效信息的收集和分析,可以帮助管理者在重大绩效事故出现之前就做出正确的预判,从而避免重大绩效事故的发生。也可以发现绩效计划执行中存在的问题和制定对策措施,如通过关键事件树立典型标杆,促进员工自我改进和调整,或在员工需要绩效辅导时,能基于现有信息做出正确的辅导措施,以帮助员工达成绩效目标。

(2) 绩效信息是绩效评价决策的依据。绩效评价的权威性、科学性和公正性,是保障绩效管理系统有效性的重要方面。绩效评价需要建立在准确形式的绩效信息基础上,同时避免评价的主观随意性或根据回忆来进行评价。因此,在绩效监控过程中,收集绩效信息,为绩效评价环节提供全面的信息基础,具有重要的意义和价值。

(3) 绩效信息是绩效改进决策的依据和保障。通过对绩效信息的系统整理和全面分析,梳理和挖掘出绩效优秀的原因,并发现影响绩效提升,或导致绩效低下的根源,为组织绩效的持续改进做好信息保障。例如,可以对绩效优秀者和绩效一般者进行全面的对比研究,特别是对绩效优异的关键事件和绩效低下的关键事件进行对比分析,挖掘其深层次的原因,对成功经验及时推广,面对绩效低下者提供培训,对系统性的问题则需要及时整改,以达到绩效持续改进的目的。

(4) 绩效信息是解决劳动争议的重要依据。翔实的员工绩效表现记录,在发生劳动争议时,能为组织提供足够的事实依据,使组织和当事员工的利益同时得到保护。

二、绩效信息收集的内容

任何信息的收集行为,都需要占用组织的资源,而几乎所有组织的资源都是有限的。绩效信息收集的主要目的是收集与绩效目标达成密切相关的关键绩效信息,而不是对绩效信息的全面记录。绩效信息收集要求既重结果又重过程，要求对重要的过程信息和结果信息进行全面完整地记录。关于绩效信息的内容确定，需要关注如下几个方面：

（1）与绩效目标相关的信息。绩效目标决定绩效信息收集的范围，所有与实现各层次绩效目标和相关的重要绩效信息都需要收集、记录和保存下来，其中与组织战略目标相关的绩效信息是相关工作中需要特别关注的领域。

（2）绩效评价需要的信息。信息收集需要面向绩效评价，绩效评价需要的信息就是绩效监控的重要内容。绩效评价是一项鉴定活动，是根据绩效信息对绩效计划执行情况的评判，在绩效监控过程中，需要对绩效信息进行全面的收集和整理，为绩效评价工作提供有力的佐证，从而确保绩效评价的公正性和准确性，保证员工对绩效评价结果的认可。

（3）绩效管理系统有效运行的相关信息。这类信息一般包括关键事件业绩信息和第三方信息等。首先，关键事件是指一些比较极端或比较有代表性的行为或具体事件。对这类事件要求及时客观地做记录，不应当加以任何主观的判断和修饰，同时还要求内容全面、翔实，包括事件具体发生的时间、当时的情况、员工具体的行为以及最后的结果等。其次，业绩信息是指与完成绩效计划或工作任务相关的各种业务记录，特别需要注意收集绩效突出或存在绩效问题的相关信息。业绩信息收集的过程，也是对绩效相关的数据、观察结果、沟通结果和决策情况的记录过程。主要确定"需要做什么、为谁做、什么时候做"，从而帮助员工创造好的绩效。最后，第三方信息是指让客户等帮助收集信息。内部记录的绩效信息，不可能涉及绩效评价的方方面面，管理者也不可能了解员工的每一个工作细节，所以有必要介入第三方收集信息。

具体来讲，管理者在绩效信息收集过程中，主要做如下几个方面的工作：

（1）定期安排与员工的会面，来评价他们的绩效。

（2）对照事先建立的职位说明书和行动计划检查工作的进展，考查绩效是否达到了目标。

（3）回顾在评价周期开始时形成的报告或者目标列表。

（4）到各处巡视工作的进展情况，并与员工进行非正式的讨论。

（5）从员工的同事那里，获得关于员工绩效相关信息的反馈（正式的或非正式的）。

（6）检查工作的产出和结果，以检查其质量或者准确性。

（7）要求员工做工作进展报告。

（8）提出要求后，检查任务完成情况，或者看是否有需要帮助员工解决的问题。

（9）通过分析工作结果、讨论改进方案，评价工作任务或绩效目标完成的情况。

（10）关注顾客的投诉和满意度（内部和外部），以便评价、检查员工的绩效。

三、绩效信息收集的来源

绩效信息收集应该实现制度化，对信息来源、信息汇总部门、信息使用和反馈部门等做出明确的规定。其中，信息来源具有日常性、动态性的特点。高质量的绩效决策对绩效信息提出了准确性、客观性、系统性和全面性的要求。很多组织都是多渠道获得绩效信息，来保证绩效信息的质量。如采用360度反馈法，全方位收集绩效信息，从上级、同事、下级、本人以及客户等方面进行信息收集。下面对不同绩效信息收集来源进行简要说明。

（一）上级

直接上级是负责管理员工绩效的人，通常是最为重要的绩效信息来源。将直接上级作为绩效信息来源的突出优点是：上级掌握的绩效信息比较全面，能够从宏观和整体上看待下属的绩效表现，对绩效结果的判断也比较客观和全面。

上级也不可能了解下属工作的所有信息，还有很多工作是上级没有办法经常观察到的，如营销人员、教师、医生等工作的所有信息，客户比上级更了解其绩效表现。另外，上级也是人，也有个人喜好和价值取向，在绩效信息收集过程中，完全可能存在偏见。例如，直接上级可能对那些帮助自己在公司内部取得职业发展的员工，给予较高水平的绩效评价；而对于那些致力于帮助他们组织达成战略目标的员工，却并不给予较高的绩效评价。因此，只有上级信息来源还不够，必须保证绩效信息来源的多样性。

（二）同事

随着战略协同和团队化工作在组织管理中的普及，同事作为绩效信息的来源，在绩效信息系统中的重要性越来越受到重视，同级评价所占的权重越来越大。例如，一家大型国际金融服务银行，对其中高层管理人员的"团队合作能力"进行评价时，就规定这种胜任能力上的得分有1/3权重由同事给予评价。不过，由同事来做出绩效评估，会存在两个方面的问题：第一，当员工相信在工作中存在友情偏见时，这种绩效评价结果可能不容易被员工接受。第二，与直接上级评价相比，同事评价往往会在被评价者的所有绩效维度上，保持较高的评价一致性。正是由于同事评价具有上述两个方面的问题，因此很多组织仅是将同事信息来源作为重要的补充。

（三）下级

在对管理人员的绩效评价时，下级是重要的信息来源之一。特别是在评价上级的领导能力（包括授权能力、组织能力以及沟通能力等）、辅导和发展下属的能力、管理团队的能力时，下级评价往往非常重要，也非常适合。例如，戴尔公司每隔半年就开展一次名为"告诉戴尔公司"的对上级的评价活动。迈克尔·戴尔本人也接受这种评价，然后这些评价将作为重要依据，决定管理者的薪酬和任职的去留问题。下级在对管理人员进行评价时，必须采取完全匿名，并且采用保密措施非常高的评价方法，否则很难收集到真实信息。另外，如果下级所做出的绩效评价结果是为了进行管理人员的开发，而不是用于管理方面的目的，则由管理人员的下级提供的绩效信息会更加准确；如果通过下级评价得到的信息，是用于管理目的（如晋升），则下级员工往往会有意抬高他们所给的绩效评价等级。

（四）本人

在现代管理中，自我管理和自我评价越来越受到重视，虽然目前自我评价在绩效信息收集的实践中，受到的重视程度仍然不高，但是评价者可以通过对比真实绩效水平和自我期望或自我评价的差距，做出积极主动的调整，对绩效目标的达成和绩效改进，都具有重要的作用。正是由于这种原因，绝大部分《财富》500强企业都没有将员工的自我评价作为绩效管理体系的一个组成部分。不过，幸运的是当自我评价被运用于开发目的，而不是管理目的时，评价宽松的情况就会受到削弱。此外，下列建议也有助于改进自我评价的质量。

（1）利用相对绩效衡量体系，而不是绝对绩效衡量体系。例如，不是让员工运用从"很差"到"卓越"这样的评价尺度来进行自我评价，而是给他们提供一个相对尺度，让他们将自己的绩效同他人进行比较。例如，低于平均水平、平均水平、高于平均水平。

(2) 鼓励员工练习自我评价技能。为员工提供多次自我评价的机会。因为自我评价技能是可以通过不断实践来加以锻炼的。

(3) 强调保密性。确保从员工个人那里收集来的绩效信息不会被泄露出去,不会与除员工的直接上级和有关方面(如同一工作小组的成员等)之外的其他人去分享这些信息。

(4) 重视未来。对绩效评价表格中的开发计划部分,应该给予充分的重视。员工应该指明自己的未来开发计划,以及所需取得的成果。

(五) 客户

外部客户是必要的信息来源。客户对一个公司的产品或服务的认可是该公司赖以生存的基础,也是其战略目标实现的决定性因素,外部客户信息对绩效改进有重要的意义。在绩效管理中需要更加重视对外部绩效信息的收集和使用,虽然从客户那里搜集信息的成本非常高,但这是非常重要的过程。在通常情况下,管理者对客户信息的收集主要在与客户互动频繁的群体里进行,如采购人员、营销人员、售后服务人员、与客户直接接触的一线人员等负责从客户那里收集绩效信息。例如,美国联邦快递公司就将与客户服务有关的绩效指标纳入公司的绩效评价体系。具体来说,该公司采用了一份包括六个问项的客户满意度调查问卷,在每年年底由员工所服务客户的代表来进行评估。由于把客户的意见以及客户开发目标纳入了绩效评估过程之中,该公司的员工现在更加关注满足客户的期望了。另外,对客户信息搜集时机的把握也非常关键。有很多服务性工作,通常在员工提供服务结束时就需要立即收集。电信运营商和商业银行满意度评价信息的收集通常采用这种形式。

通过对以上信息来源的简要介绍,我们对信息来源的概貌有了全面了解。但是,在绩效管理实践中,针对具体的绩效指标,组织要决定用哪一种信息来源或者来源组合对其进行评价。无论最终的决定是怎样的,在决定用哪一种绩效信息来源去衡量某一个绩效指标时,都应该尽量让员工起到积极的作用。员工在这一过程中的积极参与,很可能会增强他们对结果的接受程度,以及对整个绩效管理体系的公平性认识。当我们用不同的绩效信息来源,对同一绩效维度进行评价时,我们也不一定期望各方的绩效评价结果是类似的,不同的绩效信息来源,对同一位员工在某个绩效维度上的评价结果存在分歧也不一定就会产生负面影响。对同一位员工进行绩效评价的这些人,很可能是来自组织中的不同层次,因此他们所观察到的可能是同一位员工绩效的不同方面，即使他们所评价的是同一位员工的同一绩效指标。例如，一位部门经理可能能够很好地同自己的直接上级沟通，但是与外部客户和下级的沟通效果却不好，这时采用多种渠道的信息来源对"提升沟通效果"这一目标进行衡量，就能对该经理的各种沟通活动进行准确全面地评价。

如果发现不同的绩效信息来源对同一项内容的评价存在分歧，就必须对每一种绩效信息来源所提供评价的相对重要性进行决策。例如，外部客户和内部客户的意见同等重要吗？与下级沟通的能力和与同事进行沟通的能力同等重要吗？在计算被评价者的总体绩效分数，并且将这种总分运用于管理目的时，对这些问题的回答，就可以用来为不同绩效信息来源打出的分数分别确定不同的权重。

四、绩效信息收集的方法

成功的绩效管理要求绩效信息的高质量，这就需要对绩效信息的收集方法进行全面规范。不同的绩效信息需要通过合适的绩效方法收集，管理者在设计信息收集渠道的时候，需要选择最优的方法，以保证信息收集工作的质量。

目前主要的绩效信息收集方法，有如下几种：

（1）观察法。观察法是管理者直接观察并记录员工的工作表现。在各种渠道中，观察一般是最可靠的。管理者通常采用走动式管理，通过现场观察，获取第一手绩效信息。

（2）工作记录法。该法是通过对财务、生产、销售、服务有关方面数量、质量、实现等指标全面记录，来全面收集工作信息的方法。这种方法在生产服务性组织中最常用。规定相关人员必须填写原始记录单，并定期进行统计和汇总。另外，让员工收集数据，同时也是促进员工自我改进的过程，还是发现绩效管理中协同不佳的重要途径。使员工将绩效管理看作是发现和解决问题的工具，而不是监督、控制的工具。

（3）抽查或检查法。这种办法常常与工作记录法配合使用，是为了核对相关绩效信息的真实性而采用的一种信息收集方法。管理者或专门的部门可以对绩效信息进行抽查和检查，确保原始信息的真实性。

（4）第三方反馈法。第三方反馈法就是通过工作承担者本人之外的渠道收集信息。通常在服务型岗位或营销岗位上的人员，需要直接面对客户做出及时回应,其工作能力和态度会被客户直接感知,但是管理者却很难随时监控。对于这类人员的绩效信息,采取第三方反馈的途径收集是非常有效的。

(5)关键事件法。这种方法要求在绩效实施过程中,针对突出或异常失误的关键性事件进行全面记录,以便管理者对突出业绩进行及时奖励,对重大问题进行及时辅导,或采取补救措施,并为绩效评价和绩效改进做基础信息收集。

第五章 绩效考核

案例 5-1

量化考核指标,提升工作效率

湘西自治州烟草专卖局严格执行内容管理考核制度,将各项指标量化到各科室,实行经济和责任挂钩,按月进行跟踪考核,既提高了工作效率,又保证了各项任务的顺利完成。

该局采取的量化考核措施包括:一是制定月度绩效考核表,将当月的考核指标量化到各科室,明确专人负责落实。二是量化考核标准,从工作计划内容、部门协作、重要决议执行、文档管理、安全生产、学习教育、领导交办工作七方面实行定位。三是规定考核分值,与工效挂钩,对出现重大违纪违法、造成重大经济损失、违反计划生育政策等方面问题的,实行"一票否决制"。四是组成考核小组,逐条逐项考核打分,使量化的考核指标与薪酬及工作业绩挂钩的激励机制紧密连接。

该考核方案充分调动全体员工的生产经营、管理的积极性,推动湘西烟草的全面、稳定和谐发展。

第一节 绩效考核概述

绩效最早用于投资项目管理方面,后来在人力资源管理方面得到广泛应用。关于绩效的内涵,学术界存在两种不同观点。伯纳丁等将绩效定义为,在特定的时间内,由特定的工作职能、活动或行为产生的产出记录。这种定义将绩效同任务完成情况、产出、结果等同起来。随着研究的发展,研究者更倾向于将绩效界定为行为。坎贝尔等人的绩效理论认为,绩效不是活动的结果,而是活动本身,是人们实际做的与组织目标有关的并且可以观察到的行动或行为,而且这些行为完全能由个体自身控制。博尔曼和 Motowidlo 等也认同这种观点，认为绩效是具有可评价要素的行为，是人们工作时的所作所为，这些行为对个人或组织效率具有积极或消极作用。绩效考核是指识别、观察、测量和考核绩效的过程，绩效考核包括个人绩效考核和组织绩效考核。

一、绩效考核的效用分析

根据特定的需要，绩效考核的范围可以是全方位的，也可以是局部的。如政府绩效考核就是对某个部门的工作状况做比较全面的综合判断。绩效考核可以在事前进行，也可在事中、事后进行。通常，政府绩效考核是对特定部门一段时间以来的工作状况进行事后评定。当然，究竟以多少时间为周期，没有一定之规。

（一）绩效考核是绩效管理的基础工作

在一个组织连续的管理过程中，要提高绩效，首先必须确立一个信息贯通机制，确立一个了解机制。政府绩效管理不仅要了解管理内部机构比例、人员匹配、领导职数等静态结构，更要了解管理的动态过程，了解管理制度执行情况，了解管理目标的实现程度，了解公民对政府行为的真实感受等。如果没有这样一个了解机制，我们既不知道相关的管理部门管理人员有没有工作，也不知道工作的好坏，自然也就不可能有什么绩效。考核就是这样一个了解机制，通过真实有效的考核，可以帮助我们比较全面客观地把握一段时间以来，管理过程的相关信息，为落实其他绩效环节，总体提高绩效水平提供依据。戴维·奥斯本和特德·盖布勒在《改革政府》一书中概括了考核的基础作用：测量能推动工作；若不测量效果，就不能辨别成功还是失败；看不到成功，就不能给予奖励；不能奖励，就有可能是在奖励失败；看不到成功，就不能从中学习；看不到失败，就不能纠正失败；展示成果，能赢得管理公众支持。美国著名的公共管理学家马克·霍哲指出："为了对政策制定者和服务对象强调他们从税款中得到了什么收益，机构需要能够考核并衡量和报告他们完成了什么。"

（二）绩效考核是推动管理的约束机制

绩效管理的精髓在于落实责任。责任与个人利益、组织利益直接相关，责任需要一定的推动机制。绩效考核本身只是一种工作状况的综合反映，但是，考核与原先设定的管理目标是直接联系的，这样一种纵向对比，可以看出期间的差距。而且，某个部门的绩效信息是可以经常拿来与其他部门的绩效信息进行比较分析的，这样一种横向对比，同样可以发现许多问题。有比较就会有压力，公开更加剧了工作压力。

更重要的是，绩效考核与绩效奖励是直接联系的，考核为奖优罚劣、奖勤罚懒提供直接依据。有测评的事情人们才会去做，通过规范化、制度化的考核工作，可以在很大程度上推动政府对社会、公民的需求及时做出反应，对管理结果负责。绩效考核提供组织绩效方面的信息，鼓励和促进单位之间竞争，有助于公众的监督，还可以诊断组织中的问题，并提出针对性的改进措施，从而推动效率和服务质量的提高。正是在这个意义上，有人把绩效考核看成是市场信号的替代物。在竞争充分、监管规范的市场里，价格变化反映了市场对物品、服务需求和质量的信号，价格是市场良性运作的重要机制。但在政府提供服务的过程中，由于缺少竞争环境和利润刺激，缺少市场交易和价格信号，普遍存在效率低下的现象。考核为绩效管理提供了一个纵向、横向的比较参数，反映了服务需求、服务质量的真实信号，在某种程度上，起到了价格信号的功能作用。

（三）绩效考核可以调试新的目标导向

考核的功能不仅仅在于对过去工作的反映，通过考核，发现问题，找出差距，可以重新整合资源、调试目标，起承上启下的作用。考核的过程就是组织心理诊断的过程。如上所述，考核可以为绩效奖惩提供依据。通过考核发现管理制度存在缺陷、时滞，就可以及时采取措施，补充完善。发现人力资源存在的素质和技能问题，就可以当即着手教育和培训。针对社会、公民反映的带有典型意义的热点问题，可以形成下一步工作重点的基本思路，可以说，绩效考核既是一个管理过程的结束，又是一个新的发展阶段的开始。中国香港特别行政区在 2000 年出版的《绩效考核的渐进指南》中这样指出：考核反过来又支持了行政长官绩效管理的动议，考核能够关注具体的输出，合理地调控资源；改善控制和责任机制；为预算和资源分配提供整理过的绩效信息；确保工作人员了解他们各自的角色，以及他们的工作将如何被考核；提供关于对政府整体满意度的反馈。

（四）绩效考核凸显绩效管理的价值取向

公共绩效管理可以分解成市场取向、社会取向、分权体系取向的不同的价值取向，其最根本的价值取向还是服务取向。传统行政管理以过程为中心，以权力行政、命令行政为特征，追求内部管理效率，重点在于管制取向。1999年，在英国召开的国际行政学会第一次专门国际会议上，对公共绩效管理做了一个概括，认为它是一个包括新公共管理、目标管理、绩效考核、绩效审计等在内的结构体系，从广义上代表了现代公共行政管理的新方式，其实质是以结果为本，以目标为准，以低成本取得高效益，设立一系列方法（考核指标）来考核行政过程。绩效考核是对绩效目标实现程度的测量，是对部门工作状况、工作业绩的结果评定。追求过程与目标、过程与结果的统一。考核遵从顾客至上的基本原则，奉行公民满意为基本主题，在考核的要素、模式、组织结构中都可以看到明确服务对象、了解服务需求和促进满意度的理念设计。例如，考核主体一定要有公民特别是相对人介入，考核指标非常重视服务质量、服务效果的定位。也就是说，考核集中地体现了服务的价值取向，被视为绩效管理中的中心元素。

二、绩效考核的模式建构

建构考核的模式是考核工作的核心问题，考核工作的顺畅程度、有效程度的关键在于考核模式。考核模式要体现公正平等、系统全面、连续稳定、可靠客观、制度规范、操作简便、适用宽广等原则。考核模式主要包括维度、指标、指标要素和技术指标四个方面的内容。

（一）绩效考核的维度

维度也可称为模块，维度位居考核模式的中间层次，是对考核范围的类型划分，通常维度区分可以使考核层次更加条理、使考核标准更具有可比性。

不同的政府，因其职责内容不同，会形成不同的考核模式。即使是同一个政府，考核的侧重点不同、视角不同，也可以形成不同的考核模式。也就是说，考核维度的划分，反映了考核设计者的理念思路。

青年学者邓国胜博士，在其所著的《非营利组织考核》一书中，将非营利组织的考核分成非营利性考核、使命与战略规划考核、项目考核和组织能力考核四个维度。非营利性考核主要强调提高责任与社会公信度；使命与战略规划考核以明确发展方向，促进持续发展为导向；项目考核重在促进效率的提高。组织维度和类指标有着较为直接甚至一一对应的关系，考核维度直接体现了类指标的原则要求。当然，并不是所有的考核维度都具有这种特征。

（二）绩效考核的指标

什么是指标？应该有广义和狭义的理解。从理论上进行表述，指标是一种反映非物质性质的量化确定手段。国外的有关文献对于指标的解释通常都是把它看成一种量化的统计的确定方法。例如，雷蒙鲍尔在《指标》一书中指出："指标是一种量的数据，它是一套统计系统，用它来描述社会状况的指数，制定社会规划和进行社会分析，对现状和未来做出估价。"联合国教科文组织指出，指标是"通过定量分析评价社会进行生活状况的变化"，这是一种狭义的指标定义。实际上，运用指标作为管理手段，在不同的领域，在实践中，特别是对政府的绩效进行考核时，并不总是能够量化的。而且，有相当部门的管理内容，在运用指标的管理手段进行反映时，是不应简单地用量化的方法的。也就是说，广义的指标，既可能是一种量化的手段，表现为一种可数值化的东西，也可能是通过一定的定性方法来确定，反映事物的一种价值。总体而言，有效选择考核指标，必须把握好以下几点关系：一是内部指标与外部指标结合；二是数量指标与质量指标结合；三是肯定性指标与否定性指标结合；四是技术性指标与民主性指标结合；五是支出指标与回报指标相结合；六是客观指标与主观指标相结合；七是工作指标与业绩指标相结合；八是行政成本指标与业务成本指标相结合；九是个体指标与团体指标相结合。

（三）绩效考核的指标要素

指标要素是考核指标的进一步具体化，也有人把考核要素称为三级指标。每一个考核指标都有若干个指标要素。制定指标要素，实际上就是寻求确立的方法。不同考核指标中的指标要素的确定方法可能是不同的，同一考核指标中的考核要素的确定方法也可能是不同的。寻求指标要素确立的方法，是整个考核模式建构过程中最复杂、最困难，也是具有操作意义的阶段。

可以说，指标要素确立方法的多样性程度和指标体系的应用程度是成正比的。通过指标维度与在业务实际维度的指标要素确立方法可以有所不同。

（四）绩效考核的技术指标

绩效考核的技术指标指的是，这些要素或者分指标在指标当中的等级、加权计算、比值分配等。

以从平衡计分卡的角度制定考核模式为例：

维度：财务、客户、内部流程、学习与成长。

指标：客户维度的指标之一，用户投诉处理质量。

指标要素：用户投诉处理质量可以拆分成客户投诉的比率、客户投诉后的响应速度、客户投诉处理的封闭情况等指标要素或分指标。

技术指标：这些要素或者分指标在用户投诉处理这个指标当中的等级、加权计算、比值分配等。当然，用户投诉处理质量也可从等级、加权、比值等方面进入客户维度当中。同理，客户的维度也可这样进入企业整个平衡计分卡的考核中。比如：某公司绩效考核比值分配：财务 60%；客户 25%；内部流程 10%；学习与成长 5%。

三、绩效考核的程序

（一）绩效考核前的准备

绩效考核的准备工作是否全面、细致、周到，直接关系到绩效考核的实施效果。一般来说，绩效考核前的准备，主要包括以下工作：

1. 确立考核体系

绩效考核工作具有涉及面广、复杂、难度大等特点，为了使考核工作有条不紊地开展，就必须建立一套合理的考核体系。这主要包括被考核者、考核标准、考核者、怎样进行考核及考核时间等内容。

2. 确定考核者

绩效考核实施的成功与否和考核者的自身素质密切相关。考核前，首先应明确谁是考核者，而且考核者应该符合一些基本要求，例如，熟悉被考核者的表现、工作内容和工作性质；能客观公正地提供考核结果等。由于考核内容和被考核者等不同，考核者的选择也应有所差别。

3. 被考核者了解相关信息

主管部门要把考核的目的、意义和考核的具体做法事先告诉被考核者，让被考核者对绩效考核的相关信息了解清楚，这样有利于考核工作的顺利开展。

4. 考核者培训

绩效考核的技术要求比较高，一些绩效考核者需要通过专门的培训才有可能掌握这些技术。通过对考核者的培训，提高他们的业务能力，以减少考核中人力的误差。

（二）绩效考核的实施

绩效考核实施过程，一般包括考核信息的存储，回顾被考核者在各个绩效维度方面给考核者存储的观察画面或印象，并且将其与相应的绩效维度进行对比；考核并确定考核等级；考核者与被考核者进行充分的沟通，使被考核者能够充分了解考核的结果，并帮助被考核者认识到自己在工作中取得的进步和存在的问题。

（三）绩效考核结果综合

1. 对同一指标不同考核结果的综合

在有很多人参与的情况下，对同一项目的绩效考核结果不一定相同。为综合这些意见，可以采用算术平均法或加权平均法进行综合。以 5 等级为例，3 个人对某员工工作能力的评估分别为优等（10 分）、合格（6 分）和不合格（2 分）。如果采用算术平均法，该员工的工作能力应为合格〔（10+6+2）/3 = 6 分〕。如果这三个人分别是被考核者的上司、同事和下属，其绩效考核的重要程度不同，则可以通过赋予其不同的权重反映出来。比如，上司的意见最重要，则可定为 50%；同事次之，可定为 30%；下属再次之，可定为 20%。在这里，需要注意的是，三者之和必须为百分之百。该员工的工作能力评分为 10×50%+6×30%+2×20% = 7.2 分，介于良好与合格之间。

2. 对不同指标的考核结果的综合

实际工作中，常会遇到需要将不同指标的考核结果综合起来的情况。例如，要从总体上考核一个人的能力时，就要将其知识、判断能力、社会交际能力等多方面因素综合起来。再如，在决定某个员工是否获得晋升时，就必须考察其工作业绩、工作态度、业务能力等各个方面。这时需要考察多个评估项目，只有把这些不同的考核指标综合在一起，才能得到较全面、客观的结论。

在综合不同考核指标的过程中，有时采用算术平均法。但由于评估的目标、层次及具体职务不同，每个评估项目的重要性也不一样。因而，在大多数情况下，对不同绩效考核指标的综合应采用加权平均的方法。

四、绩效考核者常见的考核误区

(一) 绩效考核者常见考核误区的类型

在绩效考核过程中,考核者不管采用哪种考核方式,都有可能对某些员工造成相对的不公平,不可避免出现或多或少的误差。常见考核的误区类型,主要有以下几种:

(1) 晕轮效应。晕轮效应是指,当认知者对一个人的某种特征形成好或坏的印象后,他会倾向于据此推断此人其他方面的特征。晕轮效应意味着,如果对下属某一绩效要素的考核较高,会导致对此人的其他绩效要素也会考核较高。晕轮效应,反映的是以偏概全的评价倾向。

(2) 宽大化倾向。宽大化倾向是全世界最为盛行的考核误差行为。受这种行为倾向的影响,考核者对被考核者所做的考核往往高于其实际成绩。这种现象产生的原因是多方面的,主要有:考核者为了保护下属,避免留下不良绩效的书面记录,因此不愿意严格地考核部下;希望自己部下的成绩优于其他部门员工的成绩;对考核工作缺乏自信心,为避免引起考核争议;考核标准不明确;考核者想鼓励工作表现有进步的员工。

(3) 严格化倾向。严格化倾向是指,考核者对被考核者工作业绩的考核过分严格的倾向。有些考核者在考核时喜欢采用比组织制定的标准更加苛刻的标准。严格化倾向产生的原因主要有:考核者对各种考核因素缺乏足够的了解;为了惩罚一个顽固的或难以对付的员工;为了鼓励一个有问题的员工主动辞职;为下一次有计划地解雇,制造一个有说服力的记录;为了缩减凭业绩提薪的员工数量;为了遵守组织的规定(组织不提倡考核者给出考核高分)。

(4) 中心化倾向。中心化倾向是指,考核者对一组被考核者做出的考核结果相差不多,或者都集中在考核等级的中心附近,导致考核成绩拉不开距离。当发生这种误差时,所有员工均会得到平均或接近平均的得分,致使考核者不能辨明谁是最佳和谁是最差的工作者。例如,在图示量表法中,设计者规定了从第一等级到第五等级的五个考核等级。考核者很可能会避开较高的等级和较低的等级,而将他们的大多数下属都评定在第二、三、四这三个等级上。

(5) 个人偏见。考核者个人偏见是指,在进行各种考核时,考核者可能在员工的个人特征,如民族、性别、年龄、性格、爱好等方面存在偏见,或者偏爱与自己行为或人格相近的人，造成人为的不公平。有些考核者可能会对女性、老年人等持有偏见，从而低估其绩效；不少考核者会对与自己关系不错、性格相投的人给予较高评价，这些都会在组织中有意无意地造成不公平。

（6）板块效应。人们习惯把处于不同层次的社会群体视为较为稳定的板块，而对处于该群体中的某一成员，也认定具有板块特征，从而产生板块效应。如考核时，人们往往给青年员工考核打分不高。这是因为，社会普遍认为青年人缺乏经验，办事不够稳重，还有待锻炼等。在板块效应作用下，考核者会将这个一般性、概括性的结论硬套到某一个具体的青年考核对象上，从而导致他得分较低。

此外，绩效考核者经常存在的误区还有：逻辑错误、首因误差、近因误差等。

（二）避免考核者误区的方法

考核者误区通常难以完全避免，但只要考核者在实际工作中有意识地加以防范，就可以使其对绩效考核结果的影响减少到最小限度。考核者误差实际上是考核者在主观上发生的错误。因此，使考核者了解这些误差，来避免它们发生，是最直接也最有效的方法。

为了避免各种考核者误差，我们可以采用的防范措施主要有：对考核者进行培训，准确界定绩效考核指标和标准。正确认识绩效考核的目的，选择正确的绩效考核方法，提高考核者对绩效考核的信心。学会如何收集资料，端正考核者的工作态度等。

五、绩效考核的障碍

影响绩效考核的障碍性因素较多，这里主要从主管人员的考核态度和员工对实施绩效考核的认识这两方面来具体分析。

（一）主管人员对考核的态度

主管人员在绩效考核中常常充当考核者的角色，是绩效考核的主要实施者。如果没有主管人员的积极参与，绩效考核也就无法开展了。然而，主管人员常常是出于被迫不得不参与到考核中来，在他们的心中常常有许多焦虑、不情愿、反感的情绪。

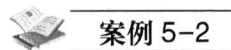
案例 5-2

林强的态度

林强最近情绪糟透了，坐在自己办公室，冲着墙上那张《2015 年度销售统计表》不断叹气。这也难怪，全公司十多个办事处，除自己负责的办事处外，其他办事处的销售绩效全面看涨，唯独自己办事处的统计表做犬牙状，不但没升，反而有所下降。可烦心的事还没完，临近年末，公司年终考核又来了。

林强叹了一口气，自言自语道："天天讲管理，天天谈管理，市场还做不做？管理是为市场服务，不以市场为主的管理还有什么意义？又是规范化，又是考核，办事处哪有精力去抓市场？公司大了，花招也多了，人力资源部的人员多了，总得找点事来做。考来考去，考得主管筋疲力尽，考得员工垂头丧气，销售怎么可能不下滑？可是还得应付啊，否则公司一旦一个大帽子扣过来，自己吃不了还得兜着走。"

好在绩效考核也是轻车熟路了，通过内部电子系统，林强给每位员工发送了一份考核表，要求他们尽快完成自评工作。同时，自己根据员工一年来的总体表现，利用排队法将所有员工进行了排序。排序是件非常伤脑筋的工作，时间过去那么久了，下属又那么多，自己不可能一一都了解，谁好谁坏，确实有些难以区分。不过，好在公司没有什么特别的比例控制，特别好与特别差的，自己还是可以把握的。

排完队，员工的自评也结束了。林强随机选取 6 名下属进行了 5~10 分钟考核沟通。问题总算解决了，考核又是遥远的下个年度的事情了，每个人又回到了"现实工作"中去了。

主管人员不喜欢绩效考核通常会有以下几个方面的原因：认为绩效考核没有意义，是在浪费时间；担心由于绩效考核与员工之间发生冲突；绩效管理体系设计不科学等。

（二）员工对绩效考核的认识

1. 由于不知情而带来的担心

在很多组织的绩效考核中，被考核者常常感到自己对工作要求并不十分清楚，也不知道衡量工作绩效的标准，没有机会了解自己的工作结果，也没有人与被考核者沟通，对其提出工作期望。这就让被考核者感到是否能在绩效考核中取得好的成绩，完全不是自己所能控制的。绩效考核的标准是琢磨不定的，不知道自己到底该做到什么程度才算好？

2. 对批评或惩罚的焦虑

很多员工害怕考核，主要是因为担心考核的结果，平常可能有些事情做得并不能让主管完全满意，因此到了考核的时候，就担心主管人员会来个秋后算账。很多员工在这个方面都有过不愉快的考核经历。

3. 担心自己的弱点暴露出来

即使没有被惩罚，仅仅是考核本身也足以让被考核者感到焦虑。任何人都害怕自己的缺点或弱点被别人知道，而被考核恰恰面临这样的风险。如果对考核的结果没有相应的保密措施，使其散布的范围过广，就会给某些被考核者带来不必要的伤害。

第二节 组织绩效考核的方法

谈到绩效管理，人们首先想到的就是对绩效的考核。到了每年年末，不同的组织都在上演着相同或相似的一幕，这就是在忙忙碌碌中进行的年终绩效考核工作。有时它可能只是走走过场，有时它又变得非常重要，晋升、奖金、出国培训都与它联系在一起。绩效考核有时仅仅被视为人力资源管理的一个工具，仅仅是人力资源部的人应该考虑和应该做的事，而没有把它视为整个管理过程中的一个有效的工具。而人力资源部门在进行考核的过程中，也是左右为难。既想把绩效结果真正有效地考核出来，同时又面临着巨大的压力。因为绩效考核会引起争执、纠纷、抱怨，所以主管人员和员工们对最终考核都抱有一种抵触的心理，不愿意花费时间去做这件事。

一、绩效考核方法分类

绩效考核方法很多，据统计有百种之多，其分类方式也很多。本书从应用性的角度，将其分为一般性考核方法和系统性考核方法两大类。

（一）一般性考核方法

一般性绩效考核方法指这类考核方法主要面向岗位和员工个体，与每一个工作或职务的关键工作要项和关键职责领域达成相关的考核方法，用以衡量工作职责和工作要求的履行和现实状况。此类方法根据考核技术和依据的不同，又可分为比较类、量表类、事件类等。

1. 比较类考核方法

比较类考核方法，是一种相对的考核方法，不是以事先确定的考核要素和考核标准为考核尺度对被考核者的绩效进行评价，而是通过与其他员工的比较来确定被考核者的绩效水平。因此，其他员工的绩效表现直接影响着被考核者的绩效考核结果。根据比较方式和比较对象的不同，这类考核方法可以分为排序法、配对比较法、强制分布法、代表人物比较法等。

2. 量表类考核方法

量表类考核方法是一种绝对的考核方法，是以事先设计的考核要素和考核标准为考核尺度来评价被考核者的绩效表现，被考核者的考核结果，取决于自己的绩效表现，与其他员工的绩效表现无关。这类考核方法主要用考核量表作为重要考核工具，根据量表设计方式的不同可以分为尺度评价表法、行为锚定等级评定表法、行为观察量表等。

3. 其他考核方法

除了比较类和量表类两大类一般性考核方法外，其他考核方法主要有：事件类、强制选择法、评价中心测评法和个人绩效合约等。其中事件类考核方法是一种绝对和相对相结合的考核方法，其设计过程对关键事件、绩优绩差事件等的选择是相对的，要受到全体员工原有绩效表现情况的影响。一旦设计完成后，在具体的考核过程中，则不受其他员工绩效表现的影响。它是通过将被考核者的表现与事先确定的事件相比较，来评价其绩效水平的。这类考核方法，主要包括关键事件法、不良事故考核法。

（二）系统性考核方法

这类方法往往与组织的战略目标、企业文化、核心能力培养等相联系。目前常常使用的此类方法有：与组织的管理发展和员工的职业发展相联系的360度绩效考核法；以提高组织核心竞争力为目的的关键绩效指标法；以全面衡量组织经营能力，推进组织战略实施的平衡计分卡法；与组织经营计划和经营目标相联系的目标管理法；以确保组织在行业中竞争优势的标杆超越法等。

系统性的考核方法，强调组织是一个整体，每一个部门和岗位都作为组织系统中的一个有机体存在。在系统的考核方法中大量运用了比较类、量表类、事件类等一般性考核方法来考核具体部门和岗位的绩效。

（三）绩效考核方法的选择

适合的就是最好的。绩效考核方法的选择是一个权变且灵活的过程。绩效考核方法选择，首先取决于组织的考核文化和管理特征，然后取决于考核的目的、考核对象、考核成本、管理者能力和态度等因素。理想的考核方法是便于操作、考核结果客观公正并能有效地实现预期的考核目的。因此，在选择绩效考核方法时，应该考虑以下主要因素：

（1）组织管理和文化特征。不同的组织管理和文化特征，必然会对组织的人力资源管理的文化产生关键性的影响，从而对考核方法的选择和实施产生重大影响。每一种绩效考核方法都反映了一种具体的管理思想和原理，都具有一定的科学性和合理性。同时，不同的方法又都有自己的局限性与适用条件范围。

（2）考核目的和考核对象。绩效考核是为组织经营战略和人力资源管理服务的，而不是为考核而考核。因此，考核方法的选择要考虑与考核目的的适应性，如关键绩效指标和平衡计分卡与战略导向的、以将组织战略发展内化为组织及员工的具体行动的考核目的相适应。不同的考核对象，对考核方法的适应性也不同，如常规性工作强调对程序、规范、工作纪律服从等的考核；对研发人员则强调对基本素质和创造性的考核；对组织高级管理人员则强调管理技能的考核和管理效果的考核。因此，所选择的考核方法也有着根本的区别。

（3）考核成本和前提条件。绩效考核体系的价值在于，绩效考核所产生的经济收益高于投入的成本。绩效考核的成本，主要包括管理运作成本、组织成本以及考核信息收集与管理成本。一般而言，量化考核方法的成本要高于定性评价的模式方法的成本，但定性评价又会因为信息传递过程中的失真较大而增加成本，组织在选择时就需要加以权衡。考核成本与考核的前提条件密切相关。但在缺乏考核前提条件时选择相应的考核方法，不仅会增加考核成本，而且无法有效进行考核。绩效考核的关键前提条件主要有：考核要素必须选自关键职责领域和目标领域、考核要素必须具有明确的标准、考核必须具有有效的衡量手段、考核必须具有可靠的信息来源、考核必须具有随时纠偏的手段、考核能够公正地使用考核结果。

（4）管理者的能力和态度。绩效考核方法的难易程度差异很大，它对管理者的能力和管理素质有不同的要求，所以无论采取什么样考核方法，都需要对各级管理者进行培训。此外，管理者对待考核的态度，也是能否有效进行考核的关键条件，管理者对待考核的态度必须端正，而且需要有制度上的保障。

二、一般性绩效考核方法

（一）排序法

排序法是一种简单实用的绩效考核方法，就其操作程序的差别可以分为简单排序和交错排序两种。

1. 简单排序法

简单排序法是由负责工作评价的人员根据其经验认识和主观判断，对相同职务的员工的工作状况进行整体比较并排队。具体流程如下：首先，确定考核的要素，但不需要确定达到的工作标准。其次，列出所有职务相同的员工姓名，在特定的要素内，针对每个人的工作情况进行排序。成绩好的排名在前，成绩差的排名靠后。最后，将每一个员工在各个考核要素所得的名次加总，总数越小，说明员工的综合考核成绩越好。

2. 交错排序法

当员工较少时，简单排序法还是可以应付的。一旦遇到员工数量多，评价要素也多的情况，这种简单的排序方法就难以适应了。交错排序的原理与简单排序法相同，它只是在排序的方法上进行了一些技术上的改进。一般来说，从员工中挑出最好的和最差的逐一排序，要容易得多。交错排序法，就是据此克服了简单排序法的缺点，成为一种应用普遍的绩效排名方法。

交错排序法的具体方法如下：（1）列出所有员工名单；（2）在所有员工中挑选出最好的和最差的，这两名员工的排名即是第一名和最后一名；（3）在余下的员工中再挑选出最好的和最差的，位列第二名和倒数第二名。以此类推，在每一步都选择两个极端——最好的和最差的员工，直至所有员工排序结束。

可见，无论是简单排序法还是交错排序法的最大优势就是简单、易学易懂。但是这些方法可能给员工带来心理压力，使工作团队的关系陷入紧张之中，员工在情感上不易接受。因为这种方法实质上就是迫使员工互相竞争。员工可以选择两种途径提高自身考核等级：一是更努力地工作和取得更出色的业绩，这当然是组织所期望的。二是设法让同事的工作成绩更差、完成的任务更少，这是我们不想看到的。然而大量的事实证明，确实会出现这种情况。

案例 5-3

排序法的负面效应

房地产公司售楼员的佣金很高，每出售一套楼房，销售人员就会得到一笔可观的回报，但行业竞争也非常激烈。为了激发销售人员的工作热情，某房地产公司决定采用排序法进行绩效考核，业绩最好的员工将额外得到公司的一笔奖金。根据这一政策，销售经理每个季度都要列出个人销售数量，并排名上报公司。然而，这种考核方法实施后，意想不到的负面效应出现了。一些销售人员为了排名不择手段：抢本公司同事客户；故意误传或不传达客户电话信息……合作消失了，取而代之的是他们为争抢每一位客户时的钩心斗角。公司管理层的争论也很激烈，到底要不要坚持这种考核的方法？从短期来看，公司业绩的确提高了。然而，长此以往，公司的销售成绩和声誉却将受到损失。

从短期来看，排序法能够刺激一些员工更加努力地工作，争取取得头等排名。但这种方法也会刺激人们积极或消极地干涉别人的工作。当某个员工专注于某一目标，而不再关注其他的重要目标时，就会发生这种事情。这会导致与组织的整体利益相违背。

（二）配对比较法

所谓配对比较法，就是将员工两两配对，并根据某一考核要素进行比较。在具体操作时，我们需要制作一张表格，员工 A、B、C、D 的名字对应写在表格的第一行和第一列（见表 5-1）。首先将第一行中的 A 与第一列中的 B、C、D 就"服务态度"分别比较，结果"好"与"差"用"+"和"-"表示。例如，员工 A 与员工 B 比较，A 的服务态度好于 B，记"+"，A 的服务态度不如 C 和 D 的服务态度好，分别记"-"，以此类推，计算每一列中的"+"的个数，作为员工的得分，得分越高，排名越好。在表中 D 服务态度最好，B 的服务态度最差。

表 5-1 配对比较法使用表

服务态度	A	B	C	D
A		-	+	+
B	+		+	+
C	-	-		+
D	-	-	-	
分数	1	0	2	3
名次	3	4	2	1

从避免趋中现象出现及降低比较过程难度的角度衡量，配对比较法相对具有优势。其优点是考虑了每一个员工与其他员工绩效的比较，准确度比较高。缺点是操作烦琐，经过简单的数学思考，我们就能知道在需要同时考核的员工很多的情况下，这样的方法需要进行相当多次数的比较。如要考核 N 个员工，就需要进行 N（N-1）/2 次比较。例如 8 名员工，应该比较 28 对。因此，这种考核方法在同时考核的人不多的情况下尚可。一旦这一数目超过二三十人，就相当费时费力了。

（三）强制分布法

强制分布法是指按照事物"两头小，中间大"的正态分布规律，先确定好各绩效等级人数在被考核总人数中所占的比例，然后按照每个被考核者绩效的相对优劣程度，强制分配到其中的相应等级。应用强制分布法，要求考核者将工作小组中的成员分配到一种类似于一个正态频率分布的有限数量的类型中去。例如，把最好的 15% 的员工放在最高等级的小群体中，把最不好的 15% 放在最低等级的小群体中。这种方法是基于这样一个有争议的假设，即组织中的所有小组成员绩效表现按优秀、一般、较差等几种状态的分布比例都是相同或相近的。在符合假设情境的情况下，可以按照正态频率制定被考核者的比例分布。使用这种方法重点在于要提前确定应该按照一种什么样的比例，将被考核者分别分布到每一个工作绩效等级上去。比如，你可以按照表 5-2 的比例来确定员工的工作绩效分布情况。

表 5-2　绩效等级状态与被考核者绩效比例表

绩效等级	被考核者绩效分布比例
绩效最高	15%
绩效较高	20%
绩效一般	30%
绩效低于要求水平	20%
绩效很低	15%

应用强制分布法的实际操作过程为：首先，将准备考核的每一位员工的姓名分别写在一张小卡片上。其次，根据每一周考核要素来对员工进行逐一考核。最后，根据考核结果，将这些员工的卡片放在事先设定的相应的工作绩效等级中去。

强制分布法的主要优点为：适合于人数较多情况下，对员工总体绩效状况的考核；考核过程简单方便；可以避免考核者过分偏宽、偏严或高度趋中的偏差；利于管理控制，特别是在引入员工淘汰机制的组织中，能明确筛选出淘汰对象；由于员工会担心因多次落入绩效最低等级而遭解雇，强制分布法因而具有强制激励和鞭策员工的功能。强制分布法如果用在被考核群体样本不够大或群体绩效状态明显呈非正态分布的情况下，不仅其优势难以发挥，还会影响考核结果的客观公正性。比如，如果一个部门的员工的确都十分优秀，不符合前面所提到的所有小组中都有同样优秀、一般、较差表现的员工分布状态的假设，此时若仍强制执行正态分布划分等级，就很可能挫伤部分员工的积极性，并会带来多方面的缺陷。

（四）行为锚定等级评价表法

行为锚定等级评价表法，也称为行为定位法、行为决定性等级量表或行为定位等级法。它是一种将某一工作可能发生的各种典型行为进行评分度量，建立一个锚定评分表，以此为依据，对员工工作中的实际行为进行测评给分的考核方法。该方法是通过一张行为锚定等级评价的表格，将各种水平的绩效加以量化，用反映不同绩效水平的具体工作行为的例子来描述每一个特征。

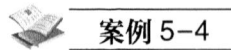

案例 5-4

行为定位法

考核营销人员的日常工作积极性行为,行为锚定等级评定是这样测定的,(见表5-3),是销售代表处理客户关系的行为定位法例子。

表5-3 行为定位等级评价表

被考核者:		年 月 日
行为	评分	考核结果
经常给客户打电话,给他做额外的查询	6	
经常耐心地帮助客户解决很复杂的问题	5	
当遇到情绪激动的客户的时候能保持冷静	4	
如果没有查到客户需要的相关信息则会告诉客户	3	
工作忙的时候,经常会忽略等待的客户,长达数分钟	2	
一遇到问题就说和自己无关	1	
考核者:	制表:	

把营销人员的日常工作积极性,从最好到最坏排列出一个等级,就是将他的行为排列成一个顺序,就叫行为定位等级,他做的事情符合那个级别就打出相应级别的分数。

1. 行为锚定等级评价表法的概念

行为锚定等级评价表法,实质上是建立在关键事件法的基础上,使用这种方法,可以对源于关键事件中的有效和无效的工作行为进行客观的描述。熟悉一种特定工作的人,能够识别这种工作的主要内容,然后对每项内容的特定行为进行排列和证实。它为每一职务的各个考核维度都设计出一个评价量表,并有一些典型的行为描述性说明与量表上的一定刻度(评分标准)相对应和联系(即所谓锚定),供操作中为被考核者实际表现评分时做参考依据。由于这些典型说明数量毕竟有限(一般不会多于10条),不可能涵盖千变万化的员工的实际表现。因此,被考核者的实际表现很难恰好与锚定说明所描述的完全吻合。但有了量表上的这些典型绩效的、有具体行为描述的锚定说明,不但使被考核者能较深刻而信服地了解自身的现状,还可以找到具体的改进目标。

2. 行为锚定等级评价表法建立的步骤

行为锚定等级评价表的建立，是由以下主要步骤构成的：

（1）获取关键事件。要求对工作较为了解的人，对一些代表优良绩效和劣等绩效的关键事件进行描述，主要有哪些事项是必须做好的，关系到组织整体利益的，将其一一列出。

（2）建立绩效评价等级。通过对关键事件描述后，再由这些人将关键事件合并成为数不多的几个绩效维度（如5个或10个），并对绩效维度的内容加以界定，将列出的事件和等级交由人力资源专家或专业顾问，将事件划分出好坏，并重新分类、分档。

（3）对关键事件重新加以分配。对绩效维度的内容加以界定后，由另外一组同样对工作比较了解的人，对原始的关键事件进行重新排列。将所有这些关键事件分别放入最合适的绩效维度中去。如果就同一关键事件而言，第二组中某一比例以上（通常是50%到80%）的人将其放入的绩效维度与第一组人将其放入的绩效维度是相同的，那么，这一关键事件的最后位置就可以确定了。

（4）对关键事件进行评定。第二组人会被要求对关键事件中所描述的行为进行评定（一般采用7点或9点等级尺度评定法），以判断它们是否有效地代表某一工作绩效要素所要求的绩效水平。

（5）建立最终的工作绩效考核体系。对于每一个工作绩效维度来说，都将会有一组关键事件（通常每组中有6~7个关键事件）来作为"行为锚"。

3. 行为锚定等级评价表法的优缺点

（1）正如任何绩效考核方法都有自身的优缺点一样，行为锚定等级评价表法的优点主要有：第一，计量较准确，参与设计的人员大多对岗位比较熟悉、专业技术性强，所以这些人员能够比其他评价法更准确地对工作绩效进行评价。第二，标准更明确，等级制度上所附带的关键事件有利于评价者更清楚地理解"非常好"和"一般"等各种绩效等级上到底有什么差别。第三，具有良好的反馈功能，关键事件可以使考核者更为有效地向被考核者提供反馈。第四，各个绩效维度之间有着较强的相互独立性，将众多的关键事件归纳为5~6个绩效维度（如"知识和判断力"），使得各绩效维度之间的相对独立性很强。比如，在这种评价方法下，一位考核者很少会有可能仅仅因为某人的"直觉能力"所得到的评价等级高，就将此人的其他所有绩效维度等级都评定为高级。第五，具有良好的连贯性。行为锚定等级评价表法，具有良好的连贯性和较高的信度。因为不同考核者运用它对同一人进行评价时，其结果基本上都是类似的。第六，具有指导和监控行为的能力。行为锚定使员工知道被期望表现哪些类型的行为，从而给考核者提供以行为为基础的反馈机会。人力资源管理专家认为，行为锚定将带来更准确的评分，因为它们能向考核者更好地诠释评定量表上不同评分的含义。

（2）行为锚定等级评价表法也存在一些明显的缺点：第一，设计和实施的费用较高。首先，需要花大量的时间和精力做前期的准备工作；其次，需要人力资源管理专家参与设计和实施。所以行为锚定法方案设计和实施成本较高。第二，实施的各种要求较高。行为锚定法对于组织的基础管理水平及绩效考核者的素质要求都较高。第三，应用成本较高。在实施过程中，需要对指标体系进行反复测试和修改，这无疑又增加了该方法的应用成本。第四，有时难以评定。考核者在尝试从量表中选择一种员工绩效水平的行为时，会遇到困难，有时一个员工会表现出处在量表两端的行为。因此，考核者不知道应为其分配哪种评分。

（五）关键事件法

关键事件法是由美国学者弗拉赖根和伯恩斯共同创立的。该方法就是通过观察记录下有关工作成败的"关键"性事实，依此对员工进行考核。

1. 关键事件法的操作过程

关键事件法的实施需要有一定的流程保障。一般来说，它应遵照如下流程进行：首先，从上级主管、员工或其他熟悉职务的人那里收集一系列职务行为的事件；其次，将其中"特别好"或"特别坏"的行为（或事故）作为最有利或最不利的工作行为加以书面记录；最后，每隔一定工作周期（如6个月），由主管人员与员工见一次面，根据所记录的关键事件来讨论员工的工作绩效。

例如，用关键事件法对某客户服务人员进行绩效考核，他的主管人员做了以下记录：

（1）考核要素：客户满意度

（2）好的关键事件：耐心倾听客户抱怨，解答客户问题，认真检查了客户退回的产品，向客户做出解释和道歉，平息了客户的不满，受到了客户表扬。

(3) 坏的关键事件：在年底最忙的 1 个月里，先后迟到三次，且没有任何理由；错过了四次客户电话；有两次客户回访晚于预约时间，客户对此反应较差；对于客户反映的影响到产品质量的问题，没有及时通知主管和同事。

2. "关键事件"的记录内容

记录"关键事件"时需要描述的主要内容有以下几个方面：导致事件发生的原因和背景；员工特别有效和多余的行为；关键行为的结果；员工自己能否支配或控制上述结果等。

3. 关键事件法的主要类型

(1) 年度报告法。该方法是指一线监督者保存考核期内，员工关键事件的连续记载，每年报告上有每一位员工的表现记录，其中"特别好"或"特别差"的事例就代表了员工在考核期内的绩效。

(2) 关键事件清单法。该方法是指对员工工作给出 20~30 个关键项目，一般根据每个项目的重要程度赋予不同的权重。考核者只是简单地检查员工在某一项目上是否表现出众。

(3) 行为定位评级法。这种方法把行为考核与评级量表相结合，用量表对绩效做出评级，以关键行为事件根据量表做出定位。

4. 关键事件法的优点和不足

同其他绩效考核方法一样，关键事件法也有自身的优点和不足。

(1) 关键事件法的优点：第一，客观的记录提高了绩效考核的准确性，主管人员使用关键事件法，可以客观地记录员工在整个工作期内的重要行为，而不会发生重大遗漏。如果不是收集整个绩效考核周期的资料，那么发生较早的事情可能会被忘掉，管理者会把考核的着眼点放在近一两个月员工的表现上，员工自己也更容易记得发生在一两个月之内的事，无疑这种倾向会导致绩效考核结果不准确。第二，可以为绩效面谈提供依据。当主管人员与员工面谈时，关键事件法提供的记录是一份重要的事实证据。用事实说话的谈话方式，更有助于员工理解和接受，从而使绩效面谈顺利进行。第三，有利于绩效改进。关键事件法的连续性记录，提供了一份关于员工如何消除不良行为的实例。主管人员通过这些真实且生动的案例，能够发现员工是如何从平庸走向卓越的，其中的转折点是怎样的，哪些因素对该类型的员工有重要影响，从中总结出培养优秀员工的经验性做法。这些观察和研究将促使该部门的管理工作进一步完善。

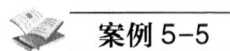 案例 5-5

关键事件记录法

1955 年，通用汽车公司运用了"关键事件记录法"，对员工的绩效进行考核。通用汽车公司首先成立了一个委员会，专门领导这项工作。该委员会根据公司的实际情况，制定了以下的考核项目："优质条件""身体协调能力""算术运算能力""了解和维护机械设备情况""生产率""与其他人相处的能力""协同性""工作积极性""理解力"等。然后要求工厂的一线领班根据要求，对各个部门的最近工作行为的关键事件进行描述。

通用汽车公司采用"关键事件记录法"后，出现了令人吃惊的结果，员工的有效行为越来越多，公司的效益也直线上升。正如人力资源部部长所说："大多数员工并不愿意做错事，如果领班能够不厌其烦地指出员工的不足之处，他们会设法纠正的。"

（2）关键事件法的不足。首先，根据关键事件的定义，主管人员将记录有代表性、特别成功或失败的事件。但是，只关注极端的行为或事故，就容易忽视平均绩效水平，而对工作来说，最重要的一点就是要"评价"平均的工作绩效。其次，这种方法缺乏量化的考核数据，也就不能在员工之间进行比较，也不能为人员选拔等决策提供参考。再次，关键事件法要求管理人员投入的精力很多，而一些管理者常常没有时间和精力去关心那些琐事。或者说，当出现问题时，他们宁愿直接找到员工解决问题，也不愿意把员工的不良表现记录下来。最后，记录关键事件的过程中，没有区分各类事件的重要性。

 案例 5-6

白经理的烦恼

白向林来万家公司已经四个月了，他原在一家外企做销售，因为工作出色，被同样在北京打拼的朋友刘世龙挖到了自己的公司做销售经理。刘世龙希望白向林能助自己一臂之力，而他自己担任总经理，主要负责研发。

刘世龙的万家公司成立已逾十年，过去他既搞管理又做技术，公司里事无巨细都要他操心。当公司规模比较小时，他感觉还能应付得来。近两年，随着公司规模扩大和酒店软件行业的竞争日益激烈，他打算退出管理转而专攻研发，而公司的管理和销售就交给了老朋友白向林。实际上，白向林也不是管理出身，这一点刘世龙很清楚。但从白向林对销售行业的理解和平素做事的悟性看，刘世龙认为这十几个人的队伍交给他不会有问题。

然而，问题很快就来了。根据刘世龙所说的情况，白向林认为公司目前的主要问题是员工积极性不高。公司上上下下60人，销售人员占了11名，虽然人数不多，但管理问题却没少让刘经理发愁：工作拖沓、推卸责任、新客户开发不力、老客户也眼见着流失。作为管理的外行人，他心急如焚却举手无措。公司的规章制度一应俱全，工资虽然不是特别高，但也不低于同行业的其他公司，而且福利也不错，为什么就换不来大家的爱岗敬业呢？特别是销售经理小宋，当初刘经理看重他头脑灵活、工作有想法，亲自把他招聘进来，并委以销售经理的重任。没想到公司的销售不但没有改进，反而倒退了。

通过和员工谈话并反复考虑之后，白向林决定从销售团队的绩效考核入手，激励员工士气。他认为，目前公司人员较少，而且公司资金都投入到了产品开发和拓展市场上，没有足够的资金支撑起一套系统的绩效考核体系。但他仔细研读了有关绩效考核的资料，发现采用关键事件法很适合目前公司的情况：第一，公司规模小，人员少，为实行关键事件法提供了客观可能性。第二，记录关键事件的方式正好为研究维系客户、改善客户提供了条件。第三，这种方法用客观事实说话，说服力强，是绩效面谈时与员工探讨工作问题的好素材，而且必要时还可以为人员替换提供依据。上任第三周，他召集所有销售人员开会，宣布了这一决定。大家议论纷纷，特别是原销售经理小宋，他认为所谓关键事件法根本不现实，什么样的事才算"关键"？难道关键的好事，就能给公司赚钱吗？公司的利润来自全国市场，销售人员一年的绝大部分时间都在外地，总经理怎么可能事无巨细，全部体察到发生了什么？大家一阵议论，看样子也很不满，这天的会议最终没有达到目的。白向林不解，从理论上讲，关键事件法的确可以解决公司一些问题，但是小宋所说的也不无道理，到底怎么做才好呢？

关键事件法是典型的事件类考核技术，正如白经理认识到的，使用关键事件法所做的记录对评价员工一段时间内的工作业绩很有帮助，但是他没有意识到关键事件法是不能独立地作为公司的绩效考核方法的。

(六) 强制选择法

1. 强制选择法的内涵

强制选择法最早是在美国军队里使用,是考核者面对一组描述绩效状态的词语,从中选出与被考核者情况最贴切的一项的绩效考核方法。

(1) 强制选择法的基本做法。首先,组织要开发出一套适合自身的绩效考核维度,再把每一维度分解,并用几个陈述句描述出来。其中部分语句与考核的维度相关,而其他句子不相关。在此基础上,考核者从每组关于员工绩效情况的陈述句中选择出一项最具描述某一员工特性的语句。

目前较为普遍的强制选择法的考核表一般由 10~20 组选项组成,在每个评定项目后面有四个可供选择的评定结果。有 2 项描述优点,2 项描述缺点,其中仅有两个与评定项目有关。在每个性质相同的描述上,有一项能够区分员工的绩效水平,而另一项却不能,但是考核者并不知道哪一个会对被考核者有利或不利。因此,考核者要想故意给一个好的评价和坏的评价都很难。例如,对考核公司人事培训部教员的教学有效性的四个陈述句:

①对后进受训者进行耐心的辅导;

②讲课时充满自信;

③讲课生动,能吸引受训者注意,并产生兴趣;

④每次课都预先向受训者布置下一课的目的与主题。

这四句话各自肯定了培训教员教学活动的某一方面。其实,当中只有①、③两句,对教育有效性真正产生有效作用。考核者必须在这种全部都是褒义的语句中,选出最适合的一项。无论考核者对某一员工有怎样的个人偏见,都难以对考核结果产生影响。当然,一组语句的数量可以是两个,也可以是三个或多个,这意味着考核者必须从多个选项中,做出最优选择。

(2) 强制选择法的特点。强制选择法首先具有一定的强制性,一般要求考核者对每一个供选择的考核结果都做出反应,而不像一般的考核表一样,可以随自己的判断倾向,只选择其中一个。显然,这种选择方式对于考核者本身来说,具有一定的强制性。强制选择法只有部分考核项目与考核维度有关。强制选择法通常一组语句,要么都是积极肯定,要么都是消极否定的,而且其中只有部分选项与考核维度相关。考核者参考员工的工作表现,逐句对照,从中选出最恰当的描述。

2. 强制选择法的优点和不足

（1）强制选择法的优点主要有以下几个方面：第一，能有效避免主观偏见。强制选择法主要是着眼于尽量避免由考核者的心理因素掺入造成的偏见，其虚实参半的陈述句组使考核者无法判断出哪些语句才与考核维度真正相关。如此"强制"考核者必须对所有员工的绩效考核做出一种认真的选择，主观偏见也就难施其技了。第二，适用面广。这种方法广泛适用于不同的工作，而且易于标准化，方便管理。第三，避免"居中效应"，由于考核者难以判断出与考核维度相关的描述，也不知道选择的结果是否有利于被考核者。因此，其主观评价倾向或习惯，就无法对考核结果产生影响。习惯于给大多数被考核者以中等成绩的考核者，在应用这种方法的条件下，也不会因主观因素而产生"居中"的结果。

（2）强制选择法的不足主要有以下几个方面：第一，这种方法的优点也导致了他的不足，由于每种选项中只能选择一项，员工会感到有些方面受到轻视。第二，选项的内容与具体工作联系不紧，使得它难以反馈充分的绩效信息，限制了其改进员工表现的作用。第三，如果所有选项都与员工表现相符合，但只能做出唯一选择，则难以保证所选的结果是有效的。第四，考核者对选项内涵的理解必须准确一致，否则将影响考核的信度和效度。第五，真正的强制选择陈述项，必须是行为科学专家结合组织实际，针对各岗位的工作要求制定出来，开发成本很大，并不是所有的组织都有能力负担。

（七）评价中心测评法

现代人才测评理论认为，对人的行为、能力、绩效等素质特征的观察与评价，不能脱离一定的环境。所以，要想准确地评价一个人的素质和绩效，就应将其纳入一定的环境系统中，观察、分析、评定被考核者的行为表现以及工作绩效，从而考核其全面素质。基于这种理论，人们逐步形成和发展了评价中心这种现代人才测评的新方法。

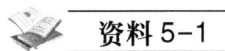
资料 5-1

评价中心测评法的来源

评价中心测评法，起源于德国心理学家 1929 年建立的一套用于军官的多项评价程序。"二战"期间，英国军队在模仿德国评价活动的基础上成立了陆军部评选委员会。后来，英国心理学家拜恩综合应用了无领导小组讨论、角色扮演、投射测验等手段，进行广泛的心理调整评价。评价中心测评技术，由此获得了初步的发展。

最先把评价中心的概念应用于非军事目的的机构是英国文职人员委员会。从1945年开始，英国文职人员委员会发明并使用了一套复杂的程序，为所有中级或高级的国内外工作挑选文职人员。"二战"结束后，情景模拟测评技术得到进一步发展，逐步形成了一个包括多种评价方法和形式的测评系统。随后，评价中心开始进入工商界、行政管理部门，并广泛应用于管理人才的素质测评、选拔和培训。为了规范评价中心技术，1975年举行的第三届评价中心国际大会上，与会的专家学者们一起制定并通过了《关于评价中心的实施标准和道德准则》。

20世纪80年代后期，我国开始引入评价中心技术，越来越多的组织开始把评价中心技术应用于人才选拔、培训诊断、管理能力培训以及个人发展指导等工作中。

1. 评价中心的含义

评价中心是指一种体系化和标准化的评价过程，包括在群体中评价、被群体评价、使用多种考核技术、强调模拟真实的管理情境。对候选者的评价是根据一系列基于工作分析的、同相应的管理工作有关的行为特征而展开的。

2. 评价中心所采用的评价方法

评价中心法常常采用一些非常规的方法进行测试。一个标准的评价中心一般可以采用以下方法：

（1）"篮子练习"：这种方法是指被考核者拿到一个装满各种工作计划、备忘录、电话记录、需要解决问题清单的"篮子"，应迅速做出判断，排出先后次序，区分不同事项的重要程度，将要处理的工作分派妥当，以此检测被考核者的工作能力。

（2）无领导小组讨论：让若干个被考核者参加针对某一问题的讨论会，规定好会议时间。考核者要注意观察，谁实际上主持或控制了讨论、谁对问题的实质有更快的反应和更准确的判断。

（3）个人发言：给被考核者一个题目，让其在10~15分钟内，准备一个10~15分钟的发言，考核发言人的沟通能力、组织思维能力、是否镇静沉着、讲得是否入情入理。

（4）心理测试：注重测量被考核者的特定心理素质和能力。现在国外都已开发出各种各样的信息测试量表，并在实践中广泛应用。

（5）性格测试：测试性格特征，以确定是否具备管理者或领导者的性格。

（6）问卷法：这种方法属于被考核者的自我评价。

（7）面试：主要了解被考核者的价值观、工作态度、兴趣等，一般都事先准备好提问提纲。

评价中心测评法将上述各种测评方法相互结合，通过创设一种逼真的模拟管理系统和工作场景，将被试人纳入该环境系统中，使其完成该系统环境下对应的各种工作。

3. 情景设计

应用上述各种方法在评价过程上，主事人观察和分析被试人在模拟的各种情境压力下的心理、行为、表现以及工作绩效，以测量评价被试人的管理能力和潜能等特质。可见，情景设计是评价中心法的核心内容，评价中心在进行情景设计时，应注意以下几点：（1）相似性：要求设计的情境与聘任的职位的实际工作在能力要求、内容和条件上有相似性。（2）典型性：要求所设计的情景与聘任的职位的实际工作能力、要求内容和条件上有相似性。（3）逼真性：指在情景的环境布置、气氛渲染与评价教学上都必须与实际相仿。（4）主题突出：所设计的情景，能突出表现所要考核的重点。（5）难度适当：情景设计要深浅适当，不能过高或过低，要能真实反映被考核者的真实水平。

在通常情况下，评价中心要使用4~6种测评方法和练习来进行测评，整个实施过程需要2~3天。主试人员通常由组织内部经验丰富的上级主管和经过专门训练的专家组成。

4. 评价中心测评法的优点和不足

评价中心作为一种现代化的测评技术，具有以下优点：（1）综合最新成果，注重实际能力。评价中心综合了管理学、心理学、社会学、行为科学和人类学等各门学科的最新研究成果，是对传统测评思想的重大改进。测评中心技术针对的主要是管理人员，注重现场研究和实践性，着重考察被试人解决实际问题的能力，并取得了很好的效果，使素质测评技术有了新的发展。（2）测评效度、效益高。评价中心的每一个情境测试都是从许多实际工作样板中挑选出来的经典，并经过技术处理，使许多与测试内容无关的因素得到有效控制。经过组合加工，还可以把不同时段和不同工作中的活动综合在一起，既提高了测评的全面性与准确性，又提高了测评的深度与难度。另外，由多个组织人员分别对被试人给予评价，减少了因为个人水平发挥不正常或个别主持人评价偏差而导致的测评结果失真。每项测验后，请被试人说明测验时的想法以及处理问题的理由。在此基础上，主持人进一步评定被试人处理实际问题的能力和技巧，使评价结果的可靠性大大增加。（3）集测评与培训为一体，扩大了测评的功能和用途。评价中心的测评过程，既是一个素质测评过程，又是一个被测试人在模拟工作中自我学习、自我提高的锻炼过程。通过信息反馈，主试人将测评结果以及不足之处的改进方法告知被试人，使其进一步了解自己、提高自己，将测评过程转入培训过程。（4）针对性强。评价中心测评法模拟特定的工作条件和环境，并在特定的工作情景和压力下实施测评。根据不同层次人员的岗位要求和必备能力，设计不同的模拟情景，具有很强的针对性，避免"高分低能"的倾向。

评价中心法也有其固有的不足之处：（1）与其他绩效考核方法相比，评价中心的测评费用较高。由于我国人才测评产业起步较晚，专业人才测评师匮乏，加之情景模拟测验的开发成本与施测成本比较高，所以市场能够承受评价中心技术的高价格，有待进一步验证。（2）这种方法的操作难度大，对主持人的要求很高，必须有相当的管理经验并受过专门训练。同时，测评需要的案例和材料需要花费很多时间和精力。（3）当模拟工作的内容与实际工作有误差时，测评中的能力表现与实际工作能力存在差距。因此，这种技术需要与其他绩效考核方法结合使用。（4）测评的内容主要是管理技能和某些方面的心理素质，难以全面真实地反映被测试人的思想品德等内容。

评价中心是一种很实用有效的测评管理人才的方法。虽然它对人、财、物和时间上的投入稍高一些，但由于其测评效度较高，选拔人才使用的准确性大大提高。人才的合理安排与使用给组织带来的效益是巨大的，远远高于测评过程所花费的费用。

（八）个人绩效合约

个人绩效合约的思想并不新鲜，它借用了目标管理法的核心思想，以绩效目标作为员工激励和考核的工具，强调员工绩效目标的实现以及员工对组织目标达成的具体承诺。

1. 个人绩效合约的内涵

绩效合约是发约人（上级主管）与受约人在明晰责、权、利的基础上签订的一个内部协议，并受组织章程及内部一系列规章制度的约束。

(1) 个人绩效合约的概念

绩效合约是员工与组织或部门就应实现的工作或业绩订立的正式书面协议，一般由以下要素构成：

受约人信息：通过填写工作代码及岗位级别，可将业绩合同与薪酬职位等直接挂钩，便于了解受约人在组织中的相对职位及对应薪酬结构，有利于一体化人事管理体系的建立。

职位描述：作为设定业绩考核内容的依据，提供了查阅、调整业绩考核内容的基本参考信息。

业绩考核内容：分为关键业绩指标与工作目标完成效果评价两大类，以全面衡量受约人的重要工作成果。

权重类别：列出按业绩考核内容划分的大类权重，体现工作的可衡量性及对组织的整体效益、营运、组织的影响。

权重：界定业绩考核内容中各部分的相对重要性。

目标值设定：关键业绩指标的目标值分为基本目标与挑战性目标两类，从而界定目标完成情况与业绩完成情况的对应关系。

实际值：年终采集数据并填入实际完成各项考核内容的情况。

(2) 绩效合约的目的

绩效合约作为绩效管理的一种载体和有力工具，体现了上下级之间对绩效的期望和承诺的严肃性，使决策层能够把精力集中在对公司价值最关键的经营决策上，确保公司总体战略的逐步实施和单位年度工作目标的实现，有利于在公司内部创造一种突出业绩的企业文化。其主要目的体现在：保证组织总体战略的具体实施；使管理者把精力集中在对组织价值最关键的经营决策上；在全组织创造业绩至上的组织文化；以合同的方式体现被承诺的业绩达成的严肃性。

2. 个人绩效目标的制定

(1) 确定绩效目标是设计个人绩效合约的关键

确定个人绩效目标是制定绩效合约的关键。绩效目标是对特定时间内，按数量和质量标准最需要实现的结果的陈述。个人绩效目标的内容要服从部门和组织的绩效目标，即根据组织目标自上而下层层分解，最终确定个人的绩效目标，形成员工的考核指标。绩效目标的内容要经过员工与主管充分沟通，在双方意见达成一致后签订个人绩效合约。员工的直接主管负责绩效目标的完成,并在绩效周期结束时对照当初签订的个人绩效合约对员工进行考核。

(2) 绩效目标的制定

绩效目标应该写成可衡量的结果的承诺,这种承诺表示计划要取得的成就。衡量标准可以从数量、质量、成本和工作怎样执行的角度阐述,它们是衡量实际结果的准绳。在绩效目标的制定过程中,具体而言应该注意以下几点:第一,明确目标。明确绩效目标应该用容易理解的语言准确地描述要实现的成就——完成什么,什么时间完成,怎样完成。第二,数量上有限。既然绩效目标是对工作描述的补充,它们应该被控制在一定数量内(3~5个较好),并且只对主要工作任务或要执行的项目书写绩效目标。把注意力集中在有限的几个目标上,把焦点放在解决问题的行动和革新上,可以使个人有更大的发展,使生产力有更大的提高。第三,富有挑战性。好的绩效目标预示着显著的成果。它们表示在过去绩效基础上的进步,所以需要有一定的难度。第四,具有现实性。尽管有意义的绩效目标需要一定难度,而且用提高的方式表达,它们仍然具有实现的可能性。如果目标定得过高,就有可能挫伤积极性,可被遗忘或遗弃,这样就不会产生影响。第五,要有连贯性。绩效目标应该有日期或完成期,不应该仅仅指向"未来"。尽管绩效评估每年进行一次,但绩效目标可以设定的短于一年。第六,要有灵活性。为了适应业务条件或其他不可预见的环境的变化,绩效目标应该有一定的灵活性。一些目标可以放弃和修改,另外一些可以增补。时间进度表可能需要变动,尽管目标是对行动的承诺,但不应过于严格或僵硬。第七,必须是可衡量的。绩效目标应该是可以根据数量或质量的标准进行衡量和证实的。员工和领导者在绩效目标的内容结果和这些目标的衡量方法上达成一致是非常重要的,书写绩效指标时,应该对这些衡量标准达成共识。

3. 绩效合约的作用

个人绩效合约具有两个作用:激励集体业绩和明确个人责任。激励集体业绩的作用主要体现在:明确组织中每个部门如何创造价值;实现组织内部资源的合理分配,将资源集中从事最具潜力的业务;提高组织内部管理透明度,对业绩进行监督和及时反馈。明确个人责任的作用主要体现在:制定明确的目标和评估方法,并根据考核结果决定各部门领导对公司的贡献;将个人对业绩负责的做法制度化;建立有效的激励机制,促使管理者改变行为,使他们的利益与股东的利益相一致。

三、系统性绩效考核方法——以360度绩效考核法为例

系统的考核方法，强调组织是一个整体，每一个部门和岗位都作为组织系统中的一个有机体存在。这类方法往往与组织的战略目标、企业文化、核心能力培养等相联系。目前常常使用的此类方法有：与组织的管理发展和员工的职业发展相联系的360度绩效考核法；以提高组织核心竞争力为目的的关键绩效指标法；以全面衡量组织经营能力，推进组织战略实施的平衡计分卡法；与组织经营计划和经营目标相联系的目标管理法；以确保组织在行业中竞争优势的标杆超越法等。

本书以360度绩效考核法为例，详细介绍系统性绩效考核方法。

案例 5-7

泰隆公司的360度考核方法哪里出问题了？

泰隆公司是一家以服装制造为主的中型企业，刘志鹏是该公司的人力资源部主管。偶然的机会，他从同行那里了解到有关360度绩效考核的理念，对此产生了极大的兴趣。于是，他收集各方面信息，了解实施360度绩效考核可能会给企业带来的益处。为此，他向公司的高级主管经理推荐这种绩效管理方式，希望借助这种追踪反馈方式，改善目前公司绩效管理不佳的状况，同时也可用作员工管理的工具，以促进业绩差的员工做出改善。公司上层听取了他的陈述后，初步同意了他的建议，并组织成立了一个以人力资源部为主的360度绩效考核计划协调工作小组。委任刘志鹏为该工作小组的主管，着手360度考核方案的设计和实施计划。几个人经过讨论，很快设计完成后，便开始在企业内所有岗位实施考核。但在考核中发现，这是一项工作量极大的工作，临时找几个人来帮忙，总算把考核信息收回来，数据汇总更是让刘志鹏焦头烂额，不知如何是好。并且还发现几乎所有员工都对自己的上司评价很高。刘志鹏心里很清楚，员工的信息反馈不真实，如果按照这个结果给员工反馈将会产生误导，最终结果也没有反馈。很明显，这次考核最终以失败而告终。

自20世纪90年代初开始，在西方跨国公司中就非常流行一种绩效管理方法——360度绩效评估反馈。据调查，迄今为止，几乎所有的《财富》500

强，包括 GE、宝洁、惠普、3M、杜邦、摩托罗拉、IBM 和福特等公司，都已采用 360 度评估反馈工具。事实上，360 度评估反馈工具的流行并不限于大公司。据一项对美国企业较大规模的调查显示，65% 以上的公司在 2000 年采用了这种多面评估反馈的评定体系，比 1995 年的调查结果的 40% 上升了许多。这几年来，国内的一些企业也开始使用 360 度绩效评估反馈方法，这一制度已成为一种重要的绩效管理模式。

（一）360 度绩效评估反馈的含义

360 度绩效评估反馈，也称为全方位评估反馈或多渠道评估反馈，是指通过收集与被评价者有密切工作关系的不同层面人员的评估信息，来全方位地评估和反馈被评价者的工作行为与表现的过程。

具体来讲，传统的绩效评价主要是由被评价者的上级对其进行评价，只是一个方面的；而 360 度反馈评价则由与被评价者有密切关系的人，包括被评价者的上级、同级、下级、客户等，分别匿名对评价者进行评价。被评价者自己也对自己进行评价。考证的内容涉及员工的任务绩效、管理绩效、周边绩效、态度和能力等方面。然后，由专业人员根据有关人员对被评价者的评价，对比被评价者的自我评价，向被评价者提供反馈，以帮助被评价者提高能力水平和业绩。

（二）360 度绩效考核的主体

360 度绩效考核的主体，即谁来进行考核？360 度，顾名思义就是从多角度、多视角。我们可以把它设想成一个圆圈，被考核者处于圆心，考核者分布在被考核者的四周（如图 5-1 所示）。

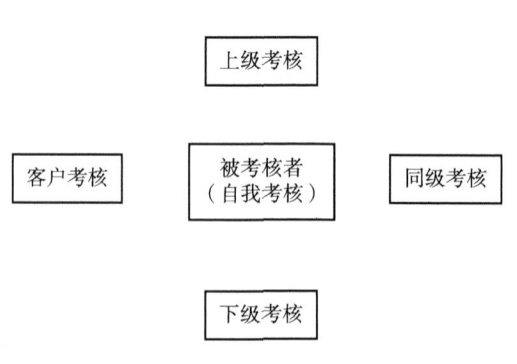

图 5-1　360 度考核示意图

上级考核处于0度位置，顺时针旋转90度为同级考核，180度为下级考核，270度为客户考核，中间为被考核者本人的自我考核。因此，它与传统的自上而下考核的本质区别就是信息来源具有多样性，从而保证了考核的准确性、客观性、全面性。除了我们惯常所熟悉的上级评价之外，我们重点谈一谈其他各方面的评价。

1. 自我考核

通常的员工自评是让员工在正式的上级评价之前，对自己的工作进行回顾，以使员工对考核的面谈有所准备。让员工和上级完成同样的考核量表，在考核面谈时对其进行讨论，得出一个包含双方差异的考核结果。

适合自评的条件主要有：上级对员工缺乏足够的观察，无法对员工做出全面的评价；自评的结果要和上级评价等其他来源的评价相结合，自评的基准点是和自己的标准，而不是和其他人的标准进行比较。

考虑自评的特性，将其作为员工培训和发展的依据比作为评价和比较的依据更为有效。

2. 同级考核

上级只能观察到员工的一小部分工作表现，而员工的大部分行为或者只有员工自己知道，或者同事、下级或顾客知道。在做出评价的同事和被评价的同事都很相似而且很熟悉的情况下，同级评价比较有效。而且，如果同事参与评价，员工在工作中就会注重与同事的合作，而不是只关心自己的业绩。有研究表明，同级考核可以较好地预测员工是否会被提升，对员工提升后的绩效也有良好的预测性，而且和上级的评价有较高的相关性。

3. 客户考核

对于服务行业，如餐饮业、旅游业等，客户的评价非常重要。有些公司雇用专门的调查公司收集客户的意见，并将其作为员工薪金设定的重要依据。而广义的客户也包括内部客户，例如各级员工就是人力资源部门的客户，所以在考核人力资源部门的工作时，也应该听取他们所服务的员工的意见。

4. 下级考核

该方法常用于收集下级的抱怨或批评意见。如果下级参与对上级的评定，上级在工作中就会更加注意下级的意见，而不会对下级的要求和抱怨置之不理。当然，这种考评方法也对组织人力资源管理工作者的能力提出了更高的要求：一是收集和整理信息数量将大大增加。二是管理人员，尤其是人力资源管理人员的反馈能力，直接关系到绩效评价反馈系统的效能。三是绩效评价的内容和形式设计要复杂得多。

（三）360度绩效考核反馈的目的

360度考核反馈的主要目的，应该是服务于员工的发展，而不是对员工进行行政管理，如晋升、薪酬确定或绩效考核等。实践证明，当360度绩效考核用于不同的目的时，同一评价者对同一被评价者的评价会有很大的差别。反过来，同样的被评价者对于同样的评价结果也会有不同的反应。当360度反馈评价的主要目的用于服务员工的发展，评价者所做出的评价会更客观和公正，被评价者更愿意接受评价的结果。当360度反馈评价的主要目的是进行行政管理，服务于员工的晋升、薪酬设定时，评价者会考虑到个人利益得失，所做的评价相对来说难以客观、公正，而被评价者也会怀疑评价者评价的准确性和客观性。因此，当组织把360度评估反馈用于对员工的行政管理时，一方面，可能会使得评价结果不可靠，甚至不如仅仅由被评价者的上级进行评价；另一方面，被评价者很可能会质疑评价结果，造成组织人际关系紧张。究竟是把360度评估反馈用于员工的发展，还是用于对员工的行政管理，当然取决于组织的高层管理人员。但事实证明，应该尽量把360度评估反馈用于员工的发展，尤其是当把360度评估反馈用于管理人员的发展时，其投资收益比是相当可观的。这并不是说不能把360度反馈评估用于对员工的行政管理，但是这样做的时候，一定要注意事先向员工如实地讲清楚。不要在开始评价的时候告诉员工评价结果将用于员工的发展，而是要在评价过程中或评价之后再告诉员工评价结果用于员工的行政管理，否则会使员工对管理层的信任大打折扣。

同时，要调查了解组织内部员工之间的信任程度。如果组织内部员工的互相信任程度比较低，最好不要引进360度评估反馈体系对员工进行评估。这时，公司可以考虑引入360度评估反馈对组织的文化、气氛进行评价，以帮助提高内部员工的信任程度。

（四）对360度绩效评估反馈的争议

360度绩效考核反馈近年来在国内引起了不小的争议，究竟是好是坏，众说纷纭。下面具体讨论这种绩效管理模式的优缺点，这将有助于我们对绩效管理模式的选择和使用。

1. 360 度绩效评估反馈的优点

（1）更加透明化。这也许是 360 度绩效评估反馈制度最大的优点，它让以往绩效考核标准的"暗箱操作"在组织全员的参与下公开化、透明化。

（2）信度和效度较高。信息是从多方面收集的，比较全面，信息的质量也比较好。由于反馈来自多人，偏见产生的可能性比较小，从理论上来讲更加准确，所以与单一来源的反馈相比这种模式拥有比较高的信度和效度。

（3）利于加强部门之间的沟通。360 度绩效评估反馈的程序包括直线主管介绍员工的岗位职责和员工在他所在部门工作的内容、特点、成绩和困难，以及为克服这些困难员工所付出的努力。因此，这种方式增进了整个企业内部员工之间的相互了解，促使员工在以后的工作中，从对方的角度出发考虑问题，化解矛盾，相互配合，从而提高团队凝聚力和工作效率，从而促进组织的变革与发展。

（4）易于取得员工的信任。由于员工会参与整个 360 度绩效评估反馈的过程，所以员工也会更愿意接受，进而改善自己的工作表现。

（5）有利于组织管理。主管也可以通过同事及下级的反馈，知道自己的领导行为以及别人对自己的评价，从而改善和提高管理效能。同时，员工也可以知道，自己是如何被管理和被对待的，而不是处于完全被动状态。

（6）适合团队领导。组织中越来越多的工作是由团队而不是个人完成的，个体也要更多地服务于领导小组，而不是单个领导的管理。这样，360 度绩效评估反馈就使得那些凡是有机会较好地了解员工工作表现的领导，都能参与到员工的绩效管理中来。

（7）可以激励员工全方位地提高自身的素质和能力。360 度绩效评估反馈强调，组织更关心人们付出的行动，而不是单纯的结果。它更为全面、客观地反映了员工的贡献、长处和发展的需要。此外，通过反馈的过程，可以了解他人对自我能力、知识、技能、特质的看法，比较两者之间的差距，为制定工作绩效改善计划、个人未来职业生涯及能力发展提供参考。

2. 360 度绩效反馈的缺点

（1）考核成本较高。整个绩效评估反馈流程牵涉的人力资源和其他资源比较多，特别是对很多大型企业来说，要对每个员工都实施 360 度绩效反馈相当困难。此外，这一流程实施的周期也比较长，必然存在时间成本和工作损失，所以显性成本和隐性成本的总和是比较高的。

（2）因为侧重综合评价，所以定性成分多，而定量成分少。反映一个部门或一个员工业绩的高低和优劣，在一定程度上，要根据具体产生的定量绩效来衡量。定性衡量带有很大的主观性，所以定量指标应比定性指标多一些才能真正反映绩效水平。

（3）理解来自不同渠道的评价信息，有时也不是一件容易的事情，因为它们并非总是一致的。例如，对同一员工的沟通能力进行评定，上级评为优秀，下级评为差，客户评为中，这会给员工的整体绩效衡量带来困扰。

（4）因部门岗位数量和岗位性质不同，可能产生一定的不公平性。很简单，与那些大且日常工作中与外部打交道多的部门相比，那些小且与外部打交道不多的部门的业绩衡量结果可能会更差一些，这一点我们也要重视。

（5）收集到的数据和信息多。这是360度绩效评估反馈的优点，但也可能是它的一个缺点。因为有大量的信息要汇总，那么这种方法就有变成机械和追求文字材料的趋向，即从两人的直接沟通变成表格和印刷材料的沟通。

（6）在实施360度绩效评估反馈的过程中，如果培训和运用不当，组织内可能产生紧张气氛，影响组织成员的工作士气。

事实上，该不该用360度绩效评估反馈这种绩效管理模式的讨论，从它诞生开始，就从没有停止过。一个方法或一个工具的好与坏，关键在于怎么用、在什么条件下使用。

（五）360度绩效考核反馈的原则

为了让360度绩效考核在绩效管理中带来最大的收益，必须遵从以下几个重要原则。

1. 建立明确的考核标准

一些组织在360度绩效评估反馈的具体实施过程中发现，给员工的绩效打分时，数字式评分表通常只能收到无意义的信息。特别是为一些难以量化的管理能力打分时，这一点尤为突出。与此同时，同级之间的评价不是特别客观，比如出现只说好话，使评估成绩和真实业绩脱钩的现象。

为了解决这一问题，组织应该放弃使用那些难以量化的标准给员工打分，而是着重于评价对方作为"内部服务供应商"、完成与组织内部客户达成的服务协议的程度。比如，如果一位人力资源经理向其内部客户（如人力资源副总裁）许诺，今年他将为组织雇用2000名新人，招募成本为每人4000元，流失率低于20%，那么这位经理是否做到了这些承诺就一目了然。总之，为了有效实施360度绩效评估反馈，绩效就应该只有一个标准：员工是否兑现了他对内部客户的承诺。这一简单明了的办法，不仅可以使组织避免幕后交易的产生，还有助于消除评估人因为给同事评出低分所带来的心理压力。而这些正是目前的评分系统中普遍存在的问题。

2. 量身定制的考核工具

更为有效地利用360度绩效评估反馈法的另一个重要原则：量身定制360度绩效评估反馈工具。组织不应该在所有经理身上都套用一成不变的标准。寻找这种量身定制的工具有很多途径。例如，根据"内部客户—服务供应商"关系的具体情况，确定评估标准，以各自达成的服务协议作为衡量绩效的标尺。在制定标准时，应该让接受360度绩效评估反馈的人员参与绩效标准的制定。受评人会认为这样的考核考评结果更有效，他们也会更心甘情愿地按照这些业绩衡量结果来要求自己，这也是鼓励革新所必需的。

3. 适当增加定性考核

有数据表明，很多经理对360度问卷中提高定性对定量比率的做法表示支持。他们认为以前单纯以量化标准来衡量人的做法不太"人性化"，而当定性方面的内容加进来以后，他们普遍觉得反馈更加符合实际了。专家们的确认为纯定量化的反馈无法像文字评价那样传递感觉上的细微差别。然而事实上，他们并不赞同在用于绩效反馈的360度问卷中增加大量的定性内容。具体操作上讲，评估人应该提供定性反馈，而且必须对问卷中每个量化评分进行解释及陈述理由。但是，他们指出，将360度反馈用于职业发展时，应着重强调文字评价的作用。他们还建议，把需要做深入定性回答的问题放在问卷中靠前的地方。这样，评估人出现"反应疲劳"之前，这些问题就已经答完了。

（六）360度考核反馈的操作过程

1. 准备阶段

准备工作相当重要，它影响着绩效评估反馈操作过程的顺利进行和结果的有效性。准备阶段的主要目的是使所有相关人员，包括所有评估者与受评者，以所有可能接触或利用评估结果的管理人员，正确理解组织实施360度绩效评估反馈的目的和作用，进而建立起对该方法的信任。在准备阶段，重点工作有：

（1）获得高层领导的支持。360度评估反馈归根到底是为提高组织绩效，顺利完成组织战略目标服务的。因此，高层管理人员必须明确地提出评估反馈所要达到的目标，以及评价活动和组织战略竞争力之间的关系。此外，360度评估与反馈涉及组织中各个层面的人，甚至还包括组织外部的人员。对此，实施360度评估反馈只有得到高层领导的全力支持，才有可能真正顺利地开展起来，开展过程中出现的问题也能及时得到解决。

（2）具备良好的组织文化。360度评估反馈是组织各层次的员工都要参与的系统项目。评估者能不能客观公正地对别人进行评价，被评估者能不能真诚地接受别人不同意见，这不仅仅是一个心态的问题，还关乎组织的氛围和沟通文化。应该在组织内大力倡导坦诚直接的沟通文化，并通过员工提案对话等活动和机制，促进这种文化的渗透和传承。

（3）事先动员。在实施360度评估反馈之前，对所有参与者进行思想动员，关键是要建立对评价目的和方法可靠性的认读，要让所有的参与者体会到，360度评估反馈的结果与奖励、薪酬挂钩只是一个方面，更重要的是为管理者对员工改进工作和未来发展提供咨询建议，从而促使评价别人的员工真诚地提供信息。

2. 评估阶段

评估阶段的实施步骤主要包括六个环节：

（1）组建360度绩效评估队伍

组织在引进360度绩效评估反馈时，一般是由全国各地资源部发起并控制整个项目的运作过程。但是，我们应该考虑到由人力资源部来负责项目的执行，会给员工带来恐惧感。员工会担心组织把评价结果服务于组织的行政管理，会担心组织是否保证他们的评价都是匿名的。因此，即使由组织的人力资源部来运作整个项目，也应该挑选评价者和被评价者非常信任并对360度方法特别熟悉的人。或者组织可以让所有的员工提名，由谁来负责整个项目的运作。如果在公司内部找不到合适的人，也可以聘请外部专家。

（2）对评估者进行360度评估反馈技术的培训

为了避免评估结果受到评估者主观因素的影响，以确保他们能熟悉并正确地使用该项技术。组织在执行360度评估反馈方法时就需要就360度体系的基本原理、过程、主要步骤、如何完成调查问卷、如何接受和使用评估结果等内容,对选拔的评估者进行指导和培训。让评价者对被评价者的职位角色有所了解,让评价者知道如何来做出正确的评估,以及在评估过程中经常会犯哪些错误。

(3) 问卷设计

360 度绩效评估反馈一般采用问卷法。问卷的形式分为两种:一种是给评价者提供 5 分等级或 7 分等级的量表(称之为等级量表),让评价者选择相应的分值;另一种是让评价者写出自己的评价意见(称之为开放式问题),两者也可以综合采用。从问卷的内容来看,可以是与被评价者的工作情景密切相关的行为,也可以是比较共性的行为或者二者的综合。目前,市场上常见的 360 度问卷都采用等级量表的形式,有的同时包括开放式问题。问卷的内容一般都是比较共性的行为。采用这种问卷有两个优点:一是成本较低,二是实施起来较容易。但是这种方法也有不足,最主要的一点就是问卷内容都是共性的行为,与组织的战略目标、组织文化、具体职位的工作情景结合并不是很紧密。加大了结果运用和结果解释的难度,就会降低 360 度反馈评估的效果。因此,一些组织开始编制自己的 360 度绩效评估反馈问卷。

采用这种方法要求人力资源工作者能分析拟评估职位的工作,抽取出典型的工作行为,编制评价问卷,对评价结果进行统计处理,并向受评价者和评价者提供反馈。采用这种方法编制的问卷,能确保所评价的内容与组织的战略目标、组织文化以及具体职位的工作情景密切相关,使得评估结果能更好地为组织服务。

(4) 实施 360 度评估反馈

分别由上级、同事、下级、相关客户和本人按各个维度标准进行评估。评估过程中要尽量采取匿名的方式,必须严格维护填表人的匿名权以及对评估结果报告的保密性。大量研究表明,在匿名评估的方式下,人们往往愿意提供更为真实的信息。也就是说,在具体操作上要加强监督和质量管理。比如,对于问卷的开封、发放,宣读指导语到疑问解答、收卷和加封保密,必须实施标准化管理。如果实施过程中做得不好,整个结果将是无效的。此外,评估的过程应该公正、快捷、简明,回答问卷的时间不应太长,以 15 分钟左右为宜。

(5) 统计并报告结果

这里需要说明的是,数据的收集和整理必须遵从科学、标准的程序。例如，报告中列出各类评估人数一般以 3~5 人为底线。如果某被评估者少于 3 人的话，则必须归入其他类，而不得单独以下级评估的方式呈现评估结果。一般情况下，一个典型的评价报告，应包括下列内容：维度的定义和描述、被评价者核心能力（维度和因素）的确定、不同来源评价观点的比较、被评价的能力综述及最高和最低的得分项目。

（6）针对反馈问题制定计划

这一环节由组织管理部门完成，也可以由咨询公司协助实施。由咨询公司独立进行数据处理，优越性在于报告的结果比较客观，并能够提供通用的解决方案和发展计划。但是，组织的人力资源部门应当尽可能地在评价实施中起主导作用。因为，任何组织都有自己特有的问题，而且组织的发展战略与关键管理者的工作息息相关，涉及市场竞争的策略，多方面的专家结合，评价效果会更好。

3. 反馈和辅导阶段

360 度绩效考核反馈最后究竟能不能改善被评价者的业绩，在很大程度上取决于评价结果的反馈和辅导。通过来自各方面的反馈，被评价者可以更加全面地了解自己的长处与短处，更清楚地认识到组织与上级对自己的期望及目前存在的差距。因此，这是一个非常重要的环节。评价结果需要及时进行反馈，并且应该是一个双向的反馈过程。一方面，应该就评价的准确性、公正性，向评价者提供反馈，指出他们在评价过程中所犯的错误，以帮助他们提高评价技能。另一方面，应该向被评价者提供反馈，以帮助被评价者提高能力水平和业绩水平。当然，这其中最重要的是向被评价者提供反馈。在第一次实施 360 度绩效评估反馈项目时，一般可由被评价者的上级、人力资源工作者或者外部专家和顾问，根据评价的结果，开展一对一反馈辅导谈话，以指导被评价者如何去阅读、解释以及充分利用 360 度评估反馈报告。帮助被评价者分析他们在哪些方面做得比较好，哪些方面还有待改进，该如何来改进。还可以比较被评价者的自评结果和他评结果，找出评价结果的差异，并帮助被评价者分析其中的原因。如果被评价者对某些评价结果确实存在异议，可以由专家通过个别谈话或者集体座谈的方式，向评价者进一步了解相关情况，然后再根据调查结果，向被评价者提供反馈。当然，如果组织有良好的信息共享机制和氛围，也可以让员工在专家的辅导下自由地就评价结果，进行沟通交流。

案例 5-8

360度考核如何防止"水土不服"

一家大型制造企业的总经理在一次高级管理人员研讨会上,听说了360度绩效反馈计划的概念,并且整个研讨会上说的都是关于这种反馈计划如何好的内容。回公司后,他极力说服公司的其他高层管理人员,在公司建立360度绩效反馈计划,取代公司过去长期执行的年度绩效考核制度,以利用多种来源的信息,对员工进行考核,确定员工的绩效加薪水平和改善公司的绩效。

为此,他找来了一家专业从事360度绩效反馈研究和咨询的公司,帮助公司建立这套系统,还有一个工作小组执行这项考核计划,以使其适应本公司的实际情况。但第一轮反馈完成后,大家都对这一考核过程产生的结果感到不满意,抱怨所要填写的东西太多了,反馈所花的时间也太长,管理人员还发现很多项的考核结果偏高。公司经过研究,再次请来了专家小组做指导。首先成立了一个360度绩效反馈计划项目的小组,其成员包括公司中不同领域、不同管理层的代表。其次,确定了该反馈计划的预期效果,改善公司内部上下级之间的沟通状况,提高考核者与被考核者之间的期望一致性,上下级共享反馈信息。再次,在专家的帮助下,项目小组根据公司的价值观自行设计了一套360度绩效反馈考核表,并在考核表中设置了一个提供反馈的部分,他们还尝试把这种反馈过程放在计算机网络上进行运营和管理,以便更好地保密。在全面铺开新一轮360度绩效反馈前,项目小组先进行了试点。不仅如此,项目小组还对所有的考核者、被考核者及指导者进行严格的培训,做好员工的平时记录,把整顿反馈过程贯穿于每一天。公司组建了一个360度绩效反馈计划指导委员会,其中包括一名董事会成员,对公司的绩效反馈进行全面指导,由于结合公司的战略目标,扎扎实实地改善公司的绩效,后来这一考核工具为企业赢得了更多的竞争优势。

第三节 不同类型组织的绩效考核

组织类型不同,绩效考核方法也会不同,这就要求我们学习不同组织的绩效考核理论。

一、企业绩效考核

（一）企业绩效考核发展历史

1. 国外企业绩效考核发展状况

由于企业经营环境、内部组织结构的变化以及管理方法和手段的不断创新，企业绩效考核的方法体系也处于不断的演变之中。

（1）早期的绩效考核方法——成本业绩评价。20世纪以前，企业绩效考核以成本业绩为核心，这是业绩评价的初始阶段。19世纪初，企业的管理者根据自身的经营特点，先后建立了相应的业绩计量指标，用于激励和评价企业内部的经营效率。此时，用于评价企业基本经营活动的业绩指标就是成本。19世纪末，成本计量与业绩评价制度表现出不便于企业进行成本控制的缺陷。20世纪初，在泰勒的科学管理原理指导下，建立了产品的标准成本，并随着成本会计、差异分析的运用，成本指标更加完善。

（2）按传统的绩效考核方法——财务业绩评价。19世纪40年代，随着所有权和经营权发生了分离，企业业绩考核的需要扩大到企业外部主体。为满足债权人和投资人了解企业财务状况和经营成果的需要，评价内容也逐渐发生了变化，由成本指标扩大到会计报表所能提供的偿债能力指标和利润指标。

（3）当代的绩效考核方法——EVA和BSC。20世纪90年代是企业绩效考核方法发生重大变革的时期，这一阶段出现了以价值为标准的现代企业绩效考核方法，EVA管理系统和以BSC战略管理系统为代表的融入非财务指标的企业绩效考核方法。

2. 中国企业绩效考核的四个阶段

新中国成立以来，我国国有企业绩效考核大致可以分为以下四个阶段：

（1）实物量考核阶段。从新中国成立到20世纪70年代末期，国有企业考核方法以实物量考核为主，政府考核企业业绩采用的办法就是对照指令性计划，考核企业的产品产量、质量以及节约降耗与安全生产。

（2）产值和利润考核阶段。从20世纪70年代末到80年代后期，国有企业考核以产值和利润为主。1977年国家计委确立了产品产量、品种质量、原材料、燃料动力消耗、流动资金、成本、利润和劳动生产率八项指标。1988

年，国家几部委联合发布了劳动生产率、销售利润率、资金利税率等八项考核指标，但没有制定综合考核方法，因此这八项指标并没有在企业考核工作中真正得到贯彻。

（3）投资利润率考核阶段。20世纪90年代，我国开始探索建立以投资报酬率为核心的企业业绩评价方法体系。1991年提出了在工业企业的考核上，要淡化产值指标，强化效益指标。1992年制定了考核工业企业经济效益的6项指标。1993年财政部确立了从偿债能力、营运能力和盈利能力三个方面来评价企业的财务状况和经营成果。1995年财政部公布了一套10项指标的企业经济效益评价指标体系。1997年将6项指标调整为7项指标，重新分配了各项指标的权数，规定以前4年的全部平均值为评价标准。

（4）综合考核阶段。1999年，财政部、国家经贸委、人事部、国家计委联合颁布了《国有资本金绩效评价规则》及其操作细则，标志着新型企业绩效评价体系和评价制度在我国开始初步建立。该体系包括8项基本指标、16项修正指标和8项评议指标，分别从财务效益状况、资产运营状况、偿债能力状况和发展能力状况四个方面，对企业业绩进行了综合评价。2000年对1999年的规划进行了修订，修订后的操作细则，将指标总数从38项精简为32项。

（二）企业绩效考核的特点

1. 企业绩效考核体系特点

企业绩效考核体系是指，由一系列与绩效考核相关的考核制度、考核指标体系、考核方法、考核标准以及考核机构等形成的有机整体。企业绩效考核体系的特点如下：

（1）考核主体的多元化和社会化。随着企业绩效考核主体的日益增多，不但投资者、债权人和管理者要了解企业的绩效状况，企业的其他利害关系人（如政府、社会公众、客户、供应商等），也要了解企业的业绩状况。因此，形成了考核主体的多元化。同时，为了保证考核结果的客观公正，越来越多地委托社会专门的评价机构或中介机构进行考核，形成了评价机构的专门化和社会化。

（2）财务评价与非财务评价相结合，从目前的理论和实践来看，完整的企业考核系统除了财务评价以外，还包括一些比较典型的非财务指标，如市场占有率、产品品质、交货效率和可信赖度、敏感性、员工满意度和积极性、创新能力和技术领先地位、顾客满意度。

（3）结果考核与过程、趋势考核相结合。把静态的结果考核和动态的过程考核及趋势考核相结合，以实现实时控制，自动提供解决方案，发挥业绩考核的导向作用。通过趋势考核来引导企业、管理者和雇员的行为。

（4）更加重视企业的可持续发展能力的考核。企业与环境的动态适应能力，成为企业绩效考核新的切入点，将可持续发展水平作为企业绩效考核的重要内容，包括企业社会贡献的计价、企业纳税、安排就业、提供的社会公益、企业与环境的和谐度、企业环境保护、资源耗费等方面的评价。

（5）考核方法的多样化和考核手段的现代化。现代企业绩效评价形成了差额评价法、增量评价法、MBO业绩评价法、经济价值评价法（EVA）、方案比较法等多种考核方法，大量使用了AHP分析技术、比率分析技术、统计分析技术、PARETO有效求解技术、综合评价技术、神经网络法技术、多目标决策法技术等考核技术。

2. 指标体系特点

（1）以财务效益状况为企业绩效考核的核心内容。企业绩效考核包括企业经济效益和经营者业绩的考核，主要体现在企业的财务效益状况上，重点反映了企业的财务效益状况，推动企业提高经营管理水平。

（2）采用多方面、多层次指标体系和多因素分析方法。企业绩效考核内容主要包括财务效益、资产营运、偿债能力和发展能力四个方面，各个方面分别设计相应的考核指标，通过层层深入分析，使企业绩效考核结果更接近实际水平，保证考核结果的真实可靠。

（3）定量分析和定性分析相结合。因为定量指标不可能涵盖影响企业绩效的所有因素，通过定性指标的设计来考察对企业经营绩效有直接影响却又难以统一量化的各种非计量因素。

（4）评价各环节操作实现计算机化。现代计算机和网络技术的发展，为企业绩效考核提供了强有力的技术支持。

（三）企业绩效考核方法的选择

（1）不要拿来主义

各企业都有自己的特点，不要指望任何公司或专家给出一套拿来就可以直接使用的绩效考核方法，企业必须集众家所长、拓宽思路，吸取每一种观点的精华，然后根据自身情况建立适合自己的绩效考核体系。

（2）不要迷信某种考核方法。任何考核方法都有一定的使用前提和局限性，要针对不同的对象和考核目的，使用不同的考核方法，或综合运用所有考核方法中适用的部分。

（3）要素要适应企业环境。绩效考核体系不能独立运行，要依赖组织环境是否健康、配套制度是否完善等，如果没有领导的重视和支持、没有良好的企业文化氛围和高素质、敢于坚持原则的管理团队等相应的制度保障，再好的考核方法也难以发挥作用，考核也就失去了意义。

（4）要适合企业文化。外部的考核理念和考核方法，不一定适合公司，甚至自己企业建立的绩效考核体系仍然不一定适合企业内的每一个岗位。简单、关键且实用的考核方法就是好的考核方法，要建立适合本公司的绩效考核文化，使员工感受到企业对他的要求、鞭策、激励。

（四）企业绩效考核的作用

1. 行为导向作用

绩效考核使员工明确了工作目标和努力方向，并能将企业的发展战略目标和员工的具体工作目标结合起来。通过考核标准使员工了解工作的主要方向，避免出现在不知所措中忙碌，以致造成资源和精力的浪费。

2. 提高管理者的能力

绩效考核过程不仅关系到企业总目标的实现，而且通过绩效计划的完成程度的考核，也反映了管理者的管理水平和管理能力。通过绩效指标和绩效目标的设定，可以使管理者不再参与下级员工具体的工作行政事务，可以节省管理者对下级的行政指示和督导上所花费的时间。

3. 促进沟通

绩效考核过程，就是管理者和员工不断交流和沟通的过程，为上下级间建立正式的沟通渠道，加强管理者与被管理者之间的相互信任和理解。

4. 激励作用

管理者与下属之间经常性的沟通，不仅增强了下属对公司的认同感以及归属感，还有效调动了员工工作的积极性，而且会让不努力工作的员工无处藏身，进而保证企业每个层次的人员都能够努力有效地工作。

5. 为实施政策提供依据

绩效考核的目的不仅为了使员工顺利、有效地达成工作目标，而且考核结果可为薪酬、奖惩、福利、竞争、培训等政策的制定与实施提供科学可靠的依据。同时，通过考核找出员工的优劣等级和个人特征，为员工选拔晋升和降职淘汰提供依据，为优化企业的人力资源结构和配置提供依据。

二、公共部门绩效考核

20 世纪 80 年代以来，随着传统的官僚政治体制导致政府面临严重的财政危机、管理危机和公众信任危机，公共部门绩效考核受到了极大的重视和青睐。根据亚太经济合作组织的统计，20 世纪 90 年代以来，除英国、美国以外，加拿大、丹麦、芬兰、挪威、德国、法国、新西兰、荷兰、澳大利亚等国都广泛开展了公共部门绩效考核。

（一）公共部门绩效考核的发展历史

1. 公共部门绩效考核的历史发展阶段

公共部门绩效考核的理论和实践研究开始于第二次世界大战前后，盛行于 20 世纪七八十年代的英美等国，并在 20 世纪 90 年代得到较全面的发展。

（1）开始阶段。学术界的研究始于第二次世界大战期间。学者克莱伦·雷德和赫伯特·西蒙出版了《市政工作衡量：行政管理评价标准的调查》，标志着政府绩效考核研究的开端。1973 年，尼克松政府颁布了《联邦政府生产率测定方案》，使公共部门绩效考核得以系统化和规范化发展。1976 年，美国科罗拉多州通过了第一个《日落法》，规定了立法机关要定期审查各机构和方案，以消除或改造重叠的机构和效率低下的方案。到 1981 年，美国已经有 36 个州通过该项法律，政府绩效考核走上了法制化的轨道。

（2）全面推行阶段。20 世纪 80 年代，西方国家开始全面推行政府绩效考核。这个阶段的典型代表是英国。英国从 20 世纪 60 年代开始对公共部门生产力进行测定。到了 80 年代，在中央各部门进行了持续数年的大规模的"雷纳评审"。之后建立的"部长管理信息系统"和《财务管理新方案》，标志着公共部门绩效考核的正式推行，建立了较满意的绩效考核机制，政府各部门拟定的绩效考核指标也不断翻新。

（3）鼎盛时期。20 世纪 90 年代，公共部门绩效考核在西方国家达到鼎盛时期。1993 年，美国政府成立了全国绩效审查委员会，目标在于降低政府开支，提高办事效率。随后公布的《政府绩效与结果法案》，是政府绩效考核达到高潮的标志。它要求将绩效考核制度在联邦政府层级制度化，要求联邦机构制定如何为美国人民提高产品和服务质量的战略规划和绩效考核制度，所有的联邦机构发展和使用绩效考核技术，并向公众报告自己的绩效状况。绩效考核的侧重点是公共服务的质量和效益。

2. 西方发达国家公共部门绩效考核实践

（1）英国公共部门绩效考核的实践

英国政府从20世纪60年代开始，就对公共部门生产力进行测定。1979—1985年，英国政府绩效考核的侧重点是经济和效率，追求的是投入产出比的最大化，即政府公共部门行政的最低成本开支。这一时期，英国政府主要通过采取一系列的改革、评估方案来对公共部门进行绩效考核，如"雷纳评审""部长管理信息系统"和《财务管理新方案》。1986年开始，公共部门绩效考核经历了侧重点的转移。效益、"顾客满意"和质量被提到了重要地位，这一时期绩效考核的侧重点是公共服务的质量和效益，其过程也更加规范化、系统化。

（2）美国公共部门的绩效考核实践

美国是世界上最早开展政府绩效审计的国家，早在20世纪60年代，美国总审计办公室提出了经济性、效率性、效果性审计，即"三E审计"。美国政府开展大规模的公共部门绩效考核，开始于20世纪70年代初期，力图使公共部门绩效考核系统化、规范化、经常化。20世纪80年代，美国政府成立了全国绩效考核委员会，主要对政府的行政过程与效率、行动措施与政府服务的品质进行全面考核，提出改革建议和方案。1993年，美国要求政府部门，为顾客提供选择公共服务的资源和选择服务供给的手段。

（3）其他发达国家公共部门绩效考核的实践

除了英国和美国以外，许多西方发达国家都将绩效考核作为政府改革的一个重要组成部分，纷纷推出各自的公共部门绩效考核措施，或者在相关法案、计划中强调行政绩效的衡量与评估。例如，德国的"新型治理模式""行政弹性时间"、法国的"行政现代化政策"、荷兰的"行政自动化改革"、瑞士与奥地利的"新公共管理改革运动"、加拿大的"2005年新文官制"计划、澳大利亚的"文官改革法"和"公共服务法"、新西兰的"行政文化重整运动""迈向2010年计划"等，以此来提高政府效率和服务质量。

3. 我国公共部门绩效考核现状

（1）我国公共部门绩效考核发展阶段。按照是否有固定的考核模式和是否定期进行考核,我国政府开展公共部门绩效考核可以分为三个阶段。20世纪80年代初到90年代初属于起步阶段,特点是粗放型的部门考核。当时组织绩效还没有成为政府部门的行政理念,对部门进行考核的指标、考核时间,具有很大的随意性。往往与其他考核,如干部考核混在一起。20世纪80年代常见的大检查、大评比、专项调查等,就是这一阶段考核的主要形式。20世纪90年代初到90年代中后期是绩效考核探索发展的阶段,其中包括普适性的政府机关绩效考核,也包括许多具体行业的组织绩效考核。20世纪90年代末,绩效考核作为一种有效的管理工具,已经为大多数政府部门所接受。一些部门和地方政府开始探索绩效考核体系的建构,其特征是采用系统的绩效考核指标体系,对特定的考核对象进行定期考核,也开始出现一些由外部考核主体对政府工作绩效进行考核的尝试。我国的公共部门绩效考核模式主要有:与目标责任制相结合的模式、公共部门绩效考核与社会服务承诺制相结合的模式、公共部门绩效考核与效能监察相结合的模式、公共部门绩效考核与效能建设相结合的模式、公共部门绩效考核与行风评议相结合的模式。

(2)我国公共部门绩效考核取得的成绩。我国公共部门绩效考核在理论研究方面虽然起步较晚,但发展速度较快,主要集中在政策科学和经济学两大学科领域。相对而言,经济学领域的研究较为系统,也开发出了一些新的考核工具。实践方面已取得一定经验,陆续开展了一些针对政府政策、发展规划、计划等项目的评估工作,建立了评估管理部门,已出现一些专门评估机构。开展公共部门绩效考核的氛围正在形成。社会主义市场经济体制目标的确立和政治体制改革步伐的加快,为政府绩效考核提供了基本的政治环境和良好的民主环境,公众参与国家管理的积极性日益增强。把政府绩效考核视为了解、参与、监督政府工作的新途径,公务员对自身的绩效考核也很关注。

(3)我国目前公共部门绩效考核存在的主要问题。我国目前公共部门绩效考核中存在的主要问题有:公共部门绩效考核的理论和实践研究不足;公共部门绩效考核的规范化程度不足;公共部门绩效考核指标体系权重设置不合理;绩效考核技术上的问题;绩效考核结果带有较强的主观性和不公正性等。

(二)公共部门绩效与绩效考核概述

1. 公共部门绩效与绩效考核的含义

公共部门绩效是指,公共部门在积极履行公共责任的过程中,在讲究内部管理与外部效应、数量与质量、经济因素与伦理政治因素、刚性规范与柔性机制相统一的基础上，获得公共产出最大化。公共部门绩效不仅体现在实效、速度、理想的投入产出比，更主要的是体现在公共部门多元目标的实现上，是数量和质量的统一，是价值和功效的统一，是一个包含多元目标在内的概念。

公共部门绩效考核主要包括两个方面：一是对结果本身的评估，体现了公共责任的管理理念；二是对政府与公共关系的评估，政府管理活动必须以公众为中心，政府的公共服务不仅要体现公众需求的回应力，更要重视管理活动的产出、效率与质量。

2. 公共部门绩效考核的层次

公共部门绩效考核可分为三个层次，微观层面是对公共部门工作人员工作业绩、贡献的认定；中观层面是政府分支的各部门如何履行其被授权的职能，如政策制定执行的效果，项目管理实施的状况和影响，给公众提供服务的数量、质量等；宏观层面是整个公共部门和政府绩效的测评，政府为满足社会和公众的需求所履行的职能。包括政治的民主与稳定，经济的健康、稳定与快速发展，人们生活水平和生活质量的持续提高，社会公正与平等，国家安全和社会秩序的建立，精神文明的提高等方面。

3. 公共部门绩效考核的类型

根据不同的来源，可以将多样化的公共部门绩效考核分为不同的种类。

（1）内部考核和外部考核。内部考核最大优点在于评估的主体本身就是公共部门内部的决策者、管理者和工作人员。外部考核更为客观，更有可能质疑组织的基本前提，会对手头研究的问题花费更多的时间，更容易成为有效的调停者。因此，外部考核被广泛地应用。但外部考核也存在获取资料困难的问题。

（2）个人绩效考核和组织绩效考核。依据考核对象的不同可以分为个人绩效考核和组织绩效考核。由于个人绩效考核的历史悠久，其在方法技术上以及流程设计和指标构建上都发展得比较完善。组织绩效考核，微观层面上是对政府分支的各个部门如何履行被授权的职能的测评；宏观层面上是对整个公共部门绩效的考核。组织行为较之雇员的个人行为，具有复杂多面与难以界定等特点，因而组织绩效考核难度相对较大。其科学性、规范化与制度化程度尚有待进一步提高。

(3) 依据考核目标的不同可以分为：管理与改进型考核、责任与控制型考核和节约开支型考核。各国进行绩效考核时，通常都具有这三个目标，但对不同考核目标的重视程度不同。

（三）公共部门绩效考核体系

1. 公共部门绩效考核体系的构成要素

（1）公共部门绩效考核的目标。根据考核的侧重点不同，考核可以具体分为以下三种目标：以提高组织绩效为目标的绩效考核；以资源配置为目标的绩效考核；以节约成本为目标的绩效考核。要实现这些绩效考核的目标，就需要制定步骤清晰的计划时间表，建立绩效追踪和控制系统，设计出能有效评价成功与否的考核指标体系，并且不断地对组织绩效进行评价和分析。

（2）公共部门绩效考核的原则。公共部门绩效考核的基本原则包括经济性原则、效率原则、效果原则和公平原则。强调对各项投入做最经济的利用，在投入、产出与结果之间进行衡量，重视接受公共服务的团体或个人所关心的公正性问题。

（3）公共部门绩效考核的制度安排。第一，考核中各部门的地位和角色的安排。要保障绩效考核机构的地位和权威，使考核机构具有相应的权力和独立性，是考核顺利进行的一个前提条件。第二，制度化建设。加强绩效考核方面的立法，依靠法律的力量来加强绩效考核的开展，做到依法考核，为绩效考核的进行提供一种制度保障。如建设绩效考核的申诉制度，通过国家立法或国家行政立法对绩效目标的规定，绩效考核把政府公共管理活动对法律负责、对行为结果负责、对社会公众负责统一在一起。第三，绩效考核信息的审核和使用制度。绩效资料和信息的审核一般需要专门的机构来管理，审核内容包括审核指标体系选择的适当和有效性，资料收集和加工的可靠性，资料信息的准确性和完整性，用于评价的标准、对结果解释和评估信息与决策的相关程度等。绩效考核信息，可以用于三个方面：利用绩效信息检验组织是否达到原先设定的目标；利用绩效信息来进行绩效预算的操作；在组织和个人层面上，利用绩效考核信息，对个人和组织进行绩效激励。

2. 公共部门绩效考核指标体系

公共部门的绩效考核是一个完整的系统，包括对政府预算的绩效考核、政府人力资源的绩效考核、政府组织和文化的绩效考核，以及对政府采购的绩效考核。由于绩效考核体系中各方面评估的侧重点不同，其指标也必然有所差异。

（1）绩效考核指标。第一，不同工作内容的绩效考核指标。绩效考核指标的选取应该围绕该机构的性质与工作目标，至少涵盖政府部门工作程序上的关键步骤，以及对工作最具影响的不确定因素，既包括对较为固定的日常工作的衡量，也包括对特色工作的衡量。第二，不同类型的政府部门绩效考核指标。主要有外部和内部两个指标。外部绩效考核指标主要有投入、产出、结果、满意度、质量、效率、成本——效益指标；内部绩效考核指标，主要有纪律性、投入、程序改进和内部工作人员满意度指标等。

（2）衡量标准。衡量政府绩效的标准主要有以下五个方面：第一，经济性指标，主要包括 GDP 的增长率、财政收入目标等宏观指标；政府部门向公众提供服务时的态度好坏、收费合理与否、办事效率高低等方面的服务质量评价；政府履行职能时所占用和耗费的资源及程度。第二，公平性标准，政府的某一行政行为实施以后，与该行政行为有关的社会资源、成本的分配以及利益是否公平，这是衡量政府绩效优劣的一项重要标准。只有当政府的行政行为既实现了整体经济效益和社会效益，又实现了社会公平合理，政府的行政行为才算取得了较好的绩效。第三，稳定性标准，政府在公共管理行为中所颁布并实施的各项政策、法规要在一定时期内基本保持不变。如政府的政策法规频繁变动，会导致政府成本增加和资源浪费，导致整个政府政策体系结构失衡，导致社会中一些非正式秩序的产生，进而影响社会稳定。第四、公开性标准，政府行政行为的透明度高低，公众的民主参与程度是衡量政府绩效的重要标准。只有大力提高政府行为的透明度和公开性，扩大公众参与和公众监督，政府的行政行为才符合公众意愿，才算是有效的。第五，政策回应性标准，一项政策实施后，即使其效益、效率都比较高，公正程度也比较好，但政策作用的客体认为它对于满足自己的需求并不是效果很好。这项政策显然也不能称之为绩效水平高的政策。只有当政府行为实施的结果，真正满足了公众的需要，得到了公众的认可，政府才算是最有绩效的。

3. 公共部门绩效考核的实施

（1）考核主体的选择。第一，考核主体应具备的条件。具有较高的政治素质，熟悉国家和相关部门的方针、政策；具有基本的公共管理、财务会计、数学统计及法律等方面的专业知识；熟悉公共部门绩效考核指标体系，较强的综合分析能力和组织协调能力；坚持原则，清正廉洁，秉公办案，办事公正，公道正派；由于评估的信息化发展趋势需要具备基本的计算机专业知识。第二，考核主体构成。一般而言，公共部门绩效考核主体结构至少应包括综合评估组织、直管领导、公众或行政相对人、自我评估主体以及特定评估主体等。

（2）考核信息的收集。要做到信息资料能够准确、客观和全面地反映政府公共部门的管理绩效、社会效果和公共管理过程中所存在的问题，信息资料的收集就必须真实、客观与全面。公共部门绩效考核中搜集信息的方法主要有以下几种：第一，利用官方的记录。利用官方记录的最大好处就是费用很低，因为资料是现成的，不需要再花时间花钱去收集。但是，很多官方记录不能直接用于绩效考核，需要做某些修正才能使用，同时要判断资料的准确性。第二，培训观测者的方法。这种方法是对观测者进行培训，让他们对服务的质量做出评价。这种方法尤其适合于物理性的质量品质考核。如果考核程序很简单的话，一般的公务员和大学生就可以担当。复杂的评估则需要专门的人员。一些本来就是从事检查工作的人，他们就可以是质量观测者。第三，工作标准方法。工作标准需要观测者利用机构的记录信息，并采用一定的技术方法制定出来。观测者或分析家根据分析确定工作标准，即确定产生某一单位的服务应该耗费多少时间。工作标准的确定是在现有设备和人员的情况下，在能使用的最好的方法的基础上产生的。工程师、方法分析家或其他培训过的观测者，都是工作标准的制定者。第四，公众—顾客意见调查。公众意见调查，通常使用问卷调查的形式获得相关的资料。有些公共部门绩效的衡量需要借助特定的设备来获得资料，如空气、水、噪音、污染等的测定。在获得相关的技术数据后，还应将它们转化成人们普遍能理解的概念。

（3）考核结果的应用。通过绩效考核的实施和结果分析，可以知道公共部门一定时期的工作成绩和不足。这时就应该高度重视绩效考核结果的应用，凭借具有影响力的考核结果来提高公共部门的绩效。第一，考核结果可以作为上级部门对被考核部门奖惩的依据。明确的考核结果是奖惩的基础，明确的奖惩也是推动绩效考核的动力，同时这也是上级部门和监督部门对被考核部门的一种监督手段，可以很好地了解部门的状况，监督其工作开展情况。第二，有利于被考核部门总结过去的成绩和不足。思索现在、计划未来，在理性反思的基础上，做出客观的判断，科学地规划和决策未来的计划和行动，这有助于赢得社会的支持和部门的信誉，因为它向社会展示公共部门为提高绩效而做出的不懈努力，表明了政府在工作改善中所付出的努力，也是实践了政府向公众负责的观念。只有政府与公众形成一种双方互相信任的关系，并产生良好的互动，才能为政府开展好工作提供前提和基础。第三，通过定期、有选择地发布考核的结果，进而推动公众对公共部门的监督。把公共部门在各方面的表现情况做出全面的、科学的描述并公之于众，无疑有助于公众了解、监督和参与公共部门的工作。公众作为政府工作的最终承担者，政府每一项决策的做出都可能影响其日常生活。因而，只有将政府的工作处于公众的监督之下，公众的切身利益才能得到保障。将考核结果进行公布并比较，会对政府形成一种压力，是公众进行监督的有效途径之一。

三、非营利组织绩效考核

非营利组织是指那些不以营利为主要目的，而是旨在通过努力，完成某项事业或使命的组织。在我国非营利组织主要有两大类：一类是群众团体组织；另一类是事业型组织，包括学校、医院、图书馆、新闻媒体、出版社、文艺团体、科研院所及体育机构等。非营利组织的共同的特征是组织性、独立性、自愿性和没分配利润。

（一）非营利组织考核发展历史

1. 国外非营利组织绩效考核发展状况

对于非营利组织评估问题的关注，始于20世纪90年代初期，非营利卫生和公共事业机构就普遍关注衡量财务责任、项目产品或产出、提供的服务的质量标准、人口统计学指标和其他参与者指标，以及效率顾客满意度等。美国、英国、日本、菲律宾、印度等国家，先后建立了许多半官方或民间的中介性或学术性的评估机构，采用定量和定性相结合的指标体系，定期或不定期对非营利组织进行包括绩效、项目、组织管理和综合能力等在内的各种评估，通过中介组织或学术团体开展的评估，逐步形成对非营利性组织开展科学评析和公示的机制，也成为政府加强监督管理的重要辅助手段之一。

例如，在美国联合协会的指导下，美国许多全国性的卫生和公共事业方面的非营利组织，比如美国癌症协会、美国盲人基金会、美国大哥大姐协会、女孩联合会、美国女童子军、美国男童子军、国际友好工业协会、美国红十字会以及美国基督教青年会等，这些非营利组织都广泛地参与到对结果的考核中。这些组织通过开展这方面的研究，设计开发和使用考核系统，以及通过提供资源和协助来帮助他们的分支机构和会员去考核他们自己的绩效，促使绩效考核得到了普遍的运用。

2. 我国非营利组织及绩效考核现状

我国的非营利组织兴起时间较晚，非营利组织的概念界定与西方国家还有一定的差异，非营利组织绩效考核在我国还没有得到足够的重视，目前还处于起步阶段。

（1）我国非营利组织绩效考核大致形成共识。目前非营利组织种类繁多，不同类别的非营利组织的绩效考核内容、形式尽管不完全相同，但基本上都建立了考核指标体系或模型框架，绩效考核的实践进程并不统一。如1996年，我国青少年发展基金会委托中国科技促进发展会对"希望工程"进行绩效考核，1999年，中国社会科学院社会政策研究中心等机构对上海罗山会馆进行的绩效考核等。

（2）评价标准渐趋成熟。对不同类型的非营利组织，选举不同的绩效考核标准。对同一个非营利组织内部的不同人员进行绩效考核，由关注"过去"的绩效考核，转向关注"发展"的绩效考核，关注组织使命与员工岗位工作的关联性、绩效合同、绩效完成过程及绩效结果。

（3）非营利组织绩效考核方法多属定性描述。目前我国对非营利组织绩效考核方法主要有三种：一是对非营利组织绩效的相关要素的定性描述，采取诸如平衡计分卡之类的方法。例如，国家或地区经济发达程度、社会文明程度、政治开放程度、法律完善程度的测定。二是对非营利组织运作效率、效益与成本的定量测度与评估。这方面可以有数据的计算，但这种计算也只有相对意义。三是对非营利组织的认同性的定性定量综合评价。这是非营利组织绩效考核的特殊之处、亮点所在。

（二）非营利组织绩效考核概述

1. 非营利组织绩效和绩效考核的内涵

对于非营利组织而言，其绩效是指非营利组织作为一个整体，在管理和服务等行为中所取得的业绩、成就和影响等。非营利组织绩效考核即指运用科学的标准、方法和程序，根据管理效率、服务质量、公共责任、公众满意度等方面的判断，对非营利组织在公共管理过程中投入、产出、最终结果所体现出来的绩效进行评定和认可。

2. 非营利组织绩效考核的内容

(1) 财务实力评价

分析财务实力,不仅要看财务状况表提供的信息,还应分析业务活动表中组织的收入、支出、基金余额的变动情况,以及现金流量表中组织各项活动的现金流情况。在规模不同的非营利组织之间进行财务实力的对比时,还要排除规模因素的影响。

(2) 运营绩效评价

运营绩效的衡量由最初的主要看成本数据,逐渐转向注重效率与效益。与企业不同的是,非营利组织的差额效益更多体现的是非经济效益、个人经济效益,以及由于外部性所产生的社会经济效益。

(3) 风险评价

风险评价建立在财务数据的基础上,主要是筹资、投资、资金运营中财务问题的综合反应,最终体现在资金方面,包括当前存在的支付困难与将来可能出现的支付困难。

(4) 发展潜力评价

发展潜力反映非营利组织可持续性发展的能力,主要依托于非营利组织不断扩张的资金来源。一般可用组织持续发展能力的指标来替代,增长率指标与财务实力、财务运营绩效、财务风险的衡量指标重合度小,而且可靠性较强。

(二) 非营利组织绩效考核体系

1. 非营利组织绩效考核体系的构建原则

(1) 客观性、科学性原则。如果没有科学性、客观性,作为建立绩效考核体系的前提条件,那么绩效考核得到的结果也就毫无意义,就不会起到作用,只会浪费考核资源。

(2) 可操作性原则。如果建立的考核指标脱离了实际,不具有可操作性,那么同样的进行绩效考核也不具有任何意义。

(3) 公开化、明确化原则。非营利组织中的绩效考核的标准、程序以及结果都要明确、公开,让被考核的人员做到真正地理解绩效。考核公开化、明确化是保证其得到可信结果的基础。

(4) 反馈原则。考核结果必须反馈,让被考核者知道,以便他们及时发现自身的不足，不断学习，提高工作效率。只有及时地、经常地反馈，才能保证员工对绩效考核的积极态度。

2. 非营利组织绩效考核指标体系

非营利组织绩效考核指标体系主要集中在定性指标上，大体可以分为三大类：

（1）工作态度考核指标。在非营利组织中较为重视的是员工的工作态度，因为组织提供给社会的主要是服务，一般都无法用量化的指标来衡量服务质量的优劣，只能由享受服务的客户来表现是否满意。一个员工能否为组织做出贡献，能够做出多大的贡献，在很大程度上要受他对本职工作态度的影响。

（2）工作能力考核指标。只有好的工作态度，没有较强的工作能力，也是不能为组织、为社会做出贡献的。工作能力是工作绩效的根本源泉。

（3）工作业绩考核指标。工作业绩考核是建立在事实的基础上，结果一目了然，是考核中最具客观性的因素，是对组织和员工绩效结果的直接衡量。

3. 非营利组织绩效考核方法

（1）趋势分析法。这是最常见的方法，是指通过关键指标来观察当前的绩效水平，以及该水平的发展趋势，然后建立有利于合理改进当前绩效的目标。

（2）生产功能法。在既定的系统中分析服务传递的过程，考核生产能力并决定可以合理期望的绩效水平。这种方法对一个生产过程的产出目标尤为有效。

（3）标杆方法。即通过与其他机构相似的绩效比较，为建立适当的绩效目标提供信息帮助。与其他组织进行绩效比较的方法，可以帮助我们识别出公共服务产品的标准，从而利用其他绩效标准来为本项目或本机构设立绩效目标。

（四）非营利组织绩效考核存在的问题和发展趋势

1. 非营利组织绩效考核存在的主要问题

我国非营利组织绩效考核在取得长足进步的同时，也显示出诸多不足。从总体上来讲，对非营利组织机构和研究的深度、广度较为有限。

（1）观念滞后。我国非营利组织理论研究尚处于起步阶段，学术界对非营利组织研究产生兴趣也是近几年的事情，且多从社会学、政治学、国际问题等角度进行研究。从经济学、管理学角度进行研究的少之又少，缺乏绩效管理研究项目。

（2）手段落后。美国等西方发达国家非营利组织发展已经进入成熟期，理论研究已应用到多学科研究分析方法。而我国目前非营利组织绩效考核，缺少定量化、模型化研究。由于缺乏恰当的方法，绩效考核在实践中所起的作用，就会低于人们对他的期望。

（3）偏重个案。从现有的一些研究成果来看，我国对非营利组织的研究包括绩效研究，主要是一些理论推断加个案分析。我国绝大部分非营利组织资料难以公开，这就极大地限制了研究者的研究深度，迫使他们只能从理论到理论，只能做一些个案分析。而个案分析缺乏全面的、系统的、整体的把握，导致普遍适用性不高。

2. 非营利组织绩效考核的发展趋势

（1）制度创新。在宏观制度层面上，应当完善非营利组织的管理制度，清晰界定非营利组织的组织边界；公开数据资料，尤其是财务数据，建立全国性的非营利组织数据网络平台，强化社会监督、公众监督和舆论监督，实现政府从管理到治理到善治的变革，为非营利组织发展创造一个良好的制度环境。积极发展第三方的非营利组织评估机构，用非营利组织管理非营利组织。在微观制度层面上，需要加强非营利组织自身的制度建设力度，如规范运作机制，健全治理结构，创新激励约束机制，薪酬设计模式，早日走上规范化发展路径，为绩效考核提供制度支撑。

（2）方法集成。学习发达国家非营利组织研究的先进方法和手段，引进定量分析手段，如模糊评价、DEA分析技术、层次分析法等，鼓励多学科研究，有机集成多种方法，集中研究；同时强调分类研究，对不同类型的非营利组织，开发不同的绩效考核系统。

（3）内容创新。应更多地关注包括非营利组织政治绩效、流程绩效、服务绩效、财务绩效等在内的综合绩效，尽量降低绩效指标设计与选择过程中所蕴含的潜在风险，更多地关注非营利组织绩效与建设和谐社会、实现社会和谐之间的关系。

（4）能力建设。加强非营利组织能力建设，实际上就是加强评估组织自身绩效的能力，强调从内部考核角度入手提高组织绩效。非营利组织能力建设是一个系统方案，包括组织使命的合理分解能力、合理设定目标的能力、募集资金能力、资源整合能力、设计多种薪酬标准能力、吸引高素质员工，包括志愿工作者的能力、公开组织内部信息的能力、提高产品和服务质量的能力等。

第六章 绩效反馈与考核结果的应用

绩效面谈与绩效反馈的重要性长期以来都被忽视，如果不将考核结果反馈给被考核的员工，考核将失去极为重要的鼓励、奖励和培训的功能。因此，绩效反馈对绩效管理起着至关重要的作用。绩效反馈是绩效管理过程中的一个重要环节。它主要通过考核者与被考核者之间的沟通，就被考核者在考核期内的绩效情况进行反馈，在肯定成绩的同时，找出不足，并加以改进。

根据不同的分类依据，绩效反馈有不同的分类方式。绩效反馈一般通过语言沟通、暗示及奖励等方式进行。根据被考核者的参与程度分为三种方式：指令式、指导式、授权式。绩效面谈是绩效反馈中的一种正式沟通方式，是绩效反馈的主要形式。正确的绩效面谈，是保证绩效反馈顺利进行的基础，是绩效发挥反馈作用的保障。绩效面谈的内容，主要包括工作业绩、行为表现、改进措施和新的目标四个主要方面。绩效面谈中，要注意采用适当的策略，根据不同类型的员工，选择最为有效的方法进行面谈。

尽管在进行绩效面谈时所面临的问题和困惑不尽相同，但是大都可以通过汉堡法和 BEST 法来改进绩效面谈的效果。绩效反馈面谈后，主管需要对效果进行评估，以便调整绩效反馈面谈的方式，取得更好的面谈效果。针对管理人员和员工在绩效反馈后出现的问题，我们提出改进绩效反馈的措施，主要从强化管理者素质，注重沟通方法技巧等方面，来提高绩效反馈的效率与效果。

绩效反馈之后，接下来需要管理人员运用绩效考核结果来实现员工和组织的发展目标。绩效考核结果的应用要遵循一些原则来完成，如以人为本，促进员工的职业发展；将员工个体和组织紧密联系起来，促进员工与组织共同成长和发展；统筹兼顾，综合运用，为人事决策提供科学依据。目前，绩效考核结果应用中出现了很多问题，这些问题影响了绩效管理整体效果的提升，如绩效评价结果反馈不及时或没有反馈；绩效评价与员工的切身利益结合不紧密；员工的绩效评价与员工培训和个人发展没有很好结合；绩效考核结果应用方式单一，缺乏绩效管理的有效手段；绩效考核结果应用形式化倾向严重等。绩效考核结果被广泛应用到人力资源管理的不同方面，如绩效改进、薪酬奖金分配、员工职业生涯发展等。

绩效改进是这样的一个过程：首先，要分析员工的绩效考核结果，找出员工绩效中存在的问题；要针对存在的问题，制定合理的绩效改进，并确保员工能够有效地实施。绩效改进是绩效考核的后续工作，是为了帮助下属改进绩效和提升能力，它与完成管理任务一样，都是管理者义不容辞的责任。薪酬奖金分配是绩效考核结果的一种非常普遍的用途。不同的组织，所采用的薪酬体系也有所不同，甚至存在很大差异。但薪酬体系基本可以分为两大类，即固定部分和动态部分。岗位工资、级别工资决定了员工薪酬中的固定部分，而绩效则决定了薪酬中变动的部分，如绩效工资、奖金等。员工职业发展是关注员工长远发展的一个计划。绩效评价结果与员工职业发展结合起来，可以实现员工发展与部门发展的有机结合，达到本部门人力资源需求与员工职业生涯需求之间的平衡，创造一个高效率的工作环境。

第一节 绩效反馈概述

绩效反馈是绩效管理的最后一步，是由员工和管理人员一起，回顾和讨论考核的结果。如果不将考核结果反馈给被考核的员工，考核将失去极为重要的激励、奖惩和培训的功能。因此，绩效反馈对绩效管理起着至关重要的作用。

一、绩效反馈的含义与作用

（一）绩效反馈的含义

组织行为学的研究发现，运用反馈来改善组织绩效可以追溯到20世纪70年代。此后，绩效反馈就一直被运用于组织管理实践中以改善绩效，反馈运用的成功性与普遍性不容置疑。但是关于反馈这个术语的含义，却一直没有定论。学术界都认为，反馈是一个双向的动态过程，由反馈源、所传送的反馈信息、反馈接受者三部分组成。由此，我们认为绩效反馈是绩效管理过程中的一个重要环节。它主要通过考核者与被考核者之间的沟通，就被考核者在考核周期内的绩效情况进行反馈，在肯定成绩的同时，找出不足并加以改进。被考核者可以在绩效反馈过程中对考核者的考核结果予以认同，有异议的可以向组织高层提出申诉,最终使绩效考核结果得到认可。

(二) 绩效反馈的作用

有效的绩效反馈,对绩效管理起着至关重要的作用,如果不将考核结果反馈给被考核的员工,考核将失去极为重要的激励、奖惩和培训的功能,而且其公平和公正性难以得到保证。

(1) 绩效反馈在考核者和被考核者之间架起了一座沟通的桥梁,使考核公开化,确保考核的公平和公正

由于绩效考核与被考核者的切身利益息息相关,考核结果的公正性就成为人们关心的焦点。而考核过程是考核者的施动行为,考核者不可避免地会掺杂自己的主观意识,导致公正性不能完全依靠制度的改善来实现。绩效反馈较好地解决了这个矛盾,它不仅让被考核者成为主动因素,更赋予了其一定权利,使被考核者拥有知情权和发言权。同时,通过程序化的绩效申诉,有效降低了考核过程中不公平因素所带来的负面效应,在被考核者与考核者之间找到了平衡点,对整个绩效管理体系的完善起到了积极作用。

(2) 绩效反馈是提高绩效的保证

绩效考核结束后,被考核者接到考核结果通知单时,在很大程度上并不了解考核结果的来由,这时就需要考核者就考核的全过程,特别是对被考核者的绩效情况进行详细介绍,指出被考核者的优缺点。另外,考核者还需要对被考核者的绩效提出改进建议。

(3) 绩效反馈可以排除目标冲突,有利于增强组织的核心竞争力

任何一个团队都存在两个目标,即组织目标和个体目标。组织目标和个体目标的一致,能够促进组织的不断进步,反之则会产生负面影响。在这两者之间,组织目标占主导地位,它要求个体目标处于服从的地位。有效的绩效反馈,可以通过对绩效考核过程及结果的探讨,发现个体目标中的不和谐因素,借助组织中的激励手段,促使个体目标朝着组织目标方向发展,使组织目标和个体目标达成一致。

二、绩效反馈的形式

(一) 绩效反馈的分类方法

依据不同的分类标准,分类的具体内容也会完全不同。绩效反馈主要有

以下几种分类标准。

1. 按照反馈方式分类

绩效反馈一般通过语言沟通、暗示及奖励等方式进行。语言沟通是指考核人将绩效考核通过口头或书面的形式反馈给被考核者,对其良好的绩效加以肯定,对其不良业绩予以批评。暗示方式是指考核者以间接的形式(如上级对下级的亲疏)对被考核者的绩效予以肯定或否定。奖惩方式是指通过货币(如加薪、奖金或罚款)及非货币(如提升、嘉奖或降级)形式,对被考核者的绩效进行反馈。在绩效反馈中,奖惩方式对激励的影响最为直接,它用物质的或非物质的手段刺激与强化被考核者的行为。语言沟通可满足被考核者一定的精神需要(当他的成绩被肯定时),在负激励时可起到一定的缓冲作用(不是一棍子打死)。而且沟通能使双方彼此了解对方的意图,避免了激励不对称。但相比而言,由于被评价人得不到实惠,也没失去既得利益,激励的强度就显得较弱。暗示方式则更为间接,对被评价人不满时,采用暗示方式可能会维持其一定的自尊心,以促使其自觉改正(但这对于不自觉者无效)。暗示方式的不足是容易引起误解,有些当事人会假装没有收到反馈,因此暗示方式的激励效果或许最弱。在肯定被评价人的成绩时,采用前两种方式更为有效。

2. 按反馈中被考核者的参与程度分类

绩效反馈根据被考核者的参与程度分为三种:指令式、指导式、授权式。指令式是最接近传统的反馈模式。对大多数管理者来说,他们最习惯这种方式。其主要特点是管理者只告诉员工,他们所做的哪些是对的,哪些是错的?他们应该做什么?下次应该做什么?他们为什么应该这样做,而不应该那样做?在这种方式下,员工的任务是听、学,然后按管理者的要求去做事情。一般而言,人们很容易对指令式持否定态度,因为它是以管理者为中心,而不是以员工为中心。指导式以教与问相结合为特点,这种方式同时以管理者和员工为中心,管理者对所反馈的内容更感兴趣。用指导式反馈同样的信息时,主管会不断地问员工,为什么认为事情做错了?是否知道怎样做得更好?在各种方法中你认为哪种最好?为什么?假如出现问题怎么办?这样,员工就能在对某事取得一致意见之前,与管理者一起探讨各自的方法。授权式的特点是以问为主,以教为辅,完全以员工为中心。管理者主要对员工回答的内容感兴趣,较少发表自己的观点,而且注重帮助员工独立地找到解决问题的办法。通过不断地提出问题,帮助员工进行探索和发现,这些问题与指导使所问的问题类似,但问题的内容更广泛、更深刻,也很少讲授。

3. 按反馈的内容和形式分类

内容和形式是决定一个事物的两个最主要的方面。采取何种反馈形式,在很大程度上决定着反馈的有效与否。根据反馈的内容和形式,绩效反馈分为正式反馈和非正式反馈两类。正式反馈是先计划和安排的,如定期的书面报告、面谈、有管理者参加的定期小组或团队会等。非正式反馈的形式也多种多样,如闲聊、走动式交谈等。

(二) 绩效面谈在绩效反馈形式中的重要地位

绩效面谈是绩效反馈中的一种正式沟通方式,是绩效反馈的主要形式。正确的绩效面谈是保障绩效反馈顺利进行的基础,是绩效反馈发挥作用的保障。通过绩效面谈,可以让被评估者了解自身绩效,强化优势,改进不足;同时也可以将组织的期望、目标和价值观进行传递,形成价值创造的传导和放大。绩效面谈的作用是多方面的,组织可以提高绩效考核的透明度,突出以人为本的管理理念,有效传播组织文化;可以增强员工的自我管理意识,充分发挥员工的潜在能力。成功的绩效面谈在人力资源管理中起到了双赢的效果。

第二节 绩效反馈面谈

一、绩效面谈的内容

绩效面谈的内容应围绕员工上一个绩效周期工作而开展,一般包括四个方面的内容,见表6-1。

表6-1 绩效面谈记录表

部门/处室		时间	
被考核者	姓名:	岗位:	
考核者	姓名:	岗位:	
工作业绩			
行为表现			
改进措施			
新的目标			

（一）工作业绩

工作业绩的综合完成情况是考核者进行绩效面谈时最为重要的内容，在面谈时应将评估结果及时反馈给被考核者，如果被考核者对绩效评估的结果有异议，则需要和下属一起回顾上一绩效周期的绩效计划和绩效标准，并详细地向下属介绍绩效评估的理由。通过对绩效结果的反馈，总结绩效达成的经验，找出绩效未能有效达成的原因，为以后更好地完成工作打下基础。

（二）行为表现

除了绩效结果以外，主管还应关注被考核者的行为表现，如工作态度、工作能力等。对工作态度和工作能力的关注可以帮助被考核者更好地完善自己，提高员工的技能，也有助于帮助员工进行职业生涯规划。

（三）改进措施

绩效管理的最终目的是改善绩效。在面谈过程中，针对被考核者未能有效完成的绩效计划，考核者应该和被考核者一起分析绩效不佳的原因，并设法帮助被考核者提出具体的绩效改进措施。

（四）新的目标绩效

绩效面谈作为管理流程中的最后环节，考核者应在这个环节中结合上一绩效周期的绩效计划完成情况，并结合被考核者新的工作任务，和被考核者一起提出下一绩效周期中新的工作目标和工作标准，这实际上是帮助被考核者一起制定新的绩效计划。

二、绩效面谈的流程与原则

要想组织一次有效的绩效面谈，必须遵从组织绩效面谈的流程与原则。

（一）绩效面谈的流程

1. 分析员工的关注度层次

在绩效反馈中，主管首先要理解员工工作中的行为及员工对考核结果的反应，把握员工需要得到什么样的反馈及自己该反馈什么信息。根据员工关注度的不同，我们将员工关注的重点分为三个不同的层次。第一个层次是总体任务过程层次或称自我层次。在这个层次上，员工关心的问题是，我做的工作怎么样能够为组织发展做出贡献？我在组织中的位置是什么？组织对自己提出了什么样的要求？第二个层次是任务动机层次。该层次的员工关心的是他所执行的工作任务本身，即这项工作怎么做？有没有更好的办法来完成这项工作？第三个层次是最低层次，即任务学习层次。该层次的员工关注工作执行过程中的细节和员工的具体行动（如图6-1所示）。

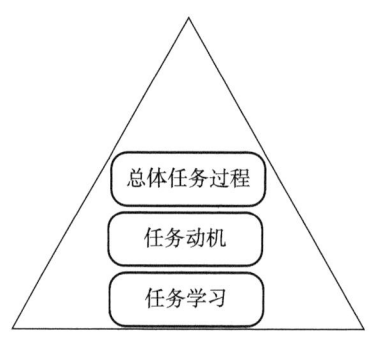

图6-1　员工关注度层级

层级越高的员工，对信息反馈的要求越高，接收传递的信息就越快，他改变自身行为的速度也就快，他的关注层次也会相应地随之提高，这样的反馈面谈就能产生更加令人满意的效果。所以，设法提高员工关注的层次既是反馈面谈的一个重要目标，又是绩效面谈的一个重要结果。

2. 面谈计划的拟定

面谈计划的拟定主要包括面谈方式的选择和面谈时间的确定。面谈方式主要包括两种：针对组织各部门中的任务团队，采取团队面谈；针对个人则采用一对一的面谈方法。面谈时间的确定依据考核周期的长短。对于季度考核，应在考核结束一周之内安排面谈，面谈时间不少于30分钟；对于年度考核，应在考核结束一周之内安排面谈，面谈时间不少于1小时。

3. 资料准备

绩效面谈必须规范，有理有据。面谈的资料准备包括：绩效计划，这是组织与员工就任务目标所达成的共识与承诺，也是绩效反馈的重要信息来源；职位说明书，员工的工作有可能在过程中发生变化，可能增加一些当初制定绩效目标时所不能预料到的内容，也有可能一些目标因为各种原因而没能组织实施，这个时候，职位说明书作为重要的补充将发挥重要的作用；绩效考核表，这是绩效面谈的重要依据；绩效档案，这是做出绩效评价的重要辅助材料。

4. 员工准备

由于面谈是主管和员工共同完成的工作，只有双方都做了充分的准备面谈，才能达到良好的效果。所以，在下发面谈计划时，还要将面谈的重要性告知员工，让员工做好充分准备。这主要是要求员工主动收集与绩效相关的资料，实事求是，有明确的、具体的业绩，使人心服口服。同时，还要认真填好自我评估表，其内容要客观真实、准确清晰。

（二）反馈面谈的 SMART 原则

组织内存在岗位分工的不同和专业化程度的差异，所以在主管与员工之间存在着信息不对称的情形。为了不断提升员工关注的层级，努力实现组织内评估双方的信息均衡分布，主管与员工之间进行反馈沟通，应该是经常的、及时的，并应该遵循这样的一个重要原则，即 SMART 原则。

三、绩效面谈的策略

在绩效反馈面谈中，管理者应针对不同类型的员工，选择不同的面谈策略，这样才能做到有的放矢，取得良好的反馈效果。一般来讲，可以根据员工工作业绩和工作态度，将员工分为以下四种类型，不同类型的员工具体的面谈策略不同。

（一）贡献型

所谓贡献型员工是指工作业绩好、工作态度好的员工。贡献型员工是直线管理者创造良好团队业绩的主力军，是最需要维护和保留的。与他们面谈的策略应是在了解组织激励政策的前提下，予以奖励，提出更高的目标和要求。

（二）冲锋型

所谓冲锋型员工是指有好的工作业绩，差的工作态度的员工。冲锋型员工的不足之处，在于工作忽冷忽热、态度时好时坏。分析其原因，主要有两个方面。第一种是性格使然，他们喜欢用批判的眼光看待周围事物，人虽然很聪明，但老是带着情绪工作。第二种是沟通不畅所致。对此下属，切忌两种倾向：一是放纵（工作离不开冲锋型的人，工作态度不好就不好，只要干出成绩就行）；二是管死（光业绩好有什么用？这种人给自己添的麻烦比做的事儿多，非要治治不可）。对冲锋型的下属，采取的面谈策略首先是沟通。冲锋型的下属工作态度不好，只能通过良好的沟通建立信任，了解原因，改善其工作态度。其次是辅导，通过日常工作中的辅导，改善工作态度，不要将问题都留到下一次绩效面谈。

（三）安分型

安分型员工是指，虽然工作业绩差但工作态度好的员工。安分型下属，工作态度不错，工作兢兢业业，认认真真，对上司、组织有很高的认同度，可是工作业绩就是上不去。与他们面谈的策略应当是，以制定明确的、严格的绩效改进计划作为绩效面谈的重点；严格按照绩效考核办法予以考核，不能因为态度好而代替工作业绩不好，更不能用工作态度掩盖工作业绩。

（四）堕落型

堕落型员工是指工作业绩差、工作态度不端正的员工。堕落型员工会想尽一切办法来替自己辩解，或者找外部因素，或自觉承认工作没做好。与堕落性员工的面谈策略应是重申工作目标，澄清员工对工作成果的看法。

四、绩效反馈面谈的困惑与改进

绩效面谈主要是上级考核下级在绩效上的缺陷，而面谈结果又与随后的绩效奖金、等级评定等相联系，一旦要面对面地探讨如此敏感和令人尴尬的问题，将给主管和员工带来关系紧张乃至人际冲突，这使绩效面谈陷入困境，有时也可能以失败告终。绩效面谈面临的困境主要体现在以下几个方面。

（一）绩效反馈面谈的困惑

1. 由于考核标准本身比较模糊，面谈中容易引起争执

有些组织用一份考核表考核所有的员工，没有根据工作的具体特点进行有针对性的考核，评判标准的弹性较大，往往导致上下级对考核标准和结果在认知上存在偏差，双方容易形成对峙和僵局。

2. 员工抵制面谈

员工会因不同的原因抵制面谈，如认为绩效考核只是走形式，是为了制造人员之间的差距变相扣工资，并惧怕因吐露实情而遭到上司的报复和惩罚。因此，在面谈过程中，经常出现的情况是，员工要么对绩效考核发牢骚，夸

大自己的优势，弱化自己的不足；要么保持沉默，主管说什么就是什么，这样的面谈后，主管对下属的问题和想法还是不了解。

3. 主管没有科学地认识到自己的绩效面谈中的角色定位

主管没有科学地认识到自己的绩效面谈中的角色定位，主要表现在以下几个方面：主管扮演审判官的角色，倾向于批判下属的不足，包办谈话，下属只是扮演听众的角色，员工慑于主管的权力，口服心不服。主管老好人倾向严重，怕得罪人，于是给下属的打分宽松，每个人的分数都很高，绩效面谈成了大家都好的走过场，让下属感觉面谈没有实际作用。主管心胸狭窄，处事不公，以个人好恶作为评判标准，致使员工愈发抵触，双方矛盾重重。面谈时笼统地就事论事，没有提出针对性的改进意见，让员工感到工作照旧，自己仍不清楚今后努力的方向，感觉面谈无用，甚至是浪费时间。

（二）绩效面谈改进

1. 面谈技巧改进

针对这些困惑，我们可以采用比较常用的汉堡法和BEST等方法来改进绩效面谈技巧。

（1）汉堡法，简单地说就是最上面的一层面包如同表扬，中间夹着的馅料如同批评，最下面的一块面包最重要，即要用肯定和支持的话语结束。也就是说，首先应该表扬员工特定的成就，给予真心的肯定，表现再不好的人，也有值得表扬的优点，千万别说你这个人不行，而应当给予真诚的赞美，这样有助于建立融洽的气氛。然后提出需要改进的"特定"的行为表现，诚恳地指出不足和错误，提出让员工能够接受的改善要求，去除员工的抵触心理，表达对员工的信赖和信心。最后以肯定和支持结束，和员工一起制定绩效改进计划，表达对员工未来发展的期望。

（2）BEST法，B就是描述行为，即描述第一步先干什么事；E就是表达后果，即表述干这件事的后果是什么；S就是征求意见，即问员工觉得应该怎样改进，引导员工回答，由员工说怎么改进；T和汉堡原理底层的面包意思一样，即以肯定和支持结束，员工说他怎么改进，管理者就以肯定和支持收场并鼓励他。

但是，有困惑的地方改进也需要从系统上下功夫。绩效面谈的目的是实现员工绩效的改进，这个改进过程需要绩效管理的其他环节予以支持。所以，组织要首先完善绩效管理体系；其次，用 SMART 的理念引导绩效面谈。SMART 理念中的 S 指的是面谈交流要直接而具体；M 指的是面谈是一种双向的沟通，主管应当鼓励员工多说话，充分表达自己的观点；A 指的是绩效反馈面谈中涉及的只是工作绩效，是工作的一些事实表现，而不应讨论员工个人的性格；R 指的是反馈面谈需要指出员工不足之处，但不需要批评，应帮助员工改进不足之处，指出其绩效未达成的原因；T 指的是没有信任就没有交流。沟通要想顺利进行，并达成理解和达成共识，就必须有一种彼此相互信任的氛围。

2. 开发有效的反馈技能

（1）及时反馈。绩效评估反馈应快速及时，切勿等到问题已趋恶化，或者事情已经过去很久之后再做反馈。问题尚不严重时的善意提醒，会让人更加容易接受；如果事情发生已久，或者事情长期被容忍，往往会使人产生习惯性的心理认可，而当在绩效反馈时再对此提出批评，会产生"为什么不早说"的反感与抵制心理。

（2）反馈对事不对人。反馈，尤其是消极反馈，应该是描述性的，而不是判断或评价性的。无论你如何失望，都应该使反馈针对工作，永远不要因为一个不恰当的活动而指责个人。当你进行反馈时，记住你指责的是工作，而不是个人。

（3）允许员工提出自己的意见。当员工对所提出的绩效评估意见不满意时，应允许他们提出反对意见，决不能强迫他们接受其所不愿接受的评估结论。绩效反馈面谈活动也应该是对有关情况做出进一步深入了解的机会。如果员工的解释是合理可信的，则应灵活地对有关评价做出调整修正；如果员工的解释是不能令人信服的，还将进一步向员工做出必要的说明，通过良好的沟通交流与员工达成一定的共识。

（4）确保理解的同时提出对员工的支持帮助计划。反馈要清楚、完整，使接受者能全面正确地理解主管的意思。同时，绩效评估反馈的目的，并非要对一个人做盖棺论定，而是为了能够更好地改进人的工作。为此，进行绩效反馈面谈时，不能简单化地把问题提出了事，然后一切要员工"自己看着办"，而应该与员工共同研究造成工作失误的原因，通过责任分担，一如既往地信任表态，减轻员工的心理压力，以真诚的态度商议，并提出改进意见和建议，在工作活动各方面为员工提供支持与帮助。

第三节 绩效反馈的效果评估

一、反馈效果评估

绩效反馈面谈后，主管需要对面谈的效果进行评估，以便调整绩效反馈面谈的方式，取得良好的面谈效果。而了解绩效反馈对员工工作行为的影响后，绩效反馈效果评价应集中回答这样一些问题：

（1）此次面谈是否达到了预期的目的？
（2）下次面谈应该怎样改进面谈方式？
（3）有哪些遗漏需要建议补充？哪些讨论显得多余？
（4）此次面谈时对被考核者有何帮助？
（5）面谈中被考核者充分发言了吗？
（6）此次面谈中自己学到了哪些辅导技巧？
（7）自己对此次面谈结果是否满意？
（8）此次面谈的总体评价如何？

同时，组织实施绩效反馈后，员工工作行为也发生了一些变化。研究发现，绩效反馈后，员工在工作行为方面表现出以下四种反应：

（1）积极主动地工作。这种情况下，绩效反馈与下属自我绩效评估基本一致。在双方绩效评估均属良好时，管理者常常通过情感、奖励、地位等多方面的激励方式来反馈下属的绩效，而下属则以积极、主动的态度回报领导对其绩效的认同。

（2）保持原来的工作态度。这种情况下，绩效反馈与下属自我绩效评估可能一致，也可能不一致。在绩效评估基本一致时，下属认为其绩效与需求相当，且无满足更高需求的可能时，他常常会保持原来的工作态度。而当绩效评估不一致时，下属往往认为管理者对其绩效低估了，但又不愿消极、被动地工作，所以常常采取这种工作态度。

（3）消极、被动地工作。出现这种情况的主要原因，一是绩效反馈情况与下属自我绩效评估不一致；二是绩效反馈情况基本一致且绩效良好，但下属对绩效反馈的形式不满。

（4）抵制工作。导致这种情况出现的原因，除了绩效反馈情况与下属自我绩效评价不一致外，还有就是绩效反馈双方在情感交流方面发生了冲突。比如，某单位有一名员工尽管他尽了力，但由于主客观的原因，未能按时完成任务，管理者认为他工作不力，对他进行了批评，扣发了他的薪金，该员工感到很委屈，他认为管理者只重视工作结果，不考虑工作过程，该员工由此也对这位管理者产生了抵触情绪。

通过问卷和员工行为观察这两种方式，我们可以看到绩效反馈取得的效果。作为绩效管理最后一个重要环节——绩效反馈如果做得不好，将直接影响整个绩效管理的全过程。所以，每个绩效反馈结束后我们需要针对问卷和员工行为观察中了解到的问题，提出绩效反馈的改进计划。

二、改进绩效反馈

（一）强化管理者素质

提高管理者素质，强化其责任心，统一认识，经常性地做好绩效管理培训工作，建立绩效考核面谈制度。

（二）注重沟通的方法与技巧

管理者要考虑以什么样的方式进行沟通，才能使沟通的双方相互理解、相互信任、相互认同。用情感进行沟通，员工在心理上愉快地接受你，这样才能收到事半功倍的效果。

（三）认真做好沟通前的准备工作

管理者必须高度重视面谈反馈的重要性，应该具有主动与员工沟通的胸怀，认真做好面谈前的准备工作，明确面谈目的，特别是对存在问题的绩效差的员工，必须有充分的考核依据。如果考核沟通时，员工得不到以事实为依据的解释说明，再好的沟通技巧，也不会使员工心悦诚服，所以，事实依据在考核工作中非常重要，要解决这个问题，关键在于平时对事实的积累。

（四）注重双向沟通

管理者在面谈中要摆正自己的心态，坦诚沟通，必须和员工在业务、业绩、薪酬等方面进行交谈，消除位差效应。沟通最重要的是倾听，倾听会使了解变得全面和深入，倾听期间可以寻找到合适的切入点，认真听取员工的意见，特别是员工的委屈，鼓励员工充分表露自己的观点，然后针对其观点进行有理有据的探讨，实行双向沟通，从而形成管理者和员工的互动式沟通和无边界合作，这样才能达到最好的效果。管理者绝不能以居高临下的态度命令员工接受其意见，否则不但起不到面谈的效果，反而会加深员工对管理者的嫉恨，产生消极影响。

（五）注重谈话的场所和环境

管理者与员工面谈时要充分选择好时间、地点。一般来讲，当绩效考核结果出来后，一周内进行面谈；地点应选择在安静的场所，关掉手机，避免干扰，以提高面谈的效果。

（六）明确谈话的态度

面谈中，管理者必须明确自己的态度，对员工取得的成绩给予充分肯定，对存在的问题必须明确指出，不能含糊，但是不要直接指责员工，同时诚心帮助员工制定改进计划，并有责任追踪整改效果。

（七）注意反馈意见

管理者要真正地收集被考核者对考核工作、考核程序及面谈反馈人的意见，填写《面谈反馈表》；认真地对反馈的信息进行分析，不断完善，以提高绩效考核的效果。

第四节　绩效考核结果的应用

一、绩效考核结果应用的常见问题

（一）绩效评价结果反馈不及时或没有反馈

目前，我国一些组织在员工绩效评价实践中，管理者往往不愿意与员工讨论绩效的不足，因为管理人员会觉得不适应。虽然每个员工的工作都有可改进之处，但许多管理人员还是不愿意向员工提供消极的反馈意见，担心员工的缺点被指出来后，员工会进行自我辩护。事实上，也确实存在有些员工不虚心接受反馈意见，反而指责管理者的评价结果有问题，或责备别人的情况。人们对自己的绩效评价往往估计过高。从统计学的角度，差不多一半员工的绩效低于平均水平,但有研究表明,认为自己的绩效高于平均水平的员工占75%。对绩效评价反馈存在着一定程度的担忧而不实施评价反馈,这样带来的负面作用更大。由于缺乏积极的结果反馈,在现行的员工绩效评价中,员工既无从申辩说明,或进行补充,也无从了解自己表现与组织期望之间的吻合程度,导致员工并不知道自己的哪些行为是组织所期望的,哪些行为是不符合组织目标的,更不用说如何改进自己的工作。事实上,员工绩效经常得到评价,并及时对员工个人进行反馈,员工会认为管理者熟悉他们的工作绩效,根据反馈的情况,他们会及时调整和改进个人的行为,使得员工对评价工作有一种认同感,并积极参与自我评价。

(二)绩效评价与员工的切身利益结合不紧密

绩效评价结果的应用常表现为奖惩。目前许多组织年度考核只是例行公事,绩效评价工作结束,任务就算完成,评价结果的使用仅限于年终奖金的发放、职称的评定,而不能与管理人员任免、职务晋升、薪酬档次等员工切身利益联系起来,使绩效评价失去了其应有的意义和价值。根据激励的期望模型,员工认为自己的绩效目标完成后,组织也不会给予他们期望的报酬,那么我们可以预测,员工就不可能充分发挥个人潜能。要使激励作用最大化,就要让员工认识到,他们的努力能够带来良好的绩效评价成绩,而这种成绩会给他们带来相应的报酬。为了提高评价的激励效果,组织的绩效评价应加大结果的应用范围和力度,从而最大限度地实现员工绩效评价的激励效果。

(三)员工的绩效评价与员工培训和个人发展没有很好结合

组织应根据绩效评价结果,以满足员工的需要为宗旨,以高效、实用为目标,有目的、有计划地进行组织内部培训活动,这是组织造就高素质员工队伍的有效举措。总之,根据员工绩效评价的结果,对员工个人进行有针对性的培训,正是员工评价的最终落脚点,它不仅会得到员工的认可,也会为组织的建设发展培养更多高素质的员工。

(四)绩效考核结果应用方式单一,缺乏绩效管理的有效手段

目前很多组织的绩效考核结果的应用方式不是奖励(金钱),就是末位淘汰(惩罚),十分单调。单一的应用方式达不到绩效管理的目的,应努力使绩效考核结果的应用丰富多样,如绩效奖励、精神补偿、利益分享、共享结余、绩效工资、绩效合同等。

（五）绩效考核结果应用形式化倾向严重

当前的考核多以领导的主观评价而非客观事实为基础，严重影响了结果的客观公正，而且部门领导对绩效考核结果重视程度不够，往往一评了事，没有采取措施将考核结果落实到工作中，使评与不评一个样、评好评坏一个样，导致考核结果的应用流于形式。

二、绩效考核结果应用的原则

（一）以人为本促进员工的职业发展

员工绩效评价的根本目的在于调动员工工作的积极性，进而实现组织整体的组织目标。为此，评价者必须向员工个人反馈评价的结果，提出他们已经达到的或未达到预定目标的反馈信息。反馈的立足点和方式要坚持"以人为本"的原则，采取诚恳、坦诚、能让员工接受的方式，使员工了解到自己的成绩与不足，清楚自己的努力方向和改进工作的具体做法，从而促进员工的发展。

（二）将员工个体和组织紧密联系起来，促进员工与组织共同成长发展

组织的发展，离不开员工个体的成长。组织不能单方面要求员工修正自己的行为和价值观等来适应组织的需要，组织要参与到员工的职业生涯规划的指导与管理中，将员工发展纳入组织管理的范畴，从而实现组织与个人共同成长。据此，组织在评价员工工作绩效时，要注意评价员工所在的各级组织的绩效，避免个人英雄主义，增强全局观念和集体观念，使员工意识到个体的高绩效与组织的高绩效紧密相关、个人的成长与组织成长联系在一起，进而明白个人的目标和组织的目标是紧密联系的，个人应为组织实现目标做出贡献，在组织发展成长中使自己得到发展和成长。

（三）统筹兼顾，综合运用，为人事决策提供科学依据

员工绩效评价结果可以为组织对员工的合理使用、培养、调整、优选、薪酬发放、职务晋升和奖励惩罚等提供客观依据，从而规范和强化员工的职责和行为，促进组织人事工作，不断强化员工的选聘、留用或解聘、培训、考核、晋升、奖惩的政策导向，建立完善的竞争、激励和淘汰机制。

三、绩效考核结果具体应用的方法与要求

绩效管理是人力资源管理的基础。在组织管理中,绩效考核结果应用的领域十分广泛。

(一)绩效改进

绩效改进是绩效管理过程中的一个重要环节。传统绩效考核的目的是通过对员工的工作业绩进行评估,将评估结果作为确定员工薪酬、奖惩、晋升或降级的标准。而现代绩效管理的目的不仅如此,员工的能力不断提高及绩效的持续改进才是其根本目的。所以,绩效改进工作的成功与否,是绩效管理过程能否发挥效用的关键。

1. 绩效改进的指导思想

绩效改进的过程是,首先要分析员工的绩效考核结果,找出员工绩效中存在的问题。其次,要针对存在的问题,制定合理的绩效改进方案,并确保员工能够有效地实施,如个性化的培训等。要做好绩效改进工作,首先必须明确它的指导思想,绩效改进的指导思想主要体现在以下几点。

(1)绩效改进是绩效考核的后续工作,绩效改进的出发点是对员工现实工作的考核,不能将这两个环节的工作割裂开来。由于绩效考核强调的是人与标准比,而非人与人比,因此绩效改进的需求应当是在与标准比较的基础上确定的。绩效标准的确定应该是客观的,而不是主观任意的,只有找到标准绩效与实际绩效之间的差距(而非员工与员工之间绩效的差距),才能明确绩效改进的需求。通过员工之间比较进行的考核,只能恶化员工之间的关系,增加员工对绩效考核的抵触情绪。而通过人与标准比较进行的考核,由于有了客观评判的标准,员工从心理上更能接受绩效管理,因为他们明白绩效管理的目的确实是为了改进绩效。

(2)绩效改进必须自然地融入部门日常管理工作之中,这样才有其存在价值。绩效改进不是管理者的附加工作,不是组织在特殊情况下追加给管理者的特殊任务,它应该成为管理者日常工作的一部分,管理者不应该把它看成一种负担,而应把它看作是一项日常的管理任务。当然这种自然融入的实现,一方面有赖于优秀的组织文化对管理者和员工的理念灌输,使他们真正认可绩效改进的意义和价值;另一方面有赖于部门内双向沟通的制度化、规范化,这是做好绩效改进工作的制度基础。

（3）绩效改进是为了帮助下属改进绩效、提升能力，它与完成管理任务一样，都是管理者义不容辞的责任。管理者不应该以"没有时间和精力""绩效改进效果不明显"等各种理由拒绝绩效改进工作。

2. 基于能力的绩效改进方案

当人们设定并努力去实现一个具有挑战性的目标时，他们的个人绩效将会得到改善。当员工在关注质量意识、以服务为导向、主动性等相关能力方面完善自己时，他们对顾客的服务质量将会得到提高，绩效也会因此改进。这是因为他们运用自身的才智和能力更好、更有效率地去完成工作，从而使组织的劳动生产率和利润率得到提高。

如果管理者更好地指导下属，将下属视为独立的个体，鼓励他们竭尽所能改善自我，那么员工的满意度将会得到提高，组织更容易吸引优秀人才，人才流动率就会减少，组织也会发生转变。

因此，一个有效的基于能力的绩效改进应该是一个动态的过程。这个过程应该包括以下活动：明确绩效改进的前提和理念；目标设定，包括绩效目标和能力发展目标；制定达到目标的行动步骤；解决能力发展中存在的问题和障碍；明确指导者的行动；绩效改进方案的实施。

（1）绩效改进方案的前提和理念。这些前提和理念可适用于下面所要描述的所有管理行为：人们有能力，并且渴望学习，提高自身的能力。从内心深处讲，人们宁愿受到激励和挑战，也不愿意感到无聊和无所事事；意识和觉悟能够让人们做出不同的选择。一旦意识到了以前那些处于无意识状态的态度、信念、动机和行为，人们能够使用他们的意志和清醒的头脑去改变自身的行为；给予他人关爱及帮助他人时，也可以使自己收益；如果人们作为团体中的一分子，加入有建设性的互评行为中，他们的能力提高得更快，学到的东西更多，获得的满足感更强。

这些观念本质上应该是完全正确的，但它们还是会和人们对自己与对他人的固有看法发生冲突。因此，通过这些理念进行阐述和讨论，可以充分暴露那些可能使指导和监督行为无效的问题。

（2）目标设定。为了改进绩效、提高能力，理性的做法是既要设定绩效目标，又要设定能力发展目标。绩效目标指的是和经营业绩挂钩的目标，如销售额提高20%、离职率降低3%等。能力发展目标指的是那些和提高员工完成工作及创造业绩的能力有关的目标，如提高人际关系能力、提高影响力等。

设定绩效目标，要解决好以下问题：

第一，绩效目标由谁设定。不同的组织对此有不同的政策和观点，而且不同的环境也需要不同的反应。如果员工参加了其绩效目标的设定，他们将更有可能投入必要的时间、精力和情感来完成这些目标。但高层管理者发现他们自己制定某些绩效目标要比员工自己制定明智得多，例如，一个公司正处于实施某一将损耗率降低10%的计划的第三年，一位已经将损耗率降低了7%的经理，也许会被告知今年再把损耗率降低3%。要经理接受的目标是很重要的，但是，它不一定就是目标的制定者。有一点必须保证，那就是组织的管理层应该成为目标的最终决定者。管理层必须知道，员工正在努力工作，以取得业绩来帮助组织完成它的总体目标。组织应具备一种程序，通过该程序，组织能够审核员工的目标，以保证员工都在努力完成共同目标，并且尽可能地调整行动方向。

第二，优秀绩效目标的特点。最好的情况是绩效目标应该和岗位规范中规定的工作目标相互关联。例如，在岗位规范中，采购经理的工作目标之一是，保证生产部门的原料供应，那么采购经理的绩效目标就应该参照这一目标。这样，他的绩效目标就可以从减少因原料缺乏而导致的生产延误的次数的角度来描述。

SMART 常被用来当作一个目标设定原则，来帮助员工制定绩效目标。绩效目标应具备以下特点：明确的，对应该完成的任务限定清楚；可量化的，评估目标应尽可能量化；同一组织的经营目标一致，并具有可实现性，绩效目标同组织的经营目标保持一致，并保证通过努力是可以实现的；以业绩为导向的绩效目标强调硬性的完成，把业绩作为目标而制定的重点；有时间界限，绩效目标的完成要有明确的时间界限。

如果组织的每一个绩效目标都符合 SMART 的标准，组织文化将变得更以业绩为导向。然而，现实的情况是，无论你提及哪个目标，就立刻会有员工提出目标所缺乏的因素，如什么时候达到目标、完成多少、我们怎么样才知道自己已经完成了目标等。设定绩效目标的技巧，对于一个强有力的绩效计划过程来说是非常重要的。

第三，区分绩效目标的优先次序。许多组织在策划过程中并没有区分绩效目标的优先次序，这也许会向员工们暗示所有的绩效目标都同等重要。绩效计划过程的目的之一是让员工知道组织对他们的期望是什么，所以定出每个绩效目标的优先权重是一个很好的办法，这样可以让员工知道目标的重要性。例如，销售人员的一个目标是把销售额提高10%，另一个目标是及时完成所有的文书工作。很显然，第一个目标比第二个目标重要得多，让他们知道这些目标的相对重要性是十分必要的。

区分优先次序的一个办法是用百分比计算出每一目标的权重，所有目标的权重之和为100%。以销售人员为例，权重分配见表6-2。

表6-2 销售人员指标权重分配表

绩效目标	权重百分比
销售额提高20%	45%
增加四位新客户	20%
提高同生产部门的联络	15%
及时完成所有文书工作	10%
用其他方式完成经营目标	10%

另外一种区分优先次序的方法是用3~4个档次进行衡量——从最重要到最不重要。分档方式是多样化的，但无论使用何种分档方式，让员工了解该组织确定的优先次序是很重要的，因为这样可以让员工相应地调整其行为。

如果组织对每一个员工都有一个总体的业绩考核，那么让员工了解业绩的优先次序更为重要。业绩考核中，至少一部分和绩效目标的完成相关，而让员工知道他们不同的工作职责和工作目标的相对重要性，也是一种合理而常用的经营意识。

第四，评估绩效目标的完成情况。有些绩效目标很容易评估，如提高税收、按时完成某个项目、招聘若干人员等，但有些目标的评估要困难一些，如提高招聘过程的质量、使工作环境更加宜人、提高工作效率等。评估这些软目标的方法之一是制定一个等级（如1级到5级），然后让其他人来评估目标的完成情况。

一旦确定了绩效目标的评估方式，员工和管理者们就不得不详细检查他们想要取得的业绩，以及通过怎样的方式才能知道自己已经取得了成功。在绩效计划制定初期投入足够时间，将大大减少实施阶段和评估阶段中可能出现的模糊性和不确定性，工作会更有重点，目标会更为清晰。

设定能力发展目标要解决好以下问题：

第一，能力发展目标由谁制定。每个员工都应该设定自己的能力发展目标，无论他是首席执行官还是采购员。提高工作中最重要的能力，可以使每位员工把工作做得更好。

第二,员工一次可以提高多少能力。能力的提高不是一件容易的事,因为能力行为的改变需要付出努力和关注,而人的精力和时间是有限的,所以一次提高许多方面的能力几乎是不可能的。我们建议一次提高两方面或三方面的能力,这些能力的提高将对绩效产生一个连锁反应,其他方面的能力通常也能够得到提高。

第三,员工应该设定多少能力的发展目标。在每个能力方面设定1~3个发展目标,已经足够帮助他们改善绩效了。设定的目标不能太多,否则员工会感到压力太大。发展目标的多少,取决于员工想要提高能力的多少。当然,员工提高多少能力,也应该考虑组织的现状和发展的需求。

第四,怎样选择员工的能力发展目标。如果员工愿意承担风险和接受必要的挑战,来提高他们的能力水平,他们就必须愿意改善自我。如果员工所有要发展的能力都由他们的管理者决定,那么,他们就不大可能把这些目标当成自己的目标能力发展目标。能力发展目标可以根据不同的目的和不同的环境采用不同的方式来确定。有时候组织可以让所有的员工都来发展同一方面的能力,这样做可以使组织迅速发生变化,因为大家都朝着一个方向努力。

我们通常所使用的方法就是把以下两种方法结合起来:由管理者决定和员工自己决定。这样做可以带来两个方面的好处:一是员工会感到自己对于发展过程有了某种掌控,二是管理者可以让其下属去提高管理者所认为的对于工作成功最为重要的能力。

第五,怎样设定能力发展目标。同绩效目标一样,能力发展目标也应该满足SMART原则。除了SMART标准外,能力发展目标还应该极大地提高所要发展能力的水平。大部分能力发展目标可以被归入以下四类:提高以行为为标准的评分标准得分,"我的目标是把主动性的分数从4提高到5";提高某一方面的能力,而不改变相关的评分尺度,"我的目标是更有影响力";开发属于能力方面的主要行为,"我的目标是从头到尾对某一复杂项目负完全责任";一份解释清楚的和能力有直接关系的工作项目,"我的目标是为工厂减少10%的耗损承担完全责任"。

能力发展目标的模式可以由组织来决定,也可以由管理者或员工来决定。只要符合SMART原则,这些目标都会发挥作用。

第六,能力发展目标和绩效目标的关系。绩效目标即员工的工作"是什么",而能力发展目标则是员工的工作"怎么样"。能力发展目标达到可以帮助员工完成他们的绩效目标。如果能力发展目标既不能改善目前的绩效，又不能让员工为未来的绩效做准备，这样的能力发展目标就不是一个合适的目标。

第七，评估能力发展目标的完成情况。除了利用以行为为标准的评分标准作为评估成功的手段外，能力发展目标的其他评估方式与绩效目标的评估方式相同。如果评分标准本身就被当作是一种评估手段，那么对于分数等级的规定，就成了用来评估行为方面提高的标准。

3. 制定达到目标的行动步骤

"行动步骤"一词描述了用来完成目标的策略。如果我们用一次旅行来做类比，那么评估过程确定的是目前的位置，能力发展目标和绩效目标确定的是目的地，而行动步骤确定的是从一个地方到另一个地方的路线。尽管殊途同归，但对路线的策划却可以使旅行更快捷、更直接。制定行动步骤时也是如此，只有在作为实现目标的手段时，行动步骤的重要性才得以体现。如果员工从来没有采取过任何行动步骤，却还是完成了目标，他们当然算完成了既定目标，然而大多数人还是需要行动步骤来帮助他们达到目标。

行动步骤在符合 SMART 标准时才最有威力。事实上，我们可以说，只有符合 SMART 标准的行为或行动才能被称作"行动步骤"。

4. 解决能力发展中存在的问题和障碍

理想状态下，目标确定后，能力的发展应该是很容易的事。我们只需要先找出应该掌握的知识、技能和方法，然后开始学习即可。但事情显然并非如此简单，发展员工能力的时候，可能会遇到这样和那样的障碍，大部分障碍可以归入以下几类：知识障碍、技能障碍、过程障碍、情感障碍。

如果员工没有掌握完成工作的必要信息，那么就会发生知识障碍，如组织的新员工，不知道谁是组织的决策者，谁是主要影响人等。

如果员工知道怎样完成工作，但缺乏把工作按要求，自始至终迅速做好的技能，这时候就会发生技能障碍，例如，员工也许已经学过怎样操作新设备，但因为操作时间不够，而无法进行有效率地操作，这是技能不熟练导致的。

如果员工不能有效处理一系列的任务和事件来取得某一业绩，那么过程障碍就会发生。员工也许很善于处理每个单独的任务，但他们缺乏把所有的任务按正确的次序排列好，并用适当的方法在适当的时间内加以完成的能力。和这一类障碍有关的例子，包括项目管理、复杂的销售任务、建筑、产品开发等。

情感障碍，指的是那些和心理因素有关的原因。例如，员工担心产生矛盾而不愿意坚持他们认为是正确的东西。一些员工担心会失败，而不敢设定有挑战性的目标。还有一些员工害怕被责怪，或遭到不好的待遇，不愿意承认失败，或为他们的行为承担责任。

分析绩效障碍属于哪一类范畴十分重要，因为克服障碍的方法来自这一分析的准确性。如果问题因技能不足所致，那么获得技能就是正确的解决方法；如果员工具备了技能，但却因情感障碍而无法使用技能，那么获得技能对于问题的解决将无济于事。解决方法必须适合问题本身。

在能力发展的过程中，必须充分了解当前员工的技能和能力所处的状态、妨碍员工获得更好绩效的障碍以及员工的事业目标和愿望。根据这些信息，员工才能在管理者的支持下，制定出目标和行动步骤以改进自身的行为，取得自己所期望的绩效结果。

5. 明确指导者的行动

如果管理者能够激励并指导员工改进绩效，那么绩效改进方案就能够发挥良好作用。然而，很多管理者缺乏这种能力。实际上许多管理者甚至不知道，一位优秀指导人员应该具备什么样的行为。下面列举了成为一名优秀指导人员应该具备的行为和步骤：

（1）利用能力框架，传达你对员工的展望。通过语言、能力及主要行为，传达员工身上可挖掘的潜力。

（2）倾听。倾听员工的诉说，不要总想着去控制他们或让他们把事情做完。努力去了解员工，了解什么事情对他们很重要，了解他们的感情和忧虑，同情他们，使自己认同他们及他们的感情。设身处地地想象一下员工的感觉，然后再和他们谈话，把你对于他们的境遇和感情的理解告诉他们。

（3）给予反馈信息。让员工知道你是怎样看待他们的，直接诚实地告诉他们，你对他们的行为及他们的行为所带来后果的看法，避免那些轻蔑的判断和指责。反馈的目的是让员工了解能够帮助他们改变行为的有关信息。

（4）让员工自己认同一个更高的目标。帮助员工表达他们的希望和理想，和他们一起努力，把他们的理想和组织对他们的展望结合起来。如果员工把自己在组织中所起的作用，看作是实现个人抱负的途径，员工就能在自身发展中做出更多的投入。

（5）利用能力概念判断问题。能力和主要行为可以有效地把当前行为与理想行为进行比较，从中找出差距和发展道路。

（6）看清障碍。确定阻碍企业发展的因素是信息、技术、过程还是情感方面的障碍。利用理性分析，找出解决方法。

（7）确定目标。利用手头一切信息（组织目标、个人抱负、远景规划、问题的分析、能力的发展等）确立能力发展目标和绩效目标。

（8）制定行动步骤。制定符合 SMART 原则的行动步骤来完成目标，包括能够支持能力发展目标和其他行动完成的行动步骤。

（9）跟踪并监控目标和行动步骤的进展情况。跟踪并传达目标和行动步骤的进展情况，其目的是确保员工能够取得成功及问题能够被迅速解决。

（10）让员工了解你的目标和行动步骤。让员工看到他们的工作在你的目标中处于什么样位置，向他们示范如何跟踪目标和行动步骤的进展。如果你的员工经常看到你在使用你要求他们使用的程序，他们就会自觉自愿地去使用这一程序。

6. 绩效改进方案的实施

实施绩效改进方案，应该遵循一系列指导方针，这些指导方针同样适用于涉及培训和指导的基于能力的人力资源管理实践。我们必须强调的是，从情感方面来讲，绩效的改进是一个十分脆弱的过程，员工的弱点要被暴露出来，员工必须解决那些影响能力的、已经被隐藏了多年的、难以解决的心理方面的问题。这些问题的最终解决可以让员工感到骄傲和自信，但这一过程也许会让他们产生恐惧、尴尬以及被伤害的感觉。如果处理不当，员工会产生抵触和不满的情绪。

绩效改进要遵循的重要原则之一，就是高层管理者应该把自己的绩效改进当作实施内容的一个组成部分，如果首席执行官和高层管理班子也在像每个员工一样，要努力地提高自己，那么，没有什么比这所传达的信息更强有力了。反之，信息也可以用同样的方式，令人丧失前进动力，那就是如果高层管理人员不努力去提高自身的能力，他们希望员工提高能力的目的仅仅是为了他们所用。

绩效改进方案的实施需要细致的策划及有组织的培训和指导。要想保证绩效改进方案的顺利实施，必须保证该方案通俗易懂。

今天的员工对引进任何旨在改进绩效的人力资源实践，都抱着相当大的嘲讽和怀疑态度。一个方案内部支持者的可信度，将对员工是否接受并愿意为这一方案的实施付出努力起到关键作用。如果管理层并不真正支持这一方案，或者不为大部分员工所信赖，这一方案的实施就会困难重重。

(二) 薪酬奖金的分配

现代管理要求薪酬分配遵守公平与效率两大原则，这就必须要对每一名员工的劳动成果进行评定和计量，按劳付酬。绩效评价结果就能够为报酬分配提供切实可靠的依据，因此，进行薪酬分配和薪资调整时，应当根据员工的绩效表现，运用考核结果，建立考核结果与薪酬奖励挂钩制度，使不同的绩效对应不同的待遇。合理的薪酬不仅是对员工劳动成果的公正认可，而且可产生激励作用，形成积极进取的组织氛围。

不同的组织所采用的薪酬体系也有所不同，甚至存在许多差异，但薪酬体系基本可以分为两大部分，即固定部分和动态部分。岗位工资、级别工资等决定了员工薪酬中的固定部分，而绩效则决定了薪酬变动的部分，如绩效工资、奖金等。在此，我们重点分析绩效加薪、绩效奖金、特殊绩效奖金认可计划，三种最为常见的薪酬制度。

1. 绩效加薪

绩效加薪是将基本薪酬的增加与员工所获得的评价等级联系在一起的绩效奖励计划。员工能否得到加薪及加薪的比例高低通常取决于两个因素：第一个因素是员工在绩效评价中所获得的评价等级；第二个因素是员工的实际工资与市场工资的比率。当然，在实际操作中，由于很难得到真实的市场工资数据，大部分组织大体上以员工现有的基本工资额作为加薪的基数。比如在某公司人力资源部门的绩效管理体系中，员工的评价结果分别为S、A、B、C、D 5个等级，相应的加薪比例为10%、8%、5%、0%、-5%，假如一个员工的基本工资为2000元，年终的评价等级为S，则这个员工在下一年度的基本工资就变成了2200元（获得了200元的加薪）。然而，组织采取绩效加薪后，新增加的工资额就会变成员工下一个时期的基本工资，随着时间的延续，这种情况很可能会导致员工的基本工资额在缓慢积累的基础上大幅提高，甚至超出组织的盈利能力所能够支付的界限。因此，为了弥补绩效加薪制度的缺陷，越来越多的组织采用绩效奖金的方式，而不是绩效加薪的方式来激励优秀员工。

2. 绩效奖金

绩效奖金是组织依据员工个人的绩效评价结果，确定奖金发放标准并支付奖金的做法，绩效奖金的类型有很多种，常用的公式是：

员工实际得到的奖金＝奖金总额×奖金系数

奖金总额的确定没有一个统一的标准，一般以基本工资为基数，确定一个浮动的绩效奖金额度。奖金系数则是由员工的绩效评价结果决定的。绩效奖金和绩效加薪的不同之处在于，组织支付给员工的绩效奖金不会自动累积到员工的基本工资之中，员工如果想再次获得同样的奖励，就必须像以前那样努力工作，获得较高的评价分数。由于绩效奖金制度和组织的绩效考核周期密切相关，所以，这种制度在奖励员工方面缺乏灵活性，而当组织需要对那些某方面特别优秀的员工进行奖励时，特殊绩效奖金认可计划就是一种较好的选择。

3. 特殊绩效奖金认可计划

特殊绩效奖金认可计划是，在员工努力的程度远远超出了工作标准的要求，为组织创造了优异的业绩或做出了重大贡献时，组织给予他们的一次性奖励。这种奖励可以是现金，可以是物质奖励，也可以是荣誉称号的精神奖励。与绩效加薪和绩效奖金不同的是，特殊绩效奖金认可计划，具有非常高的灵活性，它可以对那些出乎意料的、各种各样的单向高水平绩效表现进行奖励。比如，某造纸集团公司人力资源部职员小 A，根据自己多年人事档案管理的经验，设计了一套系统软件，对全公司专业技术人才分类统计、分专业保存，建立了电子人才储备库，为公司进行专业人才调配，提供了快速、方便的通道，受到了总经理和同事们的充分肯定。公司拿出 2000 元现金，作为对他发明设计这套软件的奖赏。

（三）员工职业发展

绩效评价结果与员工职业发展结合起来，可以实现员工发展与部门发展的有机结合，达到本部门人力资源需求与员工职业生涯之间的平衡，创造高效率的工作环境。

职业生涯的发展是吸引和留住员工的重要因素。针对员工，人力资源部门应为其量身定做职业生涯发展规划，并定期与员工一起对其职业生涯发展规划进行修正，保证员工的职业生涯成功发展。例如，依据绩效结果实行岗位轮换，做到人尽其才，才尽其用，这样就能够有效提高员工的积极性，激发员工的潜能。反之，如果人力资源部门不注重员工的工作流动，不注重为员工提供创业的平台，也缺乏绩效考核、激励机制来保障员工按业绩、按贡献正常晋级加薪等，就会严重挫伤工作人员的积极性，影响其工作业绩和效率。

绩效评价结果可以为员工的工作配置提供科学依据。工作配置分为晋升、工作轮换、淘汰三种主要形式。人力资源部门在对员工进行绩效评价时，不能只评价其目前工作业绩的好坏，还要通过对员工能力的考查，进一步确认该员工未来的潜力。对那些绩效优秀而且大有潜力的员工，可以通过晋升的方式给他们提供更大的舞台和施展才能的机会，帮助他们取得更大的业绩。对于那些绩效不佳的员工，则应该认真分析其绩效不好的原因。如果是员工自身的素质和能力与现有的工作岗位不匹配，则可以考虑对其进行工作调动和重新安排，以发挥其长处，帮助其创造更加业绩。如果是员工个人不努力工作，消极怠工，则可以采取淘汰的方式。但人力资源部门在对业绩不佳的员工进行淘汰时一定要慎重，要认真分析造成员工业绩不佳的具体原因，然后再做决定，且淘汰比例不宜太大。

绩效评价结果还可以为组织对员工进行全面教育培训提供科学依据。当员工的绩效较差时，就要对其原因进行分析，如果员工仅仅是缺乏完成工作所必要的技能和知识，那么就需要对他们进行培训。因此，除了可以通过绩效评价衡量员工的绩效业绩外，还可以利用绩效评价来提供一些信息，其中包括使员工清楚地理解他们当前的绩效与期望绩效之间所存在的差距，帮助他们找到造成差距的原因，以及制定改进绩效的行动计划，从而对其能力进行有针对性的开发，实现培训的目标。

(四) 其他应用

1. 开发员工潜能

其实，组织建立绩效管理体系，除了要区分出员工绩效的优劣之外，还有一个很重要的功能，就是通过分析绩效评价的结果，来提升员工的技能和能力。培训的一个主要出发点就是员工绩效不良或绩效低于标准要求，也就是说，当员工的现有绩效评价结果和组织对他们的期望绩效之间存在差距时，管理者就要考虑是否可以通过培训来改善员工的绩效水平。目前，我国许多组织接受并采用了国外流行的360度绩效考核方法。在360度绩效评价系统中，一个员工的行为或技能不仅要受到主管的评价，而且还要受到同事、顾客、上级、下级及本人的评价。不过，国外的组织往往是将360度绩效考核，用于员工培训与技能开发，而不是将其直接与薪酬挂钩。因此，这种概念的准确说法是360度绩效反馈，而不是360度绩效考核。360度绩效反馈系统的好处是，它可以从不同的角度来收集关于员工绩效的信息，同时还可以使员工将自我评价与他人对自己的评价进行比较，帮助员工进行自我能力的评估。

2. 为奖对罚准提供依据

在对员工的奖罚中，奖对是管理的基础，罚准是管理水平的体现。奖励为主，惩罚为辅，奖惩结合历来是组织管理中的激励原则。只有通过绩效评价，对于那些忠于职守、踏实工作、成绩优异者，给予物质和精神上的奖励。对那些不负责任、偷工减料、绩效低下者给予惩戒，才能真正鼓励员工向优秀者学习，防止不负责任的现象蔓延。当然这种惩处并不意味着不允许犯错误，也不是说凡是犯了错误的都要予以惩罚。实际上，对于有上进心的人来说，失败乃成功之母。许多组织优秀的经理和其他管理人员的优点，并不是他们没有犯过错误，而是他们因为勇于创新才犯错误，他们犯错误的次数越多，他们所积累的经验就越丰富，而他们继续创新获得的成果就可能越大。因此，对于不同的人所犯的错误要区别对待，对那些工作平庸、毫无上进心的人，即使不犯错误，也要将其从领导职位上调离。

任何一个业绩突出的人力资源部门，它的管理人员之所以能够尽到管理责任，主要是因为它对管理人，能及时地和公正地进行评价，同时又能以此评价为依据，对他们做出恰当的奖励和惩处，让他们保持旺盛的工作热情，很自然地在工作中展开竞赛。久而久之，本部门中会形成一种良好的工作作风和传统习惯——以上进为荣，以消极平庸为辱。这种优良的传统一旦形成，就是组织的精神财富，是无价之宝。

对一个管理人员的评价必须是全面的和系统的，不能草率地根据一两件事，就对某个管理人员的品质、责任心和工作能力做出判断。要知道，正确而恰当的奖惩，会营造出一种欣欣向荣、团结向上的集体风气。而错误的不公平的奖惩，会令一个人、一个部门甚至一个单位陷入涣散、颓废的泥潭。作为一个部门的领导，最大的忌讳就是根据自己的好恶来决定对下属的奖惩，这种方式只会让自己的周围留下一些溜须拍马屁之人。提拔这些人就等于惩罚了那些真正一心一意为组织工作且认真负责的人。大多数工作人员就会失去工作的主动性、积极性。

实践篇

第七章
税务机关绩效管理的实践

第一节 税务机关绩效管理实践概述

一、公共部门与私营部门绩效管理的不同

(一) 公共部门与私营部门的界定

在中文词典中,"公共"表示"属于社会的,公有公用的",它与"属于个人或以个人身份从事的、非公家的""私人"是两个相对的概念。现代社会部门可以按照其价值导向、性质及功能分为公共部门和私营部门。公共部门以公共权力为基础,以谋取社会公共利益为己任,依法管理社会公共事务,提供公共物品,维护公共秩序,组织社会价值的分配。私营部门是产权明晰、以营利为目的的营利性组织。从公共管理学的角度看,公共部门是指与私人部门相对应的,以提供公共服务为主要职能,由广义的政府组织、非营利组织(第三部门)以及公共企业(第四部门)等构成的特定的社会组织。

在本书的研究中,公共部门以属于政府组织的税务机关为例。

(二) 公共部门与私营部门绩效管理的主要区别

1. 价值取向的差异

价值取向是指行为主体在价值选择和决策过程中的一定倾向性,行为主体自觉地、有目的地为自己行为方向进行的选择和把握,所以它具有自觉性和能动性的特点。由于组织文化的核心是价值观,因此公共部门与私营部门文化的差异必然导致二者绩效评估的价值取向不同。

对于公共部门来说,首先,公共性是公共行政的基本理念,公共性的价值选择是政府公共政策价值观的基础,"它既决定了公共政策的价值取向

模式，又决定了政策系统行为的一切选择，是对社会资源提取、分配和行为管制的决定性选择"。在这种行为价值选择的引导下，政府能够明确行为的确切目的，界定自身的职能范围，并在此基础上构建相应的职能体系和拟定公共部门行为结果的评估标准，从而为决策、组织、执行、评估等行政流程的正常运行确立规范的制度依据和绩效管理标准度。其次，公共部门绩效评估的价值取向是坚持社会本位，即绩效评估必须立足于满足社会公众的合理需求，评估内容、评估标准和评估指标的设计等，都应该从社会公众的立场出发，切实反映社会公众的愿望与利益需求。这种价值取向在公共部门绩效评估过程中具体通过管理效率、管理能力、公共责任、社会公众满意度等价值判断来体现。公共部门绩效评估也体现了服务性和责任性的价值取向。服务型政府是致力于顾客驱动的政府，以权力本位转为顾客导向，使顾客满意度真正成为绩效评估的核心目标，树立以民为本的公共服务精神和一切为顾客服务的新兴组织文化，与公民建立长期的互动关系；而公共部门绩效评估的目的是通过一系列的活动促进行政人员的绩效改进和组织的整体提高。要使行政人员真正参与到绩效评估的过程中，就必须建立以责任为核心的行政伦理体系，使行政人员有强烈的责任感，重视对公民的责任。

私营部门绩效评估的价值取向首先就是经济性，追求自身经济利益的最大化，即以最低的成本获得最大的企业利益，这就决定了私营部门绩效评估具有明显的利润导向性，评估的目标是促进企业利润的增加，评估的过程紧紧围绕利润获取来设置指标。利润是企业生存和发展的基础，企业会采取各种措施尽可能激励员工的工作积极性，同样也会把员工创造利润能力的大小作为对其绩效进行评估的重要指标。因此，绩效评估的内容都是指向经济的，这一点也是与公共部门绩效评估本质上不同的价值取向。与此同时，私营部门实施绩效评估是为了及时发现经营活动中产生的问题，找到业绩中与原计划有出入的部分，调整偏差。企业在前期活动中投资多少，在活动结束后获得多少利润，是否以最少的利润获得了最大的收益，这些都需要通过科学的评估方法，得出准确的数字答案。如果得到了不准确的结果，掩盖了问题的真实性，企业不仅无法发现已经发生的问题，还会从错误的结果中得出错误的结论，误导企业下一个阶段的经营与管理，造成恶性循环。因此，可以说绩效评估活动中的准确性是私营部门绩效评估最根本的价值取向。

2. 评估主体的差异

目前,公共部门绩效评估的主体仍然比较单一,多数是公共部门内部评估,社会公众的参与度不够;而政府内部主要是上级对下级的评估,部门的自我评估比较薄弱;专业评估机构的参与更是特例。例如,当绩效评估涉及政府的管理职责时,评估的公正性就难以保证,非常容易导致政府部门的"唯政绩论",最终致使绩效评估结果失真。为此,公共部门绩效评估主体则应该朝多元化方向发展,随着政府日益获得更加广泛的管理自主权和资源控制权,它们已不再单一而机械地执行上级的指令,还必须要考虑立法部门、利益集团、政治领导人、专业人士、公众以及其他相关部门对它们提出的各种要求,并做出及时的回应。所以,各种"顾客"都将直接或间接地对公共部门提供的服务和政府公务员的作为进行评价。不同的评价主体从不同角度审视政府公共部门绩效,既体现出不同评价主体的价值取向,也规范了公共部门同各评价主体间复杂的互动关系。需要注意的是,一些已经开展多元评估的地方政府公共部门,由于行政监督体制不健全,多元评估反而导致监督真空,内部评估由于利益关系难以实现,社会评估难免由于领导任命和经费来源都由行政机关决定而流于形式。

私营部门绩效评估的主体比较宽泛,可以是企业的资产所有者或人力资源部门,也可以是专门评估机构。私营部门对组织成员的评估方法如"人力资源3P评估系统"和"360度个人绩效评估体系"等都出现了评价主体多元化的趋势。以360度绩效评估体系为例,组织成员需要接受部门领导、高层上级、内部顾客、外部顾客、多名同事以及多名下级的全方位的评估,这样就为企业做出公平、公正、公开的绩效评估提供了保障,绩效评估过程的透明度得到提高,很容易获取员工对绩效评估工作的支持。同时,每一位企业利益相关者,都会出于各自的目的对企业绩效进行评价。如投资者通过经营绩效评价获取企业持续经营、赚取经营利润、支付红利和保证资本增长的信息,以助于投资决策;经营管理人员借助绩效评估,为战略性、经营性决策的制定获取支持性信息;债权人的评估重点是营运资本和现金,其主要关注的是私营组织持续经营的能力和偿还长期借款的能力。

3. 评估客体的差异

管理目标是组织为自己确定的、在特定时间范围内,利用各种可利用的资源要求取得的成效。从一般意义上说,管理目标是组织行动的基础和依据,当然也是组织绩效评价的基本标准。公共部门和私营部门作为不同性质的社会公共组织，其管理目标的不同也决定了绩效评估的客体不同。

公共部门的特性决定了管理目标的多元性和多重性。比如在特定条件下，政府需要把追求政治效率，即权力的绝对有效性放在首位，有时又需要同时追求政治的、经济的、社会的等多重目标，保证社会的和谐有序。因此，公共部门绩效评估的目的就要求在提高效率和管理能力的同时，提高其公共服务质量，建立和完善公共责任机制，提高社会的满意度，改善公众对公共部门及其政策的支持和信任。需要注意的是，公共部门的管理目标要复杂得多，有时候，社会目标、无形目标和长远目标更具有根本意义。因而，公共部门涉及公平、责任、素质等的一些目标，就难以简单进行定量分析。即使按照部门分类，一些部门可以形成定量指标，如交警部门的重大交通事故逃逸率、公安部门的破案率、各类学校的学生入学率等，但相当多的部门，特别是决策部门、协调部门、咨询部门等非执行性部门，缺乏可操作性、可分辨性的评估指标，就很难用得上定量指标。正如美国学者贝尼斯分析的那样，"公共部门提供的诸多物品和服务中生来就有个'计量问题'，给筹款机构带来了一个监控问题。假若一个部门的产出具有不可估量的性质，那么，购买者如何能够监控其生产的效率呢？"。只要对评估个人绩效的方法缺乏共识，绩效评估的效度就会很低，对那些需要定性分析的工作来说尤其是这样，如果用定量标准去评估绩效，这会导致目标错位。

私营部门的营利性质决定了它们绩效管理目标总是围绕经济效益设定。为了实现可持续发展，企业也会兼顾社会效益的目标，但总体上还是比较简单的。对任何营利性组织而言，利润和获取利润的能力是其赖以生存和发展的生命线，而这又是通过企业的整体实力与其对市场的占有潜力等来体现和综合评价的。绩效评估则为私营部门提供了这样一条途径，通过绩效评估并对结果进行分析总结，可以分清利弊并得到经验教训，从而提高私营组织的管理水平和社会竞争力。但相比之下，企业管理突出的是经济目标，利润率、市场占有率、单位成本是管理的核心内容。私营部门绩效评估的客体也相对容易定量确定，也就容易进行绩效评估，净资产收益率、总资产报酬率、资产负债率、销售增长率、资本积累率等基本指标能够反映出企业的绩效内容。

4. 评估内容的差异

从评估内容上比较，公共部门绩效评估的内容除了要评估考核其经济表现，如各公共部门运作与管理的成本、公务员薪酬成本、社会公益支出等，还要考虑社会各阶层民众和团体的需求和满意程度，公共政策和公共产品输出的公平和社会效果等非经济表现。公共部门绩效评估的指标主要集中在提供公共服务的质量和态度等方面，这些指标的共同点都是难以量化。相比而言，私营部门更加侧重对经济情况、生产经营情况、员工的工作实绩、组织成员学习培训、组织成长等方面进行评估。私营部门绩效评估通常关注的是企业活动的效率性、效果性，绩效评估的指标主要集中在财务效益、资产运营、发展能力等方面，对企业自身的经营状况和经营者的管理素质和管理行为及其结果进行综合的考察检验，而且财务指标是企业绩效评估指标体系的核心，这些指标都具有可直接量化的特点，通过这些指标的使用可以激励员工创造利润，开拓企业生存发展的市场。总之，对于私营部门而言，管理的绩效主要体现为在遵守法制前提下，节省劳动消耗，获得更大的经济效益。公共部门的管理则不同，它是对国家事务和社会事务的管理活动，是利国、利民的服务活动。评估公共部门活动的结果、效率，必须注意普遍的社会效果，要看社会性因素和精神性因素，不能简单地以人力、物力、财力的数量分析来评价行政目标的实现的程度，这正是行政管理的特性所决定的。

5. 评估难易的差异

公共部门进行绩效评估相对比较困难。公共部门的产出有其特殊性，一是它的无形性，如提高人们素质、实现社会公平等大多数是无形的服务，难以科学、恰当地确定哪些因素可以构成绩效评估的标准和指标，各标准和指标之间的相互关系及权重更难科学、准确地确定。二是公共部门的产出具有垄断性和非营利性，这种垄断性和非营利性使其产出进入市场的交易体系时，很难甚至于不可能形成一个反映其生产机会成本的货币价格，这使其缺乏确定性和可度量性，使公共部门绩效评估的客观指标难以确定。另外，公共政策的特殊性也是评估困难的原因之一，有时一项公共政策的实施和效果的获得并不是同步的，这并不符合政府年度评估等制度习惯，加大了公共部门绩效评估的难度。私营部门在本质上是一个经济组织，在参与市场经济的过程中，其投入、生产、管理和产出都可以由货币来量化，对其投资获益率、资金周转率、市场占有率等都可以制定清晰的量化标准，而且其产品或服务质量可以通过其销售总额和社会口碑以及大众反馈情况来确定，公众的消费心理、选择偏好等都让他们热衷于谈论消费品并互相交流对企业的评价和口碑，使私营部门便于得到市场回馈。当然最直接的还是通过成本—收益模型以及企业的利润分析来衡量。私营部门的供销情况、资金利用情况等信息绝大部分有数据档案，易于量化评估。因而对其进行绩效评估的客观指标也较容易确定，这为私营部门绩效评估提供了直接和直观的基础，提供了进行比较的依据。

二、税务机关绩效管理的实践历程

（一）提出、开展阶段

作为国务院重要职能部门之一，国家税务总局积极响应、贯彻落实党中央、国务院重大战略部署，在推进政府绩效管理方面也是走在了前列。在税务系统绩效管理正式开展之前，全国税务系统通过目标责任制考评对各相关单位和个人工作情况进行考核评价。目标责任制考评作为绩效管理的"前身"，也和现行的绩效管理制度有相似之处，都是通过建立考评指标体系来对总局司局机关和省市县局税务相关工作进行考核评价。目标责任制考评相当长一段时间内，在税务系统中扮演了绩效管理的角色，为税收事业的发展起到了积极的推动作用，但是在实际工作中，目标责任制考评也存在一些问题和缺陷，比如考评指标过于笼统、覆盖面较窄、考评区分度不大、侧重部门成绩、个人工作业绩无法评判等。在目标责任制考核背景下，基本上各单位和部门的考核成绩都是满分，最终"都具备"评选先进部门和个人的资格。同时，目标责任制没有对单位内部个人进行评价，无法衡量个人工作情况。顺应时代发展的潮流，国家税务总局在充分学习、吸收、借鉴已经开展绩效管理的省级政府或者部委的试点经验和成功案例的基础上，充分结合系统工作特点和实际，在经过理论可行性论证和实践可操作性调研后，在2013年12月10日印发了《国家税务总局关于实施绩效管理的意见》，文件的正式发布标志着全国税务系统绩效管理工作拉开帷幕。

（二）试点起步阶段

如前文所述，在税务系统长时间开展的目标责任制考评，在考评区分度不大和无法对个人工作进行准确评价两方面存在着突出的缺陷和问题。2013年，国家税务总局在学习借鉴了部委、省市政府绩效管理试点的经验的基础上，兵分两路，一面是在借鉴目标责任制考评的优势，制定税务系统绩效管理的制度规则和指标,一面是派出人员分别到北京、浙江等省市县各级国地税系统,进行深入调研和走访,了解基层工作与绩效管理开展的契合度,获取大量鲜活的一手资料,及时反馈到国家税务总局绩效制定人员。

绩效管理试行工作从 2014 年 1 月 1 日起在总局机关和部分省国税局、地税局试点。2014 年 7 月 1 日起,在非试点单位全面试行。绩效管理试行工作分两个阶段进行：总局机关和辽宁省等 9 个单位为试点。非试点单位 2014 年 4 月启动准备工作,2014 年 7 月 1 日开始试行,年终与试点单位一并考评。从 2014 年 1 月 1 日至 6 月 30 日,这半年时间在试点单位开展的工作即为税务绩效管理 1.0 版。2015 年初级阶段的税务系统绩效管理在总局机关和 9 个省（市）国地税局进行试点,通过搭建 1.0 版,正式对绩效管理模式进行探索,打响了税务绩效管理工作"第一枪"。税务部门的绩效管理试点 1.0 版的正式推行,体现出税务系统勇于探索、积极实践的求真务实态度和雷厉风行、刀刃向内的工作作风,也为日后税务系统全方位深入推进绩效管理工作奠定了坚实的基础。

（三）改革发展阶段

经过半年的试点运行,各地国地税和税务总局机关普遍反映,绩效管理工作运行平稳良好,制度和指标考评已经实现落地,标志着税务系统绩效管理工作试点起步工作已经成功。接下来,绩效管理 2.0 版到 4.0 版是税务系统绩效管理进入的改革发展阶段。

这里面必须提到的一个重要观点就是"持续改进"。税务总局王军局长指出"持续改进是税务系统绩效管理的核心要义"。绩效管理是个世界性的难题,本身在运行中就会面临着各式各样的问题。税务系统绩效管理诞生才 4 年,事物在发展中必然会出现各类的问题。出现问题不能回避和否认,要找准问题出现和发生的原因,对症下药,让问题一个一个暴露出来,把问题一个一个解决完毕,方才有助于绩效管理长效健康发展。让工作质效切实提升,个人目标有效实现,这才是绩效管理的最终目的。2014 年下半年到 2016 年,税务总局通过不断总结实践经验,针对发现的问题反复调研研讨,持续对绩效管理工作进行改进发展。绩效 2.0 版至 4.0 版就是在此期间诞生的。这个阶段在税务系统绩效管理工作沿革中起着至关重要的作用,主要是承上启下,特点是变动较大,每次调整无论是考评的指标,还是考评的规则都有很多的变化,都是针对上面版本运行中出现问题的直接的改进和反馈，也为绩效管理后续的成熟稳定进行了有益的探索和尝试。当然这个阶段的调整普遍存在"头疼医头"的问题，很多指标的设计和规则的修改只是为了解决眼前的个别问题，有时会忽略掉绩效稳定性和可预期性的问题。

1. 优化绩效管理指标体系

税务系统的绩效管理2.0版探索将所有工作列入指标，指标数量激增，导致各单位工作压力过大，且不分主次，推进工作效果不理想。3.0版到4.0版进一步精简优化指标体系，取消考评实用性不强、区分度不高的指标。进一步强化平时考评，大幅削减年度考评指标数量，代之以按月、按季考评，更好地完成过程监控。

2. 进一步压缩特别加分分值

从试点阶段不设加分上限，到4.0版加分上限压缩到30分，第一名不超过30分的，按实际得分确认，超过的第一名为30分，其余单位采用与第一名标杆比例法确认加分。进一步凸显指标，降低特别加分影响绩效最终成绩的因素。

3. 完善应用绩效管理信息系统

建立了绩效管理信息技术平台支撑，所有考评事项和考评流程系统全程监控，全程办理，减少了税务干部工作负担。信息系统的建立成为绩效管理工作的有力保障和依托。

4. 探索推进个人绩效管理

税务总局统筹设计，全国税务系统分级管理，探索建立将任务分解到个人，与组织绩效互动挂钩的个人绩效考评体系。进一步发挥绩效管理试点单位的带动作用，自2014年7月1日起，在河北、辽宁、安徽、陕西、甘肃国税局和浙江、广东、陕西、青岛地税局9个省税务局和税务总局办公厅、财产行为税司、大企业管理司、稽查局、督察内审司、电税中心6个司局，试点开展个人绩效管理。试点省税务局的省局机关全体干部纳入个人绩效管理，每个省局至少确定1个市局、1个县局，在全体干部中开展个人绩效管理。税务总局试点司局的全体干部纳入个人绩效管理。税务系统各单位因地制宜探索个人绩效管理。2015年起在全国税务系统正式施行。个人绩效的正式推出是绩效管理的又一个突破，解决了之前"目标责任制"考评的最大缺陷，使得个人的工作情况能够科学地通过分数呈现出来。

5. 积极培养绩效管理专业人才队伍

实行绩效管理人员跟班轮训制度，加强绩效管理分级培训、分类指导。积极与国内绩效管理方面的专家团队合作，借鉴外部成功经验，促进提升绩效管理理论水平和实践能力。各单位至少培养2~3名熟练掌握应用绩效管理理论和工作方法的专业骨干，推动绩效管理工作持续深入开展。

（四）成熟稳定阶段

税务系统绩效管理系统从5.0版到6.0版标志着税务系统绩效管理工作已经进入成熟平稳运行阶段。这个阶段的绩效管理保持基本框架稳定，更加突出抓班子定位；指标数量只减不增，更加突出重点工作任务，指标考评数量下降30%；坚持量化考评优先，更加突出正向激励，量化指标数量占到总考评数量的50%；优化分档考评方式，更加突出客观公正；改进加减分项目，更加突出激励约束作用；加大评议审核力度，更加突出考评严肃性。

第二节 税务机关现行绩效管理的主要内容

自实施税务系统绩效管理以来，税务系统绩效管理取得了显著成效。2018年，在结合税务系统绩效管理的经验基础上，国家税务总局推行了新的税务系统绩效管理体系，税务系统绩效管理又得以改进。本章以×××省（市）税务局的绩效管理为案例，梳理出了税务系统绩效管理涉及的主要内容。之所以将×××省（市）税务局绩效管理作为例子，因为×××省（市）税务局，作为省级税务部门，处于第二阶梯，即对上要承接完成税务总局指标，在内部管理中要对27个处室进行考评，对下则要对18个区（地区）税务局进行考评，具有一定的典型性，更能完整地体现绩效管理工作在不同层级税务部门之间以及同一层级各内设部门之间是如何运转推进的。

一、绩效管理制度体系

×××省（市）税务局整个系统严格按照国家税务总局的绩效管理要求，精心制定出科学完备的绩效管理制度体系。

（一）机构设置

设立了专门的绩效考评领导小组（以下简称"领导小组"）、绩效考评委员会（以下简称"考评委员会"）、绩效办公室（以下简称"绩效办"），各机构分工明确，运转协调高速。

1. 领导小组

一般情况下，领导小组由本级税务局党组书记、局长任组长，副局长任副组长（主管副局长负责日常工作），办公室等相关处室主要负责人任小组成员。领导小组职责主要是在绩效管理工作中，出现较大争议或者需要确定的重大事项做出决策。

重大事项主要包括年初指标和规则确定、年终最终成绩的确定等。较大争议事项是指考评委员会无法裁定解决的事项，此时也需领导小组加以确认，例如被考评单位对考评成绩提出重大异议。领导小组会议一般一年召开两次，年初和年末各一次，平时工作委托考评委员会进行。

2. 绩效考评委员会

委员会主任一般由本级税务局主管副局长担任，副主任由本级税务局办公室主任担任，小组成员由相关处室主要负责人担任。考评委员会负责对本级税务局绩效管理重要事项进行审核裁定。重要事项主要包括指标的制定和修改、争议事项的审定、系统日常绩效管理监控等内容。考评委员会负责对领导小组讨论事项进行初审和初裁。考评委员会一般每季度召开一次，如有需要可以临时召开裁定事项。

3. 绩效管理办公室

绩效办作为主要负责绩效日常管理工作的部门，绩效办主任由本级税务局办公室主任担任，副主任由办公室负责绩效管理工作直接负责人担任，小组成员由相关处室主要负责人担任。绩效办的日常工作较为繁杂，关系着组织绩效工作能否顺利平稳运行，因此，国家税务总局明确各级税务机关绩效办人员的数量和专兼职等具体要求。主要的工作有指标和规则的制定、绩效系统的操作维护、组织开展绩效培训学习、日常考评运行管理。绩效办机构一般设置在本单位办公室下，部分税务机关也有将绩效办设置在人事处或者党委办公室下面的情况。

（二）规章制度体系

绩效管理具有牵引和可预期性，要让各单位和个人了解到考评什么、如何考评、怎样运用是做好绩效管理工作的前提。税务总局每年都会根据考评工作实际需要，出台对税务局考评规则、加减分办法、考评指标以及考评指标细则等文件。例如，×××国税局于2017年2月10日正式印发了《×××省（市）国家税务局关于印发〈2017年×××省（市）国家税务局对市（区、县）级国税局组织绩效考评规则〉等文件的通知》，内附7个附件。分别对×××省（市）国税局局机关层面和下级区局层面的考评制度规则、加减分项目以及机关共性、个性指标做了明确的规定和要求。×××省（市）国税局领导小组明确要求，除了税务总局更改考评指标或者规则内容之外，考评周期内一律不得对考评规则、办法、加减分项目、考评指标进行调整，保持同一考评周期考评的可比性和一致性，让被考评单位和个人具有稳定预期，保证绩效管理考评的公正和公平。

二、绩效管理指标体系

绩效指标是根据绩效计划的具体要求，采用科学的方法，对完成工作任务、实现工作目标、改进工作方式、提升工作绩效而设定的一种可量化、可实现、可衡量的标准。指标是计划目标的具体化，是标准，是施工图，给我们提出了工作标准和要求，为工作具体实施指明了方向，是我们实施绩效管理的核心和关键。不难看出，绩效管理的基础和核心就在考评指标的制定上，可以说能不能编制出科学、合理、可靠，同时兼顾重点工作任务和工作薄弱环节的指标体系，关乎着税务系统能否如愿推进整体绩效管理工作。例如，×××省（市）国税局高度重视指标体系建设，经过近几年的绩效管理实践，逐渐形成了一套从指标承接，分解到指标制定完善的、规范科学的指标编制流程体系。

（一）指标体系

1. 指标的要素和内容

税务系统绩效考评指标由目标体系和技术参数两部分组成。其中目标体系包括战略目标、一至三级指标。技术参数包括考评标准、分值等内容。

（1）税务机关目标体系，以×××省（市）国税局绩效考评指标为例，绩效考核目标体系结构见表7-1。

表 7-1 ×××省（市）国税局绩效考评指标结构

战略目标	一级指标	二级指标	三级指标	考评标准	分值	考评方法	量化机考	考评周期	工作监控	考评部门
高效清廉的组织体系	行政效能	机关运行	运转保障	信访答复、复查、复核不符合规定和要求的，按项扣0.2分；未按要求派人协助市局处理在市局机关留访、缠访闹访、集体访的，按次扣0.5分；发生10人以上集体上访，未有效配合市局进行处置的，按次扣1分。	15	直接扣分法	非量化	半年	按照考评时点对工作开展情况进行审核，并将考评结果录入系统公示。	办公室

绩效指标制定依据的战略目标可以分为六大类，即"完备规范的税法体系""成熟定型的税制体系""稳固强大的信息体系""科学严密的征管体系""优质便捷的服务体系""高效清廉的组织体系"，战略指标主要体现指标体系的整体逻辑。

在每一个战略目标之下，再细化为一级指标（战略举措）、二级指标（重点工作职能）、三级指标（落地指标、年度工作、KPI）。每一级指标有着抽象和具体、包含和被包含的关系，简单地可以总结为"向上可归纳、向下可分解"。日常在讨论研究某一绩效指标时，一般使用三级指标名称。例如，×××省（市）国税局绩效三级指标见表7-2。

表 7-2 ×××省（市）国税局绩效三级指标

一级指标	二级指标	三级指标
机关效能	严格财务管理	预算执行率
	推行绩效管理	组织绩效运转
		个人绩效试点
		信息系统建设

（2）技术参数。技术参数中，考评标准对该项工作的考核要求和评分标准做出了明确要求，主要内容包括什么时间、采取何种措施、完成哪些工作任务、达到何种目标、如何考评计分。考评标准应当详细准确，不得出现工作要求不具体，扣分标准有歧义、不确定的情况。鉴于部分工作开展和考评维度及要求较为复杂，因此，在考评标准表述的基础上，各考评单位应对被考评单位制定考评细则，用于进一步细化本单位负责考评的指标，以利于工作开展。

分值就是考评年度该项指标对被考评单位的总分值，如果是分档考评的，则上半年考核分数占全年的40%，下半年占60%。分值的设置，国家税务总局主要采用五星排序法（即按重要程度、复杂程度、工作量大小进行五星评价打分，得出每条指标分值）和实用经验法（首先均分权重到每个指标上，在以此为基数，对每个指标进行微调）赋分；而省局层面主要是按照承接总局分值，结合该项工作重要程度和开展难度综合考虑进行赋分。

考评方法主要是指考评单位在考评过程中运用的计分方式，采用的考评方法主要包括基准加减分法、分档考评法、直接扣分法。基准加减分法是指，指标设定目标任务值，实现目标任务值的，得基准分值；超出目标任务值的，按照指标规定在基准值上予以相应加分，反之予以减分。分档考评法是定性与定量相结合的考评方式，将标准划分为"好""良好""一般"三个档次，每个档次明确具体完成标准或者数量比例，将被考评单位按照工作完成情况分入相应档次。现行分档考评法较之前有了改变，即对被考评单位只分为两档，其中前40%为"第1段"单位，其他单位为"第2段"。"第1段"单位得满分，"第2段"单位得标准分值的95%。直接扣分法比较简单，设定指标时明确出现的具体问题，并赋予相应的减分分值，出现工作失误，按照规定予以直接扣减。上面引用的办公室考评指标均为直接扣分法，大部分也都采用直接扣分法考评。

量化机考是指，该项指标考评依据是否为可以量化为体现在税收工作系统中的数据。量化机考分为量化和非量化两类。因为税务系统很大一部分工作不能像税收收入、欠税变动率等指标一样准确量化考评，所以特别设置了非量化考评指标。机考量化指标约占总体指标数量的40%。

考评周期是指考评部门对被考评部门针对考评指标的打分周期，主要分为月、季度、半年、全年和时点。在分解制定指标时，设计考评周期主要是判断工作的性质、重要性和开展难易程度。重点专项工作可按工作时点考评。常规工作要综合考虑取数难易程度，若可从业务系统自动取数，可按月、季度考评。若需人工查访核验，可按季度或半年考评。结果评价型的工作按年考评，一般是各类测评类指标、满意度调查等。为了保证绩效考评持续深入开展，有些税务局强调过程管理和日常监督，要求各考评单位按年考评指标原则上不超过30%。

工作监控是对于考评单位和被考评单位设置的双向的监控考评。对于被考评单位，是由考评单位按照考评要求，对其日常工作开展情况进行监控，当然也包括工作提醒。为了进一步规范考评过程，绩效办专门设置了针对考评单位的工作监控。如果考评单位未按照规定时限履行考评职责，经绩效办核实后，会在共性指标"绩效运转"中扣减相关考评单位指标分数。

要素的最后一点是考评单位和被考评单位。在表格中最后一列只列明了考评单位，是因为每个被考评单位都会拿到一张本单位被考评的所有指标的表格，故而被考评单位就是本单位，所以在表格中未列明。考评单位的职责也很重要，不仅要涉及考评指标和考评细则，对于考评单位要进行指导和帮助，开展培训，工作中发现问题及时指出并敦促整改，收集被考评单位反馈的各类意见建议，有针对性地改进考评工作。

2. 指标分类

按照被考评对象类别的不同，税务系统绩效管理指标分为系统指标、机关指标两大类。本级税务局考评下级税务局的指标称为系统指标，考评本级税务局内设处室机关单位的指标称为机关指标。系统指标是纵向考核，考核下级单位，机关指标是横向考核，考核同级单位。机关指标是各处室作为考评单位，考评相关处室的指标，又可以分为共性指标和个性指标两类。共性指标是指被考评单位为所有处室序列单位的指标，也就是说所有参加考评序列的单位均有此项被考评指标。

共性指标一般为非业务类指标，主要是针对机关运转常见的问题进行有针对性的设计，聚焦提升内部运转效率和组织能力的指标，如办文、督办、教育培训、内部协作配合等。以人事处三级指标"工作纪律"为例，该项指标考评范围涉及所有参加考评序列单位，故而应作为机关共性考评指标。例如，×××省（市）国税局共性绩效考核指标组成部分见表7-3。

表7-3 ×××省（市）国税局共性绩效考评指标

战略目标	一级指标	二级指标	三级指标	考评标准	分值	考评方法	量化机考	考评周期	工作监控	考评部门
高效清廉的组织体系	干部队伍建设	干部管理	工作纪律	严肃工作纪律，严格机关考勤。对各单位考勤上报情况与实际出勤情况进行抽查核对，凡与实际情况不符的，每人次扣0.1分。	10	直接扣分法	量化	半年	按照考评时点对工作开展情况进行审核，并将考评结果录入系统公示。	人事处

个性指标是指被考评单位为部分处室序列单位的指标，也就是说该项考评指标针对的被考评对象不是所有单位。个性指标的来源一般为承担上级机

关重要工作（上级任务分解）以及考评单位的核心职能工作。例如，×××省（市）国税局个性绩效考核指标组成部分见表7-4。

表7-4 ×××省（市）国税局个性绩效考评指标

战略目标	一级指标	二级指标	三级指标	考评标准	分值	考评方法	量化机考	考评周期	工作监控	考评部门
高效清廉的组织体系	行政效能	工作配合	组织收入	根据组织收入工作配合情况，年度终了后对法规处、货物劳务税处、所得税处进行考评（10分）。各部门按照分管业务完成工作的得满分，逾期完成扣0.5分，未完成不得分。	10	直接扣分法	非量化	年	年度终了前10日，对考评情况进行打分，并将考评结果录入系统公示。	收入核算处

（二）指标分解

绩效指标是根据绩效计划的具体要求，采用科学的方法，对完成工作任务、实现工作目标、改进工作方式、提升工作绩效而设定的一种可量化、可实现、可衡量的标准。如何将绩效指标合理准确分解，决定着相应的工作任务落实的质量。部分税务局经过多年的实践学习，已经形成了一套行之有效的绩效指标分解的成熟方法。指标分解的核心是明确绩效指标的来源。绩效指标不是无本之木、无水之源，每一条考评的指标都是有其来源出处和存在价值的。我们认为，每个被考评单位的指标主要由上级考评指标、本级党政考评指标和本局党组重点工作三部分组成。上级考评指标主要是税务总局相应的司局当年对省局的考评指标，这些指标是考评的重中之重，必须纳入指标分解范围。本级党政考评指标主要是本级政府绩效考评中可以和总局考评结合的指标。由于税务系统属于垂直管理单位，所以绩效考评同时对上级主管税务部门和同级政府考评。例如，×××省（市）国税局特别对××省（市）政府绩效考评指标中一些可转化、可平移、可合并的指标进行筛选优化，列入税务总局绩效考评指标，实现进一家门、办两家事的效果。第三部分是市局党组重点工作，在分解指标时，要将市局党组今年安排部署的核心重点工作梳理整合，在绩效考评指标中予以体现。

指标分解的重点是掌握分解绩效指标的要求。首先是指标的完整性，即分解后要保证指标要素完整规范。指标应包含名称、考评标准、标准分值、考评周期、考评方式、考评部门等内容。其次是指标的可考性，即要保证绩效指标考评标准不脱离工作实际,具有可考评性,这也是指标编制的核心部分。实际工作中要求不得简单照搬上级指标,同时不得简单承接。不能忽略的是指标的精简性,这就要求市级税务局关注考评指标数量,税务总局明确要求省考市、市考县指标数量,逐级只减不增。最后是合理确定指标分解承接单位。在分解承接上级全局性或综合性工作指标时,要合理确定相关部门责任,有些指标工作不是一个处室能单独完成的,就要求先行确定主办单位,再由主办单位按照工作性质和工作要求确认配合单位。

这里必须提到的是分解绩效指标注意事项。分解指标的最终目的是要通过对税务总局指标的科学分解,引导各级各部门紧紧围绕税务总局的工作部署,扎实有效地开展工作,确保税务总局工作目标的实现。因此,在分解指标时还要把握合理界定指标分解的延伸层级,对于省考市、市考县的指标,原则是凡是本级部门能够完成上级考评任务的,一律不再向下分解。理清指标分解时部门的责任分工,应结合本层级情况合理确定承接部门。涉及多个部门的,要根据不同部门职责,有针对性地设置机关个性指标或共性指标来分解编制指标。最后是完善指标分解后的标准设计,分解总局的分档指标时,要避免不顾被考评单位的数量情况和实际情况而"强制分档、一分到底",更要避免将上级考评成绩直接作为标准内容进行考评等做法。

三、绩效管理考评体系

在完备的制度体系和科学的指标体系的基础上,通过高效运转的绩效管理考评体系,将指标、日常工作以及工作完成情况进行有机结合,通过信息化系统和纸质资料保证所有过程管理留痕,保障绩效管理工作平稳推进。

(一)组织绩效与个人绩效

税务系统绩效管理考评体系主要是通过对各级税务机关(包括内设机构)和税务干部个人两个维度的考评对相应单位和个人的工作成果进行评价。对各级税务机关(包括内设机构)考评的称为组织绩效,而对税务干部个人进行考评的称为个人绩效。组织绩效和个人绩效两者共同构成税务系统绩效管理的核心组成部分。两者的考评将税务系统主要工作覆盖,特别是个人绩效解决了一直存在的公务员个人工作质效难以客观准确衡量的问题,应该说在个人工作质效评价方面,税务系统个人绩效做出了有益的探索,并取得了一定的成果。组织绩效和个人绩效是对两个不同客体进行的绩效考评,但是两者既有区别，又有内在的联系，加强组织绩效和个人绩效的互动和融合，更是绩效管理工作的努力方向之一。

1. 组织绩效

组织绩效就是组织也就是各级税务机关（包括内设机构）的绩效。各单位组织绩效成绩组成主要由指标考评成绩和特别加减分合计两部分组成。

某单位组织绩效成绩＝该单位指标考评分＋特别加减分合计

指标考评分为本单位被考评指标总分减去指标扣分。税务机关与参与考评的内设机构指标考评分均为 1000 分。1000 分为年初指标设定考评分值总和，在全年考评过程中，如遇到增加、减少或者修改指标，导致指标总和超过或者不足 1000 分的，年终考评按照该单位指标最终得分还原成千分制得分，作为最终指标考评分值。例如，北京市国税局、北京市东城区国税局等作为税务机关参加考评，指标为系统指标共计 1000 分。北京市国税局办公室、北京市东城区国税局办公室作为内设机构参与同序列考评时，指标分为个性指标和共性指标，其中个性指标满分 400 分，共性指标 600 分，合计 1000 分。特别加减分合计是参照税务系统工作性质和特点设计的在指标分值以外的加分或者减分项目，如果被考评单位的工作符合加分项目要求，可以额外予以特别加分鼓励；同样，如果被考评单位工作存在问题属于减分项目规定范围内的，要进行相应的减分处理。特别加分与特别减分是在指标范围外，鼓励税务系统单位或个人发挥主观能动性，创造性开展工作的强有力的助推器。

为了进一步突出税务核心工作，凸显指标考评工作的重要地位，2017 年绩效管理再次对特别加减分项目和分值做了大幅的缩减。以税务总局考评省级税务系统为例，2016 年特别加分总分上限为 30 分，超过 30 分的，以最高分为标杆计 30 分，其余单位按占最高分单位比例还原计分。加分项目有荣誉表彰、领导批示、税收宣传和其他项目，加分项目基本单个具体项目，也设置了加分上限（除了党中央国务院领导批示、税务总局局长批示和各省党政主要负责人批示）。减分项目包括舆情应对、领导批示、党风廉政和其他项目。2017 年将加分总分上限缩减为 15 分，加分项目继续精简，荣誉表彰部分删除省部级以上单位表扬信；领导批示对各省党政主要负责人批示设置上限 4 个，共计 2 分，税务总局副职领导和各省党政副职领导加分上限为 2 分，且每个领导加分上限为 5 个 1 分；删除税收宣传特别加分项目。减分项目及分值与以往基本相同,且不设置减分上限。删除的加分项目主要是与税收工作关联性不强或者各省标准和流程不统一的项目,此举也是在最大限度上统一特别加分的尺度,同时凸显税务绩效指标考评的核心地位和作用。

2. 个人绩效

个人绩效的考评可以说是税务系统开展绩效管理工作的特色亮点之一。推行个人绩效管理是促进组织绩效管理有效运转的重要保障。做好组织绩效管理一个重要方面是确保指标落地、责任到人。但从组织绩效管理运行机理看,组织绩效以单位组织为考评对象,评价的是单位组织行为,不直接评价个人业绩,一定程度上存在组织任务与个人责任不能完全对接和落地的问题。同时,由于组织绩效指标是针对单位编制的,对应分解到个人,客观上造成税务干部之间承担组织绩效任务不平衡,不利于调动全员干部的积极性。在推进组织绩效管理的同时,配套跟进个人绩效管理,有利于组织任务和个人责任紧密融合,使组织绩效管理进一步延伸拓展,实现预期目标,也有利于组织绩效和个人绩效相互支撑、互为依托,建立体系完整、机制科学、功能完善的绩效管理运行机制。

个人绩效成绩组成按税务干部个人级别不同由不同部分组成,且不同级别相应成绩组织所占权重不同。个人绩效采用百分制,各单位主要负责人的绩效成绩为其所在单位的组织绩效成绩(组织绩效占100%权重);单位副职的绩效成绩包括组织绩效(50%)、工作努力程度(50%)和加减分项目;其他工作人员的绩效成绩包括组织绩效成绩(20%)、个人工作任务(20%)、工作努力程度(60%)和加减分项目。

组织绩效成绩实行与当年度各单位组织绩效成绩按一定比例挂钩方式进行考评。个人工作任务包括各单位按照岗位职责要求承接的组织绩效任务、重点工作任务、日常工作任务和本单位安排的其他临时性工作任务。个人工作任务由被考评个人自评打分,并通过单位主管领导和主要负责人两级确认。工作努力程度按照个人履行工作职责和完成工作任务的纪律约束、规范执行、完成进度、难易程度、效果评价等反映个人努力程度的综合维度标准确定,采取上两级领导测评的方式进行。个人绩效加减分项目包括共性项目和个性项目。以北京国税局为例,共性项目是其所在单位在税务总局组织绩效考评中的加减分项目能够分解到个人的部分。个性项目为各单位根据工作实际情况自行制定并组织考核的项目。加分项目是指个人因取得工作业绩突出、做出重要贡献等情形予以加分的项目；减分项目是指个人因工作履职不到位、违反工作纪律或机关日常管理规范等情形予以减分的项目。个性加减分适用于各单位负责人以外的其他工作人员。

不同级别人员考评周期也有所不同。各单位主要负责人的个人绩效，以年度为考评周期；单位副职的个人绩效，以半年度为考评周期；工作人员的个人绩效，以季度为考评周期。对个人工作任务和工作努力程度实行平时考核。平时考核依考评周期按照确定考核指标、个人工作纪实、领导审核评鉴、反馈考核结果、公示考核情况、汇总考核程序的程序进行。全年组织绩效分数和加减分项目确定后，结合平时考评的个人工作任务和工作努力程度得分，最终形成被考评税务干部的个人绩效成绩。全年绩效考评成绩在规定的评定范围内排名前40%的，考评等次为"1段"，并严格按照个人绩效结果运用办法相关要求和规定进行结果运用。

（二）日常管理与考评

绩效考评成绩的确定是年底年初的某一时点，但是功夫都在日常的管理与考评工作中，只有在日常管理中做到严考实评，才能做到绩效管理精准到位，才能让最终的成绩与单位和个人的真实工作情况相一致，才能有公信力。

1. "四会一课"制度——夯实基础

定期召开绩效工作管理会、绩效讲评会，根据工作需要不定期召开领导小组会、考评委员会。"一课"是主要负责人和主管负责人定期讲绩效课程。税务局党组要求绩效管理内容应当纳入所有税务干部培训中。在初级、科级干部任职培训、知识更新培训，包括新入职干部的初任培训中，都会安排市局领导或者市局绩效办相关领导干部进行绩效管理授课。

2. 信息化和留痕化操作——培养习惯

组织绩效考评使用税务总局研发系统，个人绩效考评采用×××省（市）国税局自行研发系统，从指标制定、指标分解、指标完成录入、指标考评、结果生成全部纳入信息化系统，提升工作效率。在保证系统平稳运行的同时，税务局还对指标考评、加减分申报等重点环节要求纸质资料与系统并行，纸质资料需经相关领导流转签字，且与系统申报内容核对一致后，系统方可予以审核，在最大程度上为各单位提供便利的基础上，进一步堵塞漏洞。

3. 沟通双向督导覆盖——形成合力

绩效工作要想高效平稳开展,绩效办与考评部门、被考评部门的有效顺畅沟通是前提和基础。税务局高度重视绩效交流和沟通,在指标制定前,征求处室、分局意见建议,收集后整体归纳反馈总局并供处室在制定分解指标时参考。每年指标制定会经历"三上三下"三次往返。同时绩效办成员在全年下到税务机关进行绩效督导全覆盖。绩效督导形式是"督",重点在"导",通过向下走这种形式,深入基层一线,通过调查问卷、座谈会、实地检查等方式了解一线干部对绩效管理工作的"心声",绩效办人员当场回答干部的疑问困惑,并收集整理干部的意见建议,整理后上报市局党组和税务总局。例如,自2017年截至目前,北京市国税局绩效办已实现基层绩效督导全覆盖,发放问卷200余份,整理收集意见建议15条。相关问题已经列入2018年绩效管理持续改进计划中。

4. 创新思维拓宽渠道——凝聚文化

文化是精神的高度提炼和载体。例如,北京国税局开展绩效管理工作4年来,在规范制度、夯实基础的情况下,深入挖掘绩效管理工作内涵,多种形式提炼凝聚北京国税绩效文化。通过研发绩效管理手机App、绩效微信群、我为绩效献一策、绩效文化沙龙、绩效减压室等活动为大家提供便利和交流的平台。通过绩效指标上墙,绩效微感言、微刊物、微视频加大宣传力度,绩效书签、绩效日历则让绩效管理如同我们的伙伴一样陪伴在我们身边,和我们一同工作、一起成长。干部们也通过撰写绩效诗歌、绩效书法等形式抒发自己对绩效管理的理解和感情。绩效管理真正实现了在税务干部中入脑入心,形成了良好的绩效文化氛围。

四、绩效管理结果运用体系

绩效管理考评结果运用是绩效管理的最终实现方式,如果不能严格准确运用绩效考核结果,会让绩效管理的公信力和认可度大打折扣。一些税务局会制定保证绩效考核结果运用的办法,保证在客观公正考评的基础上对考评结果的运用。

例如,北京国税局要求将绩效考评结果运用于干部任用、年度考核、评先评优、其他运用四个方面。坚持"凡任必用""凡考必用""凡评必用"。在规定的考评单位和人员范围内,将考评成绩划分为3段,排名位于前40%

的为第1段，位于中间的40%为第2段，位于后20%的为第3段。

在干部任用方面，审核上两年及当年个人绩效考评成绩，坚持绩效考评成绩"五必看"，即"提拔必看""转任必看""调任重要岗位必看""试用期转正必看""推荐选拔后备干部必看"。涉及以上任用的干部，个人绩效考评成绩上两年及当年截至干部任用时必须均位于第2段以上，同等条件下位于第1段的优先考虑。处室年度绩效考评排名第一的，考评年度次年，增加1个处级职务晋升名额。排名末位的，考评年度次年，减少1个处级职务晋升名额。区（地区）国家税务局年度绩效考评排名第一、第二的，考评年度次年，各增加1个处级职务晋升名额。排名末位的，考评年度次年，减少1个处级职务晋升名额。处室、区（地区）国家税务局年度绩效考评连续两年均排名末位，且主要负责人在该单位任职两年以上的，认定其不适宜担任现职，按照《推进领导干部能上能下若干规定（试行）》予以调整。

在年度考核方面，处室年度绩效考评排名第二的，当年公务员年度考核调增1个"优秀"等次名额。处室年度绩效考评排名倒数第一的，当年公务员年度考核调减1个"优秀"等次名额。区（地区）国家税务局年度绩效考评排名第三、第四的，当年公务员年度考核各调增1个领导班子成员"优秀"等次名额。调减排名倒数第二位的1个领导班子成员"优秀"等次名额。处室、区（地区）国家税务局年度绩效考评未达到第1段的，当年公务员年度考核其主要负责人不能被评为"优秀"等次。干部年度个人绩效考评成绩未达到第1段的，当年公务员年度考核不能被评为"优秀"等次。

在评先评优方面，北京市税务系统评选或推荐各类先进集体和个人，其绩效考评成绩上两年必须均位于第2段以上，同等条件下位于第1段的优先考虑。区（地区）国税局年度绩效考评排名第一的，在次年北京市税务局组织的北京市税务系统综合类评选表彰项目时，为其增加1个评优评先名额。

在其他运用方面，处室和区（地区）国税局年度绩效考评连续两年上升且累计上升位次排名第一的，在全市国税系统予以通报表扬。处室和区（地区）税务局年度绩效考评排名末位的，主要负责人向市局党组做出说明。

第三节 税务机关绩效管理的成效与持续改进

一、税务系统绩效管理体系的应用成效

我国税务系统实施绩效管理取得了明显的成效,新华社《瞭望》周刊、《国内动态清样》等重要媒体都做过报道,在第十届国际税收征管论坛上得到了国外同行的积极评价。尤其是在2018年,世界银行发布全球公共部门绩效报告,总结不同国家和地区政府推行绩效管理的主要特点和趋势,并遴选出值得借鉴的案例进行介绍,中国税务部门绩效管理经验入选最佳案例。

税务系统绩效管理体系是部署任务的航标、落实工作的抓手、评价效能的基准,通过组织绩效与个人绩效"双轮驱动"、过程控制与结果运用"动真碰硬",横向到边、纵向到底、任务到岗、责任到人的格局基本形成,为贯彻执行中央决策部署、落实税收改革发展重任提供了有力保障。税务系统开展的绩效管理工作具有高位推进、上下联动、闭环运行、自我更新的特点,在全国处于领先地位,是中央国家机关推行绩效管理的典范。

(一)促进了税务重大改革和重大政策落实

税务系统绩效管理工作以服务于党和国家工作大局为战略导向,紧密围绕并深入贯彻党的十八大和十八届三中、四中和五中全会精神以及中央经济工作会议精神,认真落实《深化财税体制改革总体方案》《深化国税、地税征管体制改革方案》,坚持将绩效管理的战略目标和重点任务有机结合,促进了税务重大改革决策部署的落实。所以说,税务系统绩效管理既是一次政府管理模式的创新,也是一项具有重要意义的深层次改革。从税务系统1.0版到6.0版绩效管理体系来看,其战略理念、指标体系及评估方法一直在不断地创新和更新,彻底改变了税务系统传统的管理方式。在国家治理体系和治理能力现代化背景和要求下,税务系统通过推行绩效管理积极落实中央简政放权、放管结合、优化服务改革等政策方针,取得了显著的成效。

(二)提升了税务系统行政效能

税务系统绩效管理保障了日常工作的整体性及互动性,促进了工作目标的落实。通过将目标任务的层层分解,落实到各个部门、基层及具体的岗位,

落实到每位税务人员，考评部门通过对绩效客观公正的评价，能够全面地掌握日常每项工作的运转状况。据统计，在绩效管理刚刚全面推行的阶段，辽宁全省国税税务登记完整率由96%上升到99.83%，差错率由0.22%减少到0.03%，错误数据改正率由不足80%上升至99.91%。因此，税务部门绩效管理对于基层单位更好地完成上级确立的目标、增强税收管理能力和水平具有促进作用。

税务系统绩效管理加强了各部门间的沟通，促进了决策的科学化和民主化。在绩效管理指标制定过程中，为了制定合理准确的考核指标，各级绩效办、考评部门与被考评部门需要进行广泛的沟通交流，从而增进了工作联系；在考评过程中也存在有效的沟通反馈机制，考核部门在信息系统中将考评结果予以公示，将在第一档的单位立为标杆，同时对在最后一档的工作单位提出工作改进建议。良好的沟通极大地推进了日常工作的效率和质量，并使决策更加科学和民主。

税务系统推行绩效管理对于提高税收工作的执行力以及推动工作创新等都具有积极的促进作用，切实提高了日常工作水平和质量，有效提升了税务系统的行政效能。

（三）推进了税收现代化建设和发展

绩效管理的推进与落实也促进了税收的现代化建设与发展。税收治理现代化是税收治理体系和治理能力现代化的简称，也是国家治理体系和治理能力现代化的重要组成部分。党的十八届三中全会将财政定位为国家治理的基础及重要支柱，科学的财税体制是优化资源配置、促进社会公平、维护市场统一、实现国家长治久安的制度保障。因此，到2020年的未来几年是我国进一步全面实现国家治理体系、治理能力现代化的关键时期，财税改革必须要成为重要的载体及战略突破口。

为了建立完备的绩效管理机制、匹配国家的现代化进程，国家税务总局在准备阶段制定了多项制度与规则，其中包括《国家税务总局关于实施绩效管理的意见》、3个管理《办法》与4个《细则》，各级税务机关也制定了符合本单位工作实际的制度办法。全系统从基本制度到具体办法、从一般规定到特别规定、从长效机制到年度规则、从组织绩效办法及细则到个人绩效办法及细则、从绩效考评规则到结果运用办法等诸方面、多层次构建起了绩效管理的制度框架。税务绩效管理体系构筑了"绩效管理有目标、目标执行有监控、执行情况有考评、考评结果有反馈、反馈结果有运用"的管理闭环，形成了完备的制度体系。为税务机关推行绩效管理提供了科学的制度规范，确保了税务绩效管理和业务工作的融合，促进了税务机关增强法治观念和制度意识，强化了动态管理和协同管理，着实提高了税收管理的现代化水平。

（四）激发了税务部门干部队伍活力

首先，绩效管理促使干部改良作风，引导积极的工作方向。绩效管理工作具有较强的导向、激励和约束作用，有效推动了各项税收工作，使全国税务系统上下队伍风貌发生了明显变化，形成了务实奋进、团结协作的工作氛围。从年初工作的布局开始，领导要将税收工作和绩效管理融合在一起，抓好工作促进落实；在年中工作推进中，要督查督办，整改问题，多层次地推进工作的落实与提升；在年度工作评价中，要注重考评的整体与部分相结合，全面与重点相结合，增强考评结果的公信度。通过考评制度的保障，督促领导干部切实抓工作、抓落实，树立了担当作为的导向。

其次，绩效管理为税务系统带来了奋发进取、积极向上的正能量，为干部提供了展示才华的舞台。通过班子考评的强化，将领导的个人绩效与组织绩效全面挂钩，用绩效考评的量化来评价干部表现，然后运用于干部的培养、选拔使用与评先选优，让广大税务人员工作有目标、心里有压力、肩上有责任、思想有动力。通过考核评比及合理的结果运用，增强了干部职工的工作热情，有利于在全系统树立爱岗敬业的模范标杆，激发税务人员奋发向上的进取精神。

再次，绩效管理有利于促进税务部门领导干部队伍的发展提升。随着时代的进步，面对新的环境与发展要求，考评体系及指标不断更新完善，对领导干部也提出了新的要求，领导干部需要不断学习来适应新的挑战。通过将工作创新纳入考评，激发了创新管理的活力，职工干部更愿意潜心学习、优化服务、规范管理、奋勇争先。各单位在"互联网+税务"创新创造、推广"银税互动"、落实支持上海自贸区发展"办税一网通"、推行增值税发票管理系统升级版和落实纳税服务规范、税收征管规范、出口退税规范、国地税合作规范等方面亮点纷呈，触发了创新驱动新引擎，"银税互动"等一些创新举措得到了国务院领导同志的批示肯定。因此，税务部门施行绩效管理，对于激发队伍热情、增强工作活力、完善工作方法以及提高工作效率等方面有着重要意义。

(五) 树立了税务部门服务型政府形象

党的十八届三中全会通过的《中共中央关于全面深化改革若干重大问题的决定》中明确提出了政府绩效改革的要求，提出了改革的方向，要"严格绩效管理、突出责任落实、确保权责一致"，促进政府由追求经济增长转变为服务型政府。

建设服务型政府，对于政府的行政理念、能力、方式以及水平均提出了更高、更新的要求。服务型政府要求政府将公共服务供给置于政府职能工作的中心，满足公众的公共服务需求，提升公共服务满意度。税务系统绩效管理体系的设计与推进落实，促进了税务机关提升站位，落实中央部署的各项工作，积极服务于经济社会发展的大局，树立了税务部门良好的政府形象。如 2015 年税务部门得到了国务院领导同志的表扬 20 余次，同时得到了人民日报及中央电视台的工作亮点报道。

税务部门坚持绩效管理的顾客导向，通过"便民办税春风行动"及"简政放权"等工作力度的加强，提供优质便捷的纳税服务，赢得了纳税人的认可和广泛赞誉。如围绕"春风行动"绩效考评的目标及营造良好的服务环境建设目标，将基层税务局打造成为直面纳税人服务的实体，有效地解决了纳税人办税难、办税慢、办税远的问题。在 2015 年第三方机构开展的纳税人满意度调查中，有 91.25% 和 87.66% 的纳税人认为国税、地税部门工作总体水平较 2014 年有所提高，国税、地税部门满意度专项调查综合得分比上年分别提高 3.72 分和 3.65 分。大众的认可充分地说明了税务部门绩效管理在提升服务型政府形象中的重要作用。

税务部门绩效管理培育了积极的行政文化，这是塑造服务型政府形象不可或缺的因素。为了更好地推进绩效管理，各级税务机关深刻挖掘绩效管理的核心价值观念，通过多种形式开展绩效培训、宣传宣讲，建立多个文化示范点、文化长廊，开展多种形式的活动如演讲比赛、辩论赛等。多种活动不仅调动了员工的工作积极性，更促进了最大程度的价值认同，提高了团队的凝聚力，营造了良好的讲求绩效的工作氛围，促进了政府部门工作人员增强自身服务意识，更好地为人民服务。税务部门绩效管理服务于党和国家工作大局，对于树立税务部门服务型政府的良好形象有着积极作用。

二、税务系统绩效管理体系的特色

税务系统绩效管理在实践中不断发展完善，目前已经形成了一套符合税务部门实际、体现税务行业特点的绩效管理体系,通过不断地改进与创新,可以促进绩效管理更加成熟定型,形成税务系统绩效管理体系的特色,为我国的行政管理方式创新提供了有益探索。

(一) 顶层设计与基层探索相统筹

我国税务系统管理体制垂直化、业务同质化、技术手段信息化和点多、线长、面广、队伍庞大的特点,决定了税务绩效管理必须坚持加强顶层设计与鼓励基层探索相结合。鉴于此,在税务绩效管理体系设计和推进落实过程中,一直坚持注重重点突破,整体推进,从全局出发,明确工作重点,正确处理考评单位与被考评单位的关系,明确工作重点及优先顺序。

通过制定税收战略规划及按年度计划分解成考评指标,形成了"战略—目标—执行—考评—改进"的完整链条,使落实各项重大目标任务的路线图、时间表、责任书等清晰地展现在各级税务机关和广大税务干部面前,更好地引领全国税务系统凝心聚力、持之以恒地抓好落实。此举有利于促进税收改革的落地,比如,税务部门2016年承担的重大改革任务是全面推开营改增试点,工作涉及一千多万纳税人,影响大、时间紧、任务重,但通过对该项工作的专项考评,税务机关各级、各部门、各岗位逐级逐项明确具体工作任务,通过不间断地巡回督查与落实,促进税务与纳税人之间、国地税与财政部门等机构以及国税与地税内部之间实现精准对接,保障了改革工作的高效率完成。

作为单一制国家,我国行政体制具有高度的一致性,国家的指导性制度政策,促进了试点工作的理念、目标、定位的规范。通过总局顶层设计基本制度,将设立的长期目标与年度任务相结合来设立考评指标,在统一领导的基础上分级管理,促进统分结合、联动协调,同时发挥各级税务机关自主创新的积极性,使绩效考核管理不断完善,形成了上下级良性互动和统筹优化的良好局面。

(二) 持续性制度创新

源自西方制度基本框架内的政府绩效管理有着深刻的社会背景及内置的价值导向。作为政府管理方式创新的一种手段,它贯穿了公共责任与顾客至上的管理理念,强化公共服务的结果导向,在追求经济、效率、效果的基础上,全面回应公民诉求,即凸现所谓"公平性"。我国从1993年开始才有相关学术研究成果出版,此后关于政府绩效管理的研究成果数量呈上升趋势,特别是2003—2012年间的研究成果增势较大，其研究成果总量占1993年以来研究成果的98%以上。

税务系统绩效管理体系不仅是一次伟大的改革实践，也是制度上的持续创新。党的十八届三中全会决定指出，"市场决定资源配置是市场经济的一般规律，健全社会主义市场经济体制必须遵循这条规律"。为了推进绩效管理体系的贯彻执行和不断创新，国家税务总局制定了"一年试运行、两年见成效、三年创品牌"的规划。2014年为"绩效启动年"，上线运行绩效管理信息系统，建立了绩效管理的制度框架，有利于充分发现问题，有效积累经验，为正式实施绩效管理、考评及结果运用奠定了基础；2015年为"绩效推进年"，主要结合各级税务机关岗责体系建设，进一步完善绩效管理制度，优化考评指标体系，升级改进信息系统，全面推进纵向到底、横向到边的各层级绩效管理，总局、省局、市局、县局四级联动，努力做到管理科学、措施完善、手段先进、运行高效；2016年为"绩效提升年"，主要促进绩效管理体系更加完备、制度机制运行更加稳健，加强实践创新和理论研究，努力创建富于税务特色、具有示范效应、发挥引领作用的政府绩效管理模式。

此外，完善的沟通机制促进了税务系统绩效管理体系的持续改进与创新。绩效沟通是绩效管理的灵魂和主线，它贯穿于绩效管理工作始终，渗透于绩效管理各环节，是区别于传统考核的重要标志。在税务系统绩效管理体系推行过程中，上下级和同级别之间沟通充分，有利于形成工作共识和价值认同，在确保绩效管理工作良性运转的同时，也促进了绩效管理体系的持续改进和创新。

税务部门的绩效管理制度，有利于从广度和深度上推进市场化改革，推动资源配置依据市场价格、市场规则、市场竞争实现效率最大化和效益的最大化，这项制度的创新有利于促进我国社会主义市场经济制度更加完善，更好地服务于市场经济建设与发展。

（三）管人与治事统一

税务系统绩效管理体系坚持管人与治事的统一，有效解决了干部不作为等问题。税务系统人员承担着依据税收法律法规向纳税人征收税款等职责，其行政执法等效率与质量既影响着国家利益，又会对纳税人的经济运行效率、生产经营环境等产生不可低估的影响。税务系统的工作有一定的特殊性，易产生工作倦怠和发生职务犯罪。

为了更好地促进管人与治事的统一，税务总局提出了要在 2020 年基本实现税收现代化的目标，建立完备规范的税法体系、成熟定型的税制体系、优质便捷的服务体系、科学严密的征管体系、稳固强大的信息体系和高效清廉的组织体系。因此，税务机关在制定绩效指标时把此"六大体系"作为主要目标设置成为一级指标，二级指标根据这一核心内涵来设置，将战略目标与实际工作任务紧密结合，切实有效地解决了干部不作为的问题。绩效管理体系的不断探索创新，促进了税务系统工作作风的进一步改善，增强了干部职工的紧迫感、责任感和使命感。在税务系统中，不断缩短与目标的差距、讲求绩效已经成为一种文化自觉，这种组织文化也正不断促进着税务绩效管理体系的持续创新。

（四）结果导向与过程导向统一

绩效考评结果产出是绩效管理的重要部分，是加强管理、改进工作的重要依据。全面合理地运用考评结果，是保证绩效管理时效性和权威性的关键。坚持结果导向与过程导向的统一，可以促进绩效管理的导向及激励作用最大化。税务系统绩效管理体系强调绩效的衡量标准要以最终的服务效果和社会效益为导向，同时也注重对组织的创新能力、内部业务流程、行动计划等能力和过程的考核。

在税务系统绩效管理体系中，将考评的结果与评选年度优秀、先进公务员和干部的培养、选拔与任用等紧密挂钩。绩效考评的结果能够呈现出不同被考评者间的差距，避免"干与不干""干多干少""干好干坏"一个样的状况，充分调动了税务队伍干部职工的工作积极性和主观能动性，切实维护了绩效管理的公正性。通过确定岗位目标责任制、搭建绩效评估考核制度平台、税收行政管理责任制等措施，实现了结果导向与过程导向的统一，有效提高了税务机关的工作效率。只有切实将结果导向与过程导向相统一，才能够增强绩效考核对于工作及管理的权威性和影响力。

（五）绩效管理技术方法不断优化

税务系统绩效管理体系的实施也是绩效管理技术方法不断优化提升的过程。一方面，税务系统绩效管理体系注重考核指标的科学设定，以实际问题的解决为导向确立考评目标，做到了考评结果的客观公正和科学合理，同时注重对考评过程的管理，确保了绩效管理工作流程以及运行机制的规范、考评数据及信息的完整准确以及考评方式的合理选用。另一方面，税务系统绩效管理体系注重强化科技支撑，通过现代科技手段的运用，不断促进管理技术方法的优化设计，促进了绩效管理的信息化发展。税务总局开发并运行了绩效管理信息系统，各级各部门均把该系统与税务综合办公信息系统、税收综合征管信息系统等有机衔接，通过实现计算机考评等新技术方法的深度利用，切实增强了绩效管理的公正性及透明度。

纵观全球，其他国家的税务部门也在不断探索绩效管理的途径，从最初的以节约财政开支为目的，发展为对于政府的全方位考察，而且其考核的内容也在不断扩大，考核工具更是不断完善。如美国国内收入局应用的平衡测评体系、澳大利亚税务局的绩效测评体系，通过实行绩效财政预算，来促进公共行政部门有效使用和管理各种资源。我国税务系统绩效管理体系在借鉴国外先进经验的同时，结合我国国情进行了有针对性的创新，无论在理论还是实践上都取得了长足的进步。

综上所述，从最初的1.0版绩效管理体系到现在的6.0版绩效管理体系，税务系统绩效管理方法不断改进，考评制度不断完善，考评环节不断拓展，参与主体不断丰富，得到了各级税务机关的支持和认可，基于该体系所推行的绩效管理工作成效显著。税务系统绩效管理体系的主要特色在于持续改进和不断创新，使我国税务系统的绩效管理理论和实践得到了不断完善和提升，为政府部门实施绩效管理提供了成熟的方法和路径。税务系统绩效管理体系的设计与实施，为推进国家治理体系和治理能力现代化及服务于经济社会发展做出了积极的贡献。税务系统绩效管理工作在全国处于领先地位，是中央国家机关推行绩效管理的典范，对各地各部门开展绩效管理探索具有重要的借鉴意义。

三、税务系统绩效管理的持续改进

（一）绩效失效模式分析

1. FMEA 理论

FMEA（Failure Mode and Effect Analysis）即失效模式及影响分析，是一种用来确定潜在失效模式及其原因的分析方法。通过实行FMEA，可在产品设计或生产工艺真正实现之前发现产品的弱点，可在原形样机阶段或在大批量生产之前确定产品缺陷。

FMEA 最早是由美国国家宇航局（NASA）形成的一套分析模式，是一种实用的解决问题的方法，可适用于许多工程领域。就目前的情况来看，此种模式主要应用于汽车生产商和电子服务商的设计和生产过程的管理和监控。在实际应用中，FMEA 坚持从第一道检测防线开始，就将缺陷消灭在摇篮之中。

FMEA 的实施原理为：首先，明确潜在的失效模式，并对失效所产生的后果进行评分；其次，客观评估各种原因出现的可能性，以及当某种原因出现时组织能检测出该原因发生的可能性。此部分主要采用风险顺序数（即严重程度、频度与探测度的乘积）作为衡量的标准；再次，对各种潜在的产品和流程失效进行排序；最后，以消除产品和流程存在的问题为重点，并帮助预防问题的再次发生。而绩效管理作为一个系统，其中也有不同的环节，每个环节对系统的影响不同，执行的难度也不一样。如果把绩效管理流程想成一个生产流程的话，在每个绩效管理环节都有与生产环节相类似的出现失效的问题。因此，有研究者提出了 PMFMEA 理论（绩效失效理论）。

2. PMFMEA 理论

为能给各类组织在进行绩效管理前或过程中提供一种分析潜在失效模式的方法，在绩效管理中引入 FMEA 的概念，从而得到了绩效管理失效模式及影响分析的概念。PMFMEA 是一种用来确定绩效管理失效模式及其原因的分析方法。其具有在新的绩效管理模式实行前通过预测分析提前解决问题和在问题发生时改进绩效管理模式或方法的作用。

具体的应用过程是：（1）找出绩效管理潜在的失效模式。（2）根据相应的评价体系对找出的潜在故障模式进行风险量化评估。（3）列出失效起因，寻找预防或改进措施。（4）以消除推广新绩效管理方法中存在的问题为目标，预防下次类似问题的发生。

3. 影响税务机关绩效管理有效性的因素

（1）树立绩效管理的理念

绩效管理和绩效考核是两个根本不同的理念，全国各地税务局如果停留在绩效考核的理念阶段就会产生很多问题。考核者与被考核者就为什么要进行绩效考核、应该考核谁、应该由谁来考核等根本的问题都没有分析清楚，而侧重怎样考核，这是本末倒置的，必然会存在种种问题。所以，分析绩效管理与绩效考核的不同，进而树立绩效管理的理念是首要的问题。

绩效管理与绩效考核有很多的不同,最关键的是两者在为什么要考上,回答是不一致的:

第一,两者目的不同。绩效考核是对下属已完成的工作进行评价,而绩效管理的目的是促进下属能力的提升,以改进个人的绩效,进而提高组织绩效。

第二,绩效管理是一个系统。它包括绩效计划、绩效沟通、绩效考核、绩效处理反馈四个环节,而绩效考核只是其中的一个部分。

树立绩效管理的理念,而不是停留在绩效考核的层面,解决了绩效管理的最基本的问题,即为什么要考?只有这个基本问题清晰明了,研究怎么考核才有价值和意义。

(2) 明确绩效管理中管理者的角色

现阶段,大多数税务局的绩效指标,都针对一线人员设计,表面上是在考核一线人员,事实上,绩效管理是要求各级管理者归位的管理。管理者应在绩效管理中扮演好五个角色:下属的合作伙伴、辅导员、记录员、公证员、诊断专家。

管理者不是下属的监工,是合作伙伴,要和下属有共同的目标和任务,只是分工不同。下属具体完成工作,而管理者在指导下属如何有效地完成工作。如果下属完成工作过程中遇到难题,管理者应能够辅导下属。

(3) 绩效管理是一个完整的系统

绩效管理是一个系统,由绩效计划、绩效沟通、绩效考核、绩效反馈等环节组成。很显然,只注重绩效考核难以最终改善绩效。绩效管理流程各环节都有工作要点,也存在有主要问题。

绩效计划是就员工做什么、做到什么程度、为什么做、什么时间做、何时完成、完成工作需要的资源支持等进行识别、理解,最后达成共识的,主管与员工合作的过程。在对税务局进行实际调研的过程中了解到,在管理实践中,绩效计划工作大多做得不细致。很多主管一般会嘱咐下属"好好干""认真干""快点干"等难以达成可操作、可衡量的同一客观标准,就会出现管理实践中的问题:管理者认为下属素质和能力不行,难以胜任工作等;下属认为已经很努力而仍达不到管理者的要求是管理者过于苛刻等问题。

绩效沟通是管理者要跟踪下属的工作进展、帮助下属找到并清除影响绩效的障碍的过程。管理者并不是分配完任务后,就可以等待任务自然而然地完成。要及时发现下属不能完成任务的原因,并帮助他们克服障碍。

绩效考核是对员工绩效表现进行评价、确认的过程。

绩效反馈是把绩效考核的结果清晰地反馈给下属，明确下属的哪些行为是符合组织期望应该保留的，哪些是要摒弃的，组织对他的要求如何，他该如何改进等信息传递给下属的过程。绩效反馈环节为下属不断成长提供一个一个阶梯。

绩效管理要做四个环节的工作，每个环节对绩效目标的实现都有价值和意义，如果我们只关注绩效考核这一环节，必然会影响绩效管理的有效性。

（4）绩效指标体系设计的科学性

绩效考评指标体系设计的科学合理，是绩效管理有效性的保障，税务机关在推行绩效管理的过程中，这方面的问题比较普遍。

第一，应站在使命的高度设计指标。

组织绩效管理应当首先从明确政府机构的使命入手，然后层层递进、自上而下地建立起完整的绩效管理体系。对于税务机关来说，使命阐述和管理的重要性要比对企业更为重要，因为使命不仅界定了税务机关应当做什么，即明确税务机关的职能和定位，澄清税务机关需要扮演的角色，同时也是衡量税务机关绩效的终极依据。事实上，衡量税务机关绩效的本质恰恰是要看税务机关在多大程度上充分履行自己的使命和职责。在现实中，如果组织的使命不明确的情况下，同一个机构中的前后届领导人在任期上往往会根据个人的偏好和认识来管理和引导本机构的走向。绩效指标的设计，不能就指标设计指标，否则容易陷入指标的泥潭而不能自拔。指标的设计应跳出指标之外，站在组织使命的高度去设计。使命是一个组织之所以存在的理由和依据，税务机关也有自己的使命。绩效管理作为一种管理工具或管理理念，终究是为组织的使命服务的，脱离组织使命设计指标，很容易引起混乱。以香港税务局为例，组织有非常明确的使命：以高效率及合乎成本效益的方式征收税款；对纳税人待之以礼，并提供有实效的服务；透过严谨的执法、教育及宣传，促使纳税人遵守税务法例；协助员工具备应有的知识、技巧和态度，从而竭尽所能，实践我们的抱负。

依据组织使命设计指标体系，既有明确的目的性，又防止了指标之间的矛盾和冲突，有利于指标之间的内在逻辑和体系的整体性和一致性。

第二，符合指标体系设计的科学规范。

构建有效的指标体系，需要符合一定的原则，一般来讲，指标设计的主要原则有：

定量为主，定性为辅原则。指标设计能量化的一定要量化，实在不能量化的指标，要辅以定性的说明。因为只有能量化的指标才可以操作、被衡量、被评价。

少而精原则。二八定律又称帕累托最优，在绩效管理中的体现就是，少数20%的关键绩效指标，能考核组织和个人绩效的80%。这种大而全的指标体系设计思路导致的结果是，被考核者不能完全清楚被考核项目，考核者也不能完全掌握考核项目。依据二八定律，绩效考核只考绩效，而不能考其他。

目标一致原则。各指标体系设计必须围绕一个统一的目标，不能自相矛盾，否则绩效管理的科学性无法体现。

第三，对指标设计人员的要求。

设计指标体系的人员首先要了解税务机关的每一个岗位，它的劳动强度、劳动复杂程度、风险大小等因素；又要具有人力资源考评的专业知识、技能和能力，才能在围绕组织使命的基础上，设计科学规范的指标和标准体系。

（5）对政府行政管理体制提出的改革要求

绩效管理实施的第一阶段，看起来是对人的管理的变革，随着绩效管理的逐步推进，会越来越深地触碰到税务机关内部的管理流程、管理机制等深层次的问题。最终，会要求进行行政管理体制的变革。

（6）考评结果制度化应用

考核结果不能应用，是影响绩效管理有效性的非常重要的因素。如果管理者和被管理者都认为它没有什么用，就不会认真对待这件事，更谈不上效率和效果。

（二）税务系统绩效管理存在的主要问题

税务系统绩效管理从1.0版逐渐升级完善到6.0版，取得很大成绩，得到了社会广泛认可。但在实践中还存在一些问题和困惑，面对这些问题，找出症结，持续改进，不断完善创新，才能让税务系统绩效管理工作更上一层楼，为税收现代化事业助力。

1. 思想认识有待提升

税务系统推进绩效管理工作以来，通过培训宣传、绩效文化培育等多种途径在全国范围内形成了"事事讲绩效，人人求绩效"的良好氛围。但仍有少数税务干部对绩效管理的理念理解和认识不到位，对正常开展工作形成了阻力。

（1）思想认识存在偏差。个别干部没有认识到税务系统推进绩效管理工作的决心和必要性，抱着"走过场"的心态开展工作，认为绩效管理额外增加了负担，戴了"紧箍咒"，进而出现消极怠工、缺乏奋斗精神的现象。

（2）绩效文化尚需厚植。个别税务机关仅仅将绩效固化为发文、考评和系统。日常管理不提绩效，只有年底才做突击，用绩效提升工作、完善个人的氛围比较稀薄。

（3）绩效文化认同和传递存在着逐层衰退递减的问题。

（4）创新意识有待提升。日常工作中，一些单位和个人仅仅满足于完成各项基本工作，创新意识不强，创新成果不够突出。一方面是求稳怕乱的思想较重，抱有"不求有功，但求无过"的想法，习惯按老办法想问题、做事情，不能与时俱进开创工作新局面；另一方面是工作缺乏创造性，有的工作虽有思考，但创新思路不够宽阔、层次不高，指导实际工作意义不大。

2. 制度体系有待完备

绩效管理工作首要的就是建章立制，没有制度作为保障，绩效管理工作就无法正常运转。绩效管理制度体系不完备主要有以下几类情况：

（1）制度办法存在空白和漏洞。个别单位落实绩效相关制度不力，出现了未按照上级单位要求建立相关制度的情况。比如"一把手"按季度开展绩效讲评制度，有的单位不仅未制发正式文件，更是未开展相关工作。这种问题是较为严重的，在绩效管理建立初期时有发生，随着绩效理念的深化和绩效工作的开展，此种问题基本已经消失。

（2）制度办法不制发正式文件。绩效管理工作要求制度办法类文件，必须以正式发文形式印发并执行。重要制度例如绩效管理年初的考评规则和指标等，各单位都能够以正式文件形式按时制发。但是像绩效管理机构成立和人员调整、考评和分析报告制度建立等工作，一些单位仅仅通过邮件通知、内网信息发布等形式进行发布。上述发布形式不具备正式文件效力，会产生绩效后续工作无依据的情况，一旦出现争议，容易引发管理层面上更大的矛盾和问题。

（3）制度办法设计与工作实际相脱离。有的单位设计制度办法未考虑本单位实际，生搬硬套其他单位的制度办法，例如制定的特别加分规则，导致加分事项过多，占比过大，其对最终成绩的影响甚至超过了工作指标权重，出现本末倒置的情况。

3. 指标体系有待健全

指标体系作为税务系统绩效管理工作的核心载体，承载着工作制定、完成到评价的全过程，也决定着全年税收各项工作能否按时高质量完成。各级税务机关在年底年初都对绩效指标的设计倾注了很多心血，加班加点地分解设计指标。但在实际工作中，指标体系还存在着一些问题。

指标设计数量较多。绩效管理的一个理念就是绩效是指挥棒，要引领各项税收中心工作顺利完成。绩效指标设计切忌面面俱到，事无巨细，这样就稀释了绩效牵引重点核心工作的效果，最终导致工作平均发力，进而影响税收主业。可喜的是从税务绩效 3.0 版开始一直到 6.0 版，考评指标数量呈递减趋势。以税务总局考评省国税局指标数量为例，由 2015 年 3.0 版的 68 个，下降到 2018 年 6.0 版的 39 个，降幅 42.7%，实现了为各级税务机关减负的目的。指标数量精简的同时，还要避免出现形式上指标数量缩减，但是实质上将几个指标内容并入一个指标考评的情况。

指标设计区分度较低。排除分档计分法要求强制分档扣分的情况，主要体现在直接扣分法指标中扣分情况较少。以北京国税局为例，2017 年北京国税局考评机关处室共性指标数量 31 个，扣分指标数量 7 个，扣分指标占比 22.6%。这种情况在各级税务机关绩效管理工作中普遍存在。问题出现的主要原因是指标设计时考评标准要求过低，相关单位很容易完成，没有按照"跳一跳，摘得到"的原则设计指标。指标设计"一刀切"，没有充分考虑对象差异。例如 2016 年，某处年中欲增加系统指标，内容为"区局对特定企业查补税款 500 万以上的得满分，每低于相应百分比的，予以相应减分"，指标最终未通过考评委员会审定。原因是指标设置只考虑了完成的绝对数量，忽略了被考评各分局体量的差异，造成了考评实质上的不公平。

指标考评机考量化比例有待提升。绩效管理 6.0 版各级指标考评机考量化比率已经上升到 50% 以上。但是仍有接近一半数量的绩效指标不是按照系统取数考评，而是通过报送报告、制发公文等形式进行考评。非机考量化指标会导致考评标准不明确，产生打分的随意性和人情分的情况，不利于考评的公正性和严谨性。

4. 管理考评有待严格

税务系统绩效管理是对各单位全年工作的考评和衡量，不是年底一次考评，需要依靠日常持续过程管理才能保证工作质效。如果日常管理考评出现弱化，绩效制度和指标就无法充分发挥其聚焦税收核心工作，提升服务质效的设计初衷。管理考评不严格在实际工作中主要有以下表现：

（1）制度落实打折扣。对于"四会一课"、分析讲评等制度落实程度不够。"四会一课"是经过几年税务系统绩效管理开展实践总结出的保障工作日常运转的制度要求，一些单位存在不开展或者走过场的情况。特别是绩效分析讲评不够全面具体，过分关注上级单位绩效考评情况，针对本级和下级考评情况的讲评只蜻蜓点水，甚至仅通报考评成绩，重横向对比结果，轻纵向查找差距；形式重于实质，只讲不评，重讲轻评，只通报考评情况，分析问题不够具体，没有明确具体的责任单位、责任人和整改时限。

（2）考评重结果轻过程，打分不客观。有些考评单位和被考评单位仅仅关注系统中打分时点结果，忽视平时日常基础工作，考评单位对被考评单位指导力度不够。打分时特别对于非机考量化指标，存在"人情分""印象分"等情况，"老好人"思维导致考评单位观望情绪浓重，不愿意扣分只愿意加分。推平头、搞平衡现象时有发生，集中体现在分档指标。例如处室对分局一项分档考评指标，规则规定只有 7 个分局可以进入第 1 档，有的考评处室在打分时，出现多个并列第 7 名；有的处室利用上下半年两次分档考评的情况，采用"轮流坐庄"，上半年第 1 档的单位下半年第 2 档。以上做法不仅会引起被考评单位的意见和不满，更损害了税务系统绩效管理工作的严肃性和公平性。

（3）基础管理工作不规范。一些单位还存在着绩效管理基础工作不完善不合理的情况。例如规定的专职绩效人员兼职办公室其他工作，绩效指标填报预警提醒不完善以及绩效资料不完整、归档不及时等。

5. 结果运用有待落实

结果运用作为税务系统绩效管理工作的最后一个环节，也是最重要的环节。结果运用能否准确、及时落地执行，决定着所有税务人的参与感与获得感，更影响着绩效管理工作的公信力和可预期性。结果运用不落实的具体问题主要表现为结果运用范围较窄和结果运用不严格两个方面。

（1）结果运用范围较窄。这个问题是税务系统绩效管理工作开展面临的一个不可回避的问题。现行的税务系统绩效管理结果运用主要的途径集中在干部任用、评先评优两个层面，没有直接的金钱物质奖励。干部任用选拔，基本只针对考评序列中考评成绩最优异的单位和部门。以 2017 年总局考评省国税局和北京国税局考评机关处室为例，税务总局对 36 个省市国税局考评，只有排名第一、第二的两个省市局可以增加 1 个副厅级晋升名额，排名最后的减少 1 个副厅级晋升名额。北京国税局对 27 个内设处室考评，只有排名第一的处室才增加 1 个副处级晋升名额，排名最后的减少 1 个副处级晋升名额。结果运用真正能够覆盖和享受的人群比较少，大部分干部无法直接从绩效考评结果运用中，特别是其中最为看重的职务晋升中产生参与感和获得感。

（2）结果运用不严格。经过几年的运行，结果运用中都能够按照单位和个人相应段位进行"干部任用""评先评优"的评选。这里的不严格专门指的是为了符合严格的结果运用，造成考评过程中不公平情况的出现。比如针对普通干部，结果运用要求公务员年度考核"优秀"等次的必须当年个人绩效成绩位列第 1 段。为了符合这一结果运用要求，个别单位领导会在普通干部个人绩效打分时对于年终考评"优秀"的个人予以倾斜和照顾，务必使其进入个人绩效 1 段行列。这样的考评失去了最初结果运用设计时将公务员年度考评和个人绩效考评相关联的意义，也会给因此落选个人绩效 1 段的干部带来负面情绪，进而会对绩效管理和本单位的工作正常开展产生影响。

（三）税务系统绩效管理持续改进的要点

针对绩效管理推行过程中存在的问题，建议税务机关绩效管理持续改进应从以下几个方面突破：

1. 国家税务总局要进一步制定和完善与绩效管理相配套的制度

当前我国公务员绩效管理制度尚不够健全，应进一步健全公务员绩效管理机制，增强其科学性、规范性和可操作性。长期以来，我国在干部人事制度方面仍然存在对干部业绩定性评价多，定量评价偏少；对干部使用个人偏好因素多，客观公正因素少的问题。缺乏科学的评价、使用机制。实施绩效管理，对干部的评价要建立在科学的理论和方法基础上，突出绩效导向，兼顾多元主体评价，形成一套科学的干部评价、使用机制，将促进税务机关自身建设的和谐发展和业绩的提高。

2. 各省税务局要进一步进行组织流程再造

崔西定律的主要内容是：（1）任何工作的困难度与其执行步骤的数目平方成正比。例如完成一件工作有 3 个执行步骤，则此工作的困难度是 9，而完成另一工作有 5 个执行步骤，则此工作的困难度是 25，所以必须要简化工作流程。（2）简化工作是所有成功主管的共同特质，工作愈简化，愈不会出问题。美国康涅狄格州哈特福德县国税局通过再造决策流程，从主要工作序列里排除、减少和分离不能增值的步骤，处理事件周期从 14.7 天减少到 1.4 天。旧金山地区税务局进行流程再造后，每位职员单位时间内的工作量增长了 22%，相当于每位职员每年多征收 600 多万美元的拖欠税款。

绩效管理必然推动和要求组织内部流程再造。

3. 税务机关要完善绩效管理的基础性制度

税务机关要对绩效管理的基础性制度进行完善。对现有的工作进行职位分析和职位分类，将每一个部门的绩效考核目标和要求分解到税务机关内部的每一个岗位，从而使每一个税务干部都能承担起自己应尽的职责，实现基于税务干部完成本职岗位要求和绩效目标达成程度，来对税务干部个人进行绩效考核的目标，使绩效考核能够以事实为依据、以结果为导向，而不是以笼统的个性特征或模糊的标准作为依据，同时也更加有利于向税务干部提供绩效反馈，督促和鼓励他们改进自己的绩效。

参考文献

[1] 付亚和，许玉林，宋洪峰．绩效管理（第三版）［M］．上海：复旦大学出版社，2017（06）：36-40.

[2] 徐斌．绩效管理流程与实务［M］．北京：人民邮电出版社，2006（10）：172-176.

[3] 方振邦，冉景亮．绩效管理［M］．北京：科学出版社，2016（01）：151-156.

[4] 方振邦，葛蕾蕾．政府绩效管理［M］．北京：中国人民大学出版社，2012：97-134.

[5] 张旭霞．公共部门绩效评价［M］．北京：中国商务出版社，2006：51-74.

[6] 张成福，党秀云．公共管理学［M］．北京：中国人民大学出版社，2007：275-302.

[7] 何文盛．中国政府绩效评估责任问题研究［M］．北京：中国社会科学出版社，2013：99-136.

[8] 高小平．我国税务系统绩效管理体系：发展、成效和特色［J］．中国行政管理，2016（11）：32-35.

[9] 陈博．我国税务系统绩效管理研究——以北京市国税系统为例［D］．北京：首都经济贸易大学，2018（06）：17-23.

[10] 沈肇章，赵丽萍．税务绩效评估体系探讨［J］．暨南学报，2004（02）：68-71.

[11] 丁永安．以绩效管理为抓手确保重大决策部署落实到实处［J］．中国税务，2015（08）：36-37.

[12] 孙德仁．积极探索完善基层绩效管理办法［J］．中国税务，2015（01）：32-34.

[13] 蔡磊．基于目标管理的税务绩效管理研究［J］．经济师，2007（05）：241-242.

［14］王军. 深入推进税务绩效管理狠抓领导班子担当作为［J］. 中国税务, 2017（02）: 14-15.

［15］李云. 如何打造绩效管理品牌［J］. 中国税务, 2015（09）: 60-61.

［16］崔文秀. 实现税务组织绩效管理的探讨［J］. 税务研究, 2008（10）: 73-76.

［17］常化林, 王宇. 对优化绩效考核指标体系的探讨［J］. 中国税务, 2015（10）: 70.

［18］江虹. 对新形势下推动国税绩效管理工作的思考［J］. 经济研究参考, 2015（53）: 9-10.

［19］于魏华. 税务机关绩效管理的若干问题探讨［J］. 中国管理信息化, 2015（12）: 159-161.

［20］徐明朗, 朱艳明, 宋玉. 基层税务机关绩效管理问题探析［J］. 税务研究, 2016（7）: 62-63.

［21］孔杰. 我国公务员绩效考核存在的问题及对策研究［J］. 经济与社会发展, 2010（3）: 48-50.

［22］卓越. 政府绩效评估指标设计的类型和方法［J］. 中国行政管理, 2007（2）: 41-43.

［23］邓民阳. 县级税务部门绩效评估体系研究［D］. 武汉: 华中师范大学, 2008.

［24］袁继军. 推动税务绩效管理工作向纵深发展［J］. 中国税务, 2017（09）: 34-35.

［25］刘旭涛. 税务总局绩效管理第三方评估报告［J］. 中国税务, 2017（02）: 29-31.

［26］冷秀华. 基于绩效管理的税务文化塑造［J］. 经济研究导刊, 2010（31）: 22-24.

［27］冷秀华. 基层税务绩效管理需要刚柔并济［J］. 湖南税务高等专科学校学报, 2014（138）: 23-25.

［28］狄欣荣, 杜秀玲. 税务文化理念融入绩效管理的探索与思考［J］. 中国税务, 2016（08）: 60.

［29］李剑平. 税务绩效文化建设探索［J］. 湖南税务高等专科学校学报, 2016（149）: 27-29.

［30］李力为. 目标管理视角下的税务绩效管理探究［J］. 知识经济,

2014（10）：68.

[31] 肖恺乐．基于控制和激励的税务绩效管理探讨［J］．税务研究，2015（11）：71-74.

[32] 温彩霞，刘嘉怡，于嘉音，等．提"质"增"效"——7月1日起绩效管理在全国税务系统全面推开［J］．中国税务，2014（12）：11-13.

[33] 王惠媛．税务系统绩效管理研究［D］．昆明：云南财经大学，2016.

[34] 张明辉，薛行正．从零开始学绩效指标设计［M］．北京：化学工业出版社，2014：211-226.

[35] 徐双敏．政府绩效管理中的"第三方"评估模式［J］．重庆行政，2010（8）：11-12.

[36] 史雪琳．基层税务机关绩效管理困境破解之道［J］．会计之友，2017（10）：96-100.

[37] 范柏乃．政府绩效管理［M］．上海：复旦大学出版社，2012：121-147.

[38] 刘昕．我国政府绩效管理中亟待梳理的几个关键问题［J］．中国行政管理，2007（4）：6-7.

[39] 陈晓春，李胜．提高绩效管理的绩效推动政府效能建设［J］．公共行政，2009（1）：3-5.

[40] 姜勇．浅析政府机关绩效管理［J］．青岛行政学院学报，2010（4）：29-30.

[41] 鲁丽沙，周力中．刍议政府绩效管理之现状及其完善［J］．企业家天地，2010（1）：23-26.

[42] 廖敏．税务部门绩效考核观［J］．新理财（政府理财），2013（12）：48-49.

[43] 李惠艳．绩效考核实施问题分析及对策研究［J］．河北能源职业技术学院学报，2014（04）：58-61.

[44] 张秀莲，李建明．对完善税务机关绩效评估体系的分析与建议［J］．国际税收，2013（09）：55-57.

附录1
《国家税务总局关于实施绩效管理的意见》

税总发〔2013〕130号

各省、自治区、直辖市和计划单列市国家税务局、地方税务局、局内各单位：

为深入贯彻落实党中央、国务院关于推进政府绩效管理的部署要求，进一步提升税收工作站位、增强税务部门公信力和执行力，税务总局研究决定实施绩效管理。现提出以下意见。

一、充分认识实施绩效管理的重要性和紧迫性

绩效管理是创新政府管理方式的重要举措。新世纪以来，党中央、国务院对政府绩效管理提出一系列要求。党的十八大报告提出"创新行政管理方式，提高政府公信力和执行力，推进政府绩效管理"。十八届三中全会审议通过的《中共中央关于全面深化改革若干重大问题的决定》强调"严格绩效管理，突出责任落实，确保权责一致"。新一届国务院工作规则明确规定"国务院及各部门要推行绩效管理制度和行政问责制度"。自2011年国务院批准试点以来，目前已有20多个国务院部门、近30个省（区、市）政府以不同形式开展绩效管理或考评工作。推进政府绩效管理工作，既是党中央、国务院的战略部署，也是建设创新型、法治型、廉洁型、服务型政府的大势所趋。

我国正处在一个深刻变革的伟大时代。税收工作在推进国家治理体系和治理能力现代化，实现民族复兴"中国梦"的征程中处于重要地位。税务部门作为国家重要经济管理和税收执法部门，实施绩效管理，是适应政府管理改革大势的迫切需要，是服务经济社会发展大局的内在要求，是带好税务系统百万大军的有效抓手。特别是在新的历史条件下，税务干部队伍面临许多风险考验，亟待创新管理理念方式，激发干部队伍动力活力，进一步提高工作效能效率。

实施绩效管理，是税务部门开展党的群众路线教育实践活动的重要成果。

通过制定考评指标、落实工作责任倒逼职能转变、工作改进，又通过评价工作业绩、强化结果运用，切实体现干与不干、干多干少、干好干坏不一样，提振税务干部精气神，释放税收工作正能量，树立税务部门良好社会形象。各级各部门和广大税务干部要把思想统一到税务总局党组的决定上来，增强责任感和主动性，扎实做好绩效管理。

二、实施绩效管理的指导思想、基本原则和目标规划

（一）指导思想

以邓小平理论、"三个代表"重要思想、科学发展观为指导，贯彻党中央、国务院关于推进政府绩效管理的部署，按照税务总局当前和今后一个时期的工作方针，落实开展党的群众路线教育实践活动"三个三"要求，以绩效为导向，以提升站位、增强税务公信力和执行力为目标，创新驱动，风险防控，持续推进税收事业跨越发展。

（二）基本原则

统一领导，分级管理。绩效管理工作在税务总局党组统一领导下开展。税务总局负责绩效管理顶层设计和总体规划，并对税务总局各司局和省税务局实施绩效管理；税务总局各司局和省税务局向下延伸，形成下管一级、分级实施的绩效管理工作格局。

结合实际，探索创新。坚持一切从实际出发，总结国内成功做法，借鉴国外有益经验，遵循税收工作规律，勇于推进绩效管理理论和实践创新。已经实施绩效管理的单位要继续深化，起到示范引领作用；尚未实施绩效管理的单位要积极探索，按照税务总局要求主动开展绩效管理工作。

科学合理，客观公正。科学设计绩效管理制度，合理设置考评指标和考评标准，注重过程管理，建立规范的绩效管理工作流程和运行机制，做到考评数据信息完整准确、考评方式方法合理管用、考评结果公开透明，自觉接受监督，公开、客观、简易、方便地进行操作。

重点突破，整体推进。从全局出发，把解决当前突出问题与完善制度体系结合起来，统筹机关、系统考评，兼顾国税、地税发展，注重激励、鞭策结合，正确处理考评单位、被考评单位之间的关系，明确工作重点、优先顺序、主攻方向，整体推进税收工作持续健康稳定发展。

（三）主要目标

围绕提升站位、增强税务公信力和执行力的"一提双增"目标，打造一条索链、构筑一个闭环、形成一种格局、建立一套机制，激发干部队伍动力活力，提高税收工作效能效率，努力开拓税收事业更加广阔的前景。一条索链是"工作项目化、项目指标化、指标责任化"的工作索链；一个闭环是"绩效管理有目标、目标执行有监控、执行情况有考评、考评结果有反馈、反馈结果有运用"的管理闭环；一种格局是"纵向到底、横向到边、双向互动、环环相扣、层层负责、人人向上"的责任格局；一套机制是落实重大决策部署的快速响应机制、税收工作持续改进的评价导向机制、树立税务队伍良好形象的内生动力机制、促进征纳关系和谐的服务增效机制。

（四）三年规划

按照"一年试运行、两年见成效、三年创品牌"的规划，扎实推进绩效管理工作。

2014年是"绩效启动年"。主要建立绩效管理的制度框架，上线运行绩效管理信息系统，对税务总局各司局和省税务局试行绩效管理，各司局和省税务局探索向下延伸，在试行中及时总结经验、充分发现问题、积极探求对策，为正式实施绩效管理、开展考评、运用结果奠定坚实基础。

2015年是"绩效推进年"。主要结合各级税务机关岗责体系建设，进一步完善绩效管理制度，优化考评指标体系，升级改进信息系统，全面推进纵向到底、横向到边的各层级绩效管理，总局、省局、市局、县局四级联动，努力做到管理科学、措施完善、手段先进、运行高效。

2016年是"绩效提升年"。主要促进绩效管理体系更加完备、制度机制运行更加稳健，加强实践创新和理论研究，努力创建富于税务特色、具有示范效应、发挥引领作用的政府绩效管理模式。

在实现3年规划的基础上，总结提升，再接再厉开创绩效管理工作新局面，坚定不移地推进税收事业取得新跨越。

三、遵循绩效管理规律，确保有序规范实施绩效管理

实施绩效管理，要按照制定绩效计划、实施绩效监控、开展绩效考评、运用考评结果和加强绩效改进的基本流程推进。

（一）科学制定绩效计划

根据党中央、国务院的决策部署、税务总局年度工作安排以及本单位工作要点等制定绩效计划。绩效计划按照可量化、可衡量、可实现的要求，细化分解为考评指标。考评指标坚持定量指标为主，定性指标为辅，应从时间、数量、质量等维度，参照上级要求、历史数据，确定考评标准，体现正确工作导向。数据来源以完成工作的各项原始记录和自动生成的计算机数据为依据，做到可采集、可监控、可查验。

（二）全面实施绩效监控

把绩效管理的过程作为自我管理、自我诊断、自我评估达到自我改进、自我提升的过程，强化过程控制和动态管理。各级各部门要建立重点工作任务和关键指标的日常监控机制，掌握工作进度和重点指标完成情况，发现问题及时纠偏，确保绩效计划得到有效执行和全面完成。

（三）严格开展绩效考评

绩效考评是绩效管理的重要内容和核心环节。要科学制定绩效考评工作方案，合理确定考评方式方法。被考评单位要对绩效计划和绩效指标完成情况开展自查自评，定期提交绩效报告，将计划绩效与实际绩效进行分析对比，查找问题和薄弱环节，制定绩效改进措施。上级考评单位应加强绩效考评工作指导，通过绩效考评，发现问题，提出改进工作、加强管理、提升绩效的意见和建议。

（四）有效运用考评结果

绩效考评结果是改进工作、加强管理的重要依据，要坚持正向激励为主，运用于干部问责、年度公务员评先评优，不断拓展运用范围。要将考评结果与领导班子和领导干部考评、干部选拔任用紧密挂钩，加大结果运用力度，对绩效不佳的单位和个人实行行政问责，严肃追究行政责任。

（五）重点抓好绩效改进

绩效管理的根本目的在于促进工作绩效不断持续改进和提升。各级各部门要针对绩效考评反映的情况和问题，结合绩效计划，纵横比较分析，查找问题，分析原因，制定整改措施，对各项管理制度、业务流程存在的不足进行完善和优化，并纳入下一年度绩效计划。

（六）注重绩效工作沟通

绩效沟通是绩效管理的灵魂和主线，它贯穿于绩效管理工作始终，渗透于绩效管理各环节，是区别于传统考核的重要标志。考评与被考评单位加强沟通协调，分别就绩效计划、指标设置、过程管理、绩效考评、绩效改进等环节内容，进行深入广泛交流，形成工作共识和价值认同，确保绩效管理工作良性运转。

四、凝心聚力，密切协作，积极稳妥推进绩效管理工作

实施绩效管理，是一项重大任务和系统工程，要发扬钉钉子精神，稳扎稳打，步步为营，务求实效。

（一）加强组织领导

税务总局成立绩效管理领导小组，下设办公室。各省税务局要树立全局"一盘棋"思想，严格按照税务总局要求，建立健全领导体制和工作机制，成立绩效管理领导机构，设立办事机构，配齐配强绩效管理工作人员。组织开展工作，既要注重整体设计，又突出重点，分步实施，积极稳妥地推进。

（二）严格责任落实

绩效管理在税务总局党组统一领导下开展。税务总局党组抓司局省局，司局省局向下延伸，各尽其责、各司其职、共谋发展、共创佳绩。各级各部门主要领导要亲自抓、分管领导要具体抓，一级抓一级，一级带一级，抓重点，抓关键，远近结合，纵横结合，点面结合，责任到岗到人。对开展工作不力的要按规定问责，促进工作有效开展。

（三）广泛宣传培训

实施绩效管理，不但需要各级税务部门和税务干部广泛参与，也需要社会各界和广大纳税人理解支持。要坚持正确的舆论导向，广泛宣传绩效管理的重大意义和主要措施，积极引导干部对绩效管理的预期，凝聚共识，增强信心，稳定人心，营造良好舆论环境。要加强绩效管理工作人员培训，增强业务操作技能，逐步建立一支覆盖全国税务系统的绩效管理专业干部队伍。

（四）强化科技支撑

运用现代科技手段，增强绩效管理信息化程度，充分发挥信息保障、技

术支撑、业务引领的作用,不断提高绩效管理工作质量和效率。税务总局开发运行绩效管理信息系统。各级各部门要把绩效管理信息系统与税收综合征管信息系统、税务综合办公信息系统等有机衔接,深度利用信息系统,积极实行计算机考评,切实增强绩效管理的客观性、透明性和公正性。

国家税务总局

2013 年 12 月 10 日

附录2 《全国税务系统组织绩效管理办法》

第一章 总 则

第一条 根据党中央、国务院关于推进政府绩效管理的部署和要求,结合税务系统实际,制定本办法。

第二条 本办法所称绩效管理,是指运用绩效管理原理和方法,建立符合税务系统实际的绩效管理制度机制,对各级税务机关围绕中心、服务大局、履行职责、完成任务等方面,实施管理及考评。

第三条 绩效管理的总体要求是:围绕实现税收现代化的战略目标,把握"提升站位、依法治税、深化改革、倾情带队"的主线,以转变职能、改进作风为出发点,以过程管理、强化执行为着力点,以持续改进、提高效能为落脚点,建立完善绩效评价和激励约束机制,促进法治、廉洁、服务、创新型税务机关建设,保证党中央、国务院及税务总局重大决策部署贯彻落实,推动税收事业科学发展。

第四条 绩效管理遵循以下原则:

(一)统一领导,分级管理。税务系统绩效管理在税务总局统一领导下开展,各级税务机关按照管理层级,负责对本局机关内设机构(含直属机构、直属事业单位,以下简称内设部门)和下一级税务机关实施绩效管理。

(二)改革引领,突出重点。围绕税收现代化建设战略目标,强化改革发展导向,着力解决税收工作重点、难点问题,完善税收治理体系,提升税收治理能力。

(三)科学合理,客观公正。建立科学完备的绩效管理制度,实现体系完整规范,指标可控可考,程序简便易行,数据真实有效,过程公开透明,结果公平可比。

(四)过程监控,动态管理。规范流程,健全机制,改进手段,构建"目标—计划—执行—考评—反馈"的管理闭环,实施过程管理,强化跟踪问效。

（五）激励约束，持续改进。正向激励与绩效问责相结合，强化绩效结果运用，完善评价导向机制，促进自我管理、自我改进、自我提升。

第五条　本办法适用于各级税务机关。

第二章　组织领导

第六条　各级税务机关在党组统一领导下，成立绩效管理工作领导小组（以下简称领导小组），主要负责人任组长，相关负责人任副组长，有关部门负责人为成员。主要职责是：

（一）统筹部署和指导绩效管理工作；

（二）审定绩效管理发展规划及制度规范；

（三）审定年度绩效计划、考评指标及工作方案；

（四）督导绩效管理实施；

（五）审定年度绩效考评结果及运用建议；

（六）研究决定绩效管理工作中的其他重大事项。

税务总局和省税务机关设立绩效考评委员会，负责对绩效管理重大事项的审议和裁定。市税务机关可根据工作需要参照执行。

第七条　领导小组下设办公室（以下简称绩效办），组织实施绩效管理日常工作，主要职责是：

（一）拟制绩效管理发展规划、制度规范及工作方案；

（二）组织分解落实上级下达的考评指标，组织拟定本局机关和下一级税务机关年度绩效计划及考评指标；

（三）组织实施日常管理及绩效考评；

（四）形成年度绩效考评结果，提出结果运用建议；

（五）组织开展绩效管理宣传培训；

（六）组织开展绩效管理信息系统应用；

（七）完成领导小组及绩效考评委员会交办的其他工作。

第八条　各级税务机关及其内设部门作为绩效管理考评单位时，应履行以下职责：

（一）参与起草绩效管理制度规范和工作方案；

（二）负责拟制对被考评单位的绩效指标；

（三）指导督促日常管理和绩效改进；

（四）开展绩效考评及分析反馈；

（五）完成领导小组交办的其他工作。

第九条 各级税务机关及其内设部门作为绩效管理被考评单位时，应履行以下职责：

（一）执行绩效管理制度规范及绩效计划；

（二）分解落实绩效指标，开展日常管理；

（三）开展数据采集及信息反馈；

（四）开展绩效分析及绩效改进；

（五）完成领导小组交办的其他工作。

第十条 各级税务机关绩效办应配备专兼职人员，并保持人员相对稳定。其中，省税务机关绩效办配备3名以上专职人员，市税务机关绩效办配备3名专职人员，县税务局绩效办原则上配备3名专兼职人员。直辖市和计划单列市所辖区县局，可以按照地级市所辖区县局要求配备绩效管理人员。

第十一条 各级税务机关应加强绩效文化建设，在各类领导干部培训中将绩效管理作为教学内容，营造绩效管理氛围，培育绩效价值认同。

第三章 绩效计划和指标

第十二条 税务总局对机关司局（以下简称司局）和省、自治区、直辖市和计划单列市国家税务局、地方税务局（以下简称省税务局）实施绩效管理，根据以下工作任务确定绩效计划内容：

（一）党中央、国务院对税收工作做出的重大决策部署；

（二）税务总局确定的战略目标；

（三）税务总局确定的年度重点工作；

（四）其他税收重点工作。

第十三条 省税务局及以下税务机关对本局机关内设部门和下一级税务机关实施绩效管理，根据以下工作任务确定绩效计划内容：

（一）上级税务机关部署的年度重点工作任务；

（二）本级党委政府部署的有关税收工作；

（三）本级税务机关确定的年度重点工作；

（四）其他税收重点工作。

第十四条 绩效指标。各级税务机关依据绩效计划，主要围绕完备规范的税法体系、成熟定型的税制体系、优质便捷的服务体系、科学严密的征管体系、稳固强大的信息体系和高效清廉的组织体系，编制绩效指标，并可结合实际设置加分项目和减分项目。

第十五条 指标内容。指标内容主要包括指标名称、考评标准、分值权重、考评周期、责任主体等要素。

加减分项目应包括具体项目名称、考评标准和分值等内容。

第十六条 指标编制程序。指标编制一般应包括指标初拟、沟通审核、征求意见、审定发布等环节。

第十七条 指标分解定责。各级税务机关承接上一级税务机关下达的绩效指标，应根据绩效指标内容进行合理分解，明确领导班子成员、内设部门、下一级税务机关及相关岗位人员的责任。

第十八条 指标调整。绩效指标发布后，确有特殊情况需要调整的，应按各级税务机关规定的程序进行。

第四章　日常管理

第十九条 日常管理。一般包括节点监控、分析讲评、监督检查、沟通反馈、资料管理等内容。各级税务机关及其内设部门应建立健全日常管理相关制度机制。

第二十条 节点监控。节点监控是对绩效指标涉及的阶段性工作任务，明确具体措施、进度、责任，实时采集指标信息数据，准确监测指标执行进度及效果，并进行跟踪问效。

第二十一条 分析讲评。分析讲评是对绩效指标执行进度、成效、存在问题等开展分析及讲评。

第二十二条 监督检查。监督检查是对绩效指标执行及绩效管理推行情况开展督促检查。监督检查结果及其整改情况纳入绩效考评。

第二十三条 沟通反馈。绩效办、考评单位和被考评单位应围绕绩效计划制定与执行、日常管理与考评、绩效分析与改进等环节加强沟通反馈，促进绩效持续改进。

第二十四条 资料管理。绩效办、考评单位和被考评单位应建立绩效管理工作档案，以备查验。

第五章　绩效考评

第二十五条 考评类型。考评类型包括平时考评和年度考评。

平时考评主要包括被考评单位填报、考评单位审核或提报、绩效办复核等内容。

年度考评主要包括成绩汇总、公示反馈、结果审定等内容。

第二十六条 争议处理。被考评单位对考评成绩有异议的，可以向绩效办提起申诉，绩效办应及时受理并提交绩效考评委员会审理。

第二十七条 考评等次确定。依据被考评单位年度绩效考评成绩，确定绩效考评等次。绩效考评等次的标准、比例及范围，由各级税务机关结合实际确定。其中，被评为"优秀"等次的单位数量原则上不超过被考评单位数量的40%。

因违法违纪、失职渎职等造成严重后果或影响的，年度绩效考评不得评为"优秀"等次。

第六章 结果运用

第二十八条 年度绩效考评结果作为评价业绩、改进工作和激励约束的重要依据，主要运用于干部任用、评先评优、公务员年度考核等方面。

第二十九条 年度绩效考评结果应与个人绩效成绩挂钩。具体挂钩的方式，由各级税务机关自行确定。

第三十条 各级税务机关应根据年度绩效考评结果，对全年绩效管理情况进行评估，分析绩效指标执行情况，对存在问题制定改进措施，并纳入下一年度绩效计划。

第七章 附 则

第三十一条 年度绩效考评成绩以公历年度为计算周期，即每年1月1日至12月31日。

第三十二条 各级税务机关可依据本办法，制定组织绩效管理实施细则。

本办法由税务总局绩效管理工作领导小组负责解释。

第三十三条 本办法自2016年1月1日起施行。

附录3

《国家税务总局对省税务局组织绩效管理实施细则》

第一章 总 则

第一条 根据《全国税务系统组织绩效管理办法》(以下简称《办法》)规定,结合工作实际,制定本细则。

第二条 本细则适用于税务总局对各省、自治区、直辖市及计划单列市国家税务局、地方税务局(以下简称省税务局)实施绩效管理。

第二章 组织领导

第三条 税务总局绩效管理工作领导小组(以下简称领导小组)领导全国税务系统绩效管理工作。

领导小组下设办公室(以下简称绩效办),根据《办法》规定的职责和领导小组要求,组织开展绩效管理工作。

第四条 税务总局成立绩效考评委员会,由税务总局有关局领导、相关司局和省税务局负责人及专家学者代表组成。

绩效考评委员会负责对税务总局绩效管理重大事项的审议和裁定。主要职责是:

(一)研究审议税务总局年度绩效指标及考评规则等制度办法;

(二)分析评估绩效管理运行工作,对绩效考评中的问题提出改进意见;

(三)研究审议绩效考评中的争议事项,对被考评单位的申诉提出裁定意见;

(四)研究审议税务总局对机关司局和省税务局年度组织绩效以及机关司局级干部和省税务局领导班子成员年度个人绩效考评成绩,提出考评结果建议,报领导小组审定;

(五)负责领导小组交办的其他事项。

第五条 税务总局相关司局依照职责分工,参与对省税务局绩效管理的组织实施及考评工作。承担考评职责的司局(以下简称考评司局)按照《办法》和本细则规定履行对省税务局的考评职责。

第六条 省税务局按照《办法》和本细则规定履行被考评职责,负责落实税务总局安排的绩效管理任务,制定本局机关和本系统绩效管理实施细则并组织实施。

第七条 省税务局党组应加强对绩效管理工作的组织领导,定期听取绩效管理工作汇报,研究绩效管理重大事项。主要负责人是绩效管理工作的第一责任人,班子成员对分管范围内的绩效管理工作负主要领导责任。

第八条 省税务局应为绩效办配备3名以上专职人员,并保持绩效办工作人员的相对稳定。绩效办负责人应参加或列席局务会、局长办公会等重要会议。

第九条 省税务局应统筹推进绩效文化建设,做好宣传和培训工作,将绩效管理列为各类领导干部培训的教学内容。

第三章 绩效计划和指标

第十条 绩效计划。围绕税收现代化战略目标及年度重点工作任务,制定工作要点,形成绩效计划。

第十一条 绩效指标。税务总局对省税务局考评的绩效指标主要包括以下几项内容:

(一)完备规范的税法体系,主要考评立法修改和监督反馈等方面的工作;

(二)成熟定型的税制体系,主要考评税制改革和完善政策等方面的工作;

(三)优质便捷的服务体系,主要考评纳税服务和权益保护等方面的工作;

(四)科学严密的征管体系,主要考评组织收入、税源管理、风险防控、税务稽查等方面的工作;

(五)稳固强大的信息体系,主要考评信息系统建设、数据质量及应用等方面的工作;

(六)高效清廉的组织体系,主要考评行政效能建设、干部队伍建设和党风廉政建设等方面的工作。

第十二条 指标内容。指标内容主要包括以下几项要素：

（一）考评标准。考评标准应明确考点、目标值、计分方式等内容。

（二）指标分值。根据工作重要程度，合理确定指标的分值。

（三）考评周期。根据工作需要可按时点、月度、季度、半年和年度进行考评。

（四）工作监控。根据考评实施工作需要，确定指标审核评分和结果反馈的时间、方式和途径。

（五）责任主体。根据职责分工，确定考评主体和被考评主体及相关责任人。

第十三条 考评标准细则。考评司局应制定绩效指标的考评标准细则，包括考评标准解释、数据来源、评分依据、资料报送等内容。

考评标准细则应与指标同步编制，及时发布。

第十四条 指标模板。考评司局应在编制年度绩效指标时，同步编制绩效指标模板，明确相关指标在省、市、县税务机关分解层级。省税务局可参照执行。

第十五条 加减分项目。税务总局根据《办法》第十四条、十五条规定，在编制年度绩效指标时，结合年度工作实际确定对省税务局的加减分项目及考评方式。

第十六条 指标编制程序。

（一）指标初拟。考评司局根据绩效计划，初拟对省税务局的绩效指标，并报绩效办审核。

（二）沟通审核。绩效办对绩效指标的目标一致性、要素规范性、操作可控性、考评差异性等方面，与考评司局沟通并进行审核。

（三）征求意见。绩效办将审核后的绩效指标征求省税务局意见，并反馈考评司局。考评司局根据反馈意见进行修订完善，并提交绩效办复核后报分管局领导审核。

（四）审定发布。绩效办汇总编制年度绩效指标，报领导小组审定发布。

第十七条 指标分解定责。省税务局应合理分解税务总局下达的绩效指标。按照领导班子成员、承接部门、岗位责任人的顺序，确定承接指标责任主体。一项指标涉及多个部门的，应确定牵头部门和配合部门，细化工作责任。需要向下分解的，应合理确定分解层级。

第十八条 指标调整。税务总局指标调整的特殊情况及程序主要如下：

（一）党中央、国务院及税务总局新增重点工作任务和领导批示交办的重要工作事项，由绩效办和考评司局协同制定新增指标，报分管局领导审核后，提请绩效考评委员会审定。

（二）考评司局因工作任务发生变化，需要对指标进行调整的，向绩效办提出意见并报分管局领导审核后，提请绩效考评委员会审定。

第四章　日常管理

第十九条　节点监控。考评司局和省税务局应根据绩效指标设置的时间节点，做好数据采集工作，建立相关台账，实时掌握绩效指标的执行落实情况。

第二十条　分析讲评。省税务局应开展绩效管理分析评估工作，针对绩效管理运转、重点工作任务落实、履职效能等情况开展日常分析，按季度形成绩效考评分析报告报税务总局绩效办。对于考评周期为半年和年度的绩效指标，应加强过程监控，及时准确掌握工作进度。

省税务局应建立绩效讲评会议制度。绩效讲评会议原则上至少按季由省税务局主要负责人主持召开，可分为机关绩效讲评会议和系统绩效讲评会议，并应形成会议纪要。

第二十一条　监督检查。税务总局建立对省税务局绩效管理监督检查机制，对绩效指标完成、绩效管理工作开展以及考评附证资料真实性等情况进行查验。

监督检查结果及整改情况，结合有关指标及加减分项目，纳入对省税务局的绩效考评。

巡视、督察、审计、督查督办、舆情监测等部门应在检查报告形成后，将发现的问题报绩效办，由绩效办反馈相关考评司局，作为指标考评的重要参考。

第二十二条　沟通反馈。税务总局、省税务局及其内设部门间应建立绩效沟通反馈机制。

（一）税务总局绩效办、考评司局应加强与省税务局的绩效沟通反馈，及时传递指标编制、工作运行、指标考评、工作改进、结果运用等信息，协调解决绩效管理中的困难和问题。

（二）省税务局应及时向税务总局反馈指标运行、工作落实中的重要情况、问题以及改进建议。

第二十三条 资料管理。省税务局应及时整理绩效管理工作中的文件资料、制度办法、数据台账、会议纪要、分析报告、讲评材料、考评工作底稿、考评结果等相关材料，保证资料完整、数据真实，以备查验。

第五章 绩效考评

第二十四条 考评类型。

（一）平时考评。考评司局按照绩效指标考评周期，采集相关数据，进行审核评分。

（二）年度考评。税务总局对省税务局全年绩效指标完成情况、加减分项目进行成绩汇总和结果审定。

第二十五条 考评方式。考评司局可采取案头考评和实地考评等方式对省税务局实施考评。

（一）案头考评。根据省税务局报送的指标完成情况及相关资料，进行分析考评。

（二）实地考评。根据工作需要，可实地察看省税务局指标执行落实情况，根据核查情况进行考评。

考评司局应收集整理考评资料，形成绩效考评工作底稿。

第二十六条 平时考评程序。

（一）指标考评。省税务局按照考评司局要求，通过绩效管理信息系统或其他方式填报指标完成情况及相关资料，由考评司局按照考评时间节点对指标完成情况进行考评计分。

（二）加分项目考评。需要省税务局申报的加分项目，省税务局应向考评司局报送，并由考评司局汇总审核后提交绩效办复核。不需要省税务局申报的加分项目，由考评司局汇总审核后提交绩效办复核。

（三）减分项目考评。由考评司局直接向绩效办提报。

第二十七条 年度考评程序。

（一）成绩汇总。绩效办汇总省税务局的平时考评成绩，形成其年度绩效考评成绩。

（二）公示反馈。绩效办将年度绩效考评成绩向省税务局反馈，并进行公示。

（三）结果审定。绩效办根据年度绩效考评成绩，提出考评结果建议，报领导小组审定。

第二十八条　争议处理。省税务局对考评成绩有异议的，应向绩效办提起申诉。绩效办核实申诉事项后，提请绩效考评委员会审定。

第二十九条　考评等次确定。税务总局依据年度绩效考评成绩，按照省国税局、省地税局两个序列分别排名，从高到低各确定14个"优秀"等次单位。

第三十条　省税务局有下列情形的，由考评司局提交绩效办报领导小组审定，年度绩效考评结果不得确定为"优秀"等次。

（一）被党中央、国务院通报批评的；

（二）因重大过错导致群体性事件发生，造成严重后果或恶劣影响的；

（三）省税务局领导班子成员因职务行为被追究刑事责任的；

（四）省税务局机关副处级以上领导干部或所辖市税务局领导班子成员，3人（含）以上因职务行为在同一案件中被追究刑事责任的；

（五）领导小组报税务总局党组审定的其他事项。

第六章　结果运用

第三十一条　税务总局应将年度绩效考评结果作为对省税务局评价业绩、改进工作和激励约束的重要依据，并按照有关规定运用于干部任用、评先评优、公务员年度考核等方面。

第三十二条　年度绩效考评结束后，省税务局应根据全年绩效考评结果，认真总结绩效指标执行情况及成效，分析问题及原因，并将改进措施纳入下一年度绩效计划。

第七章　附　则

第三十三条　税务总局另行制定对省税务局的年度绩效考评规则。

第三十四条　本细则由税务总局绩效办负责解释。

第三十五条　本细则自2016年1月1日起施行。

附录4
《国家税务总局机关组织绩效管理实施细则》

第一章 总 则

第一条 根据《全国税务系统组织绩效管理办法》（以下简称《办法》），结合工作实际，制定本细则。

第二条 本细则适用于税务总局对机关内设机构（含直属机构、直属事业单位，以下简称司局）实施绩效管理。

第二章 组织领导

第三条 税务总局绩效管理工作领导小组（以下简称领导小组）领导全国税务系统绩效管理工作。

领导小组下设办公室（以下简称绩效办），根据《办法》规定职责和领导小组要求，组织开展绩效管理工作。

第四条 税务总局成立绩效考评委员会，由税务总局有关局领导、相关司局和省税务局负责人及专家学者代表组成。

绩效考评委员会负责对税务总局绩效管理重大事项的审议和裁定。主要职责是：

（一）研究审议税务总局年度绩效指标及考评规则等制度办法；

（二）分析评估绩效管理运行工作，对绩效考评中的问题提出改进意见；

（三）研究审议绩效考评中的争议事项，对被考评单位的申诉提出裁定意见；

（四）研究审议税务总局对机关司局和省税务局年度组织绩效以及机关司局级干部和省税务局领导班子成员年度个人绩效考评成绩，提出考评结果建议，报领导小组审定；

（五）负责领导小组交办的其他事项。

第五条 税务总局相关司局依照职责分工参与绩效管理工作，履行对有关司局或省税务局考评职责的司局作为考评部门（以下简称考评司局），其履责情况纳入绩效管理，由绩效办负责考评。绩效办履责情况由领导小组负责监督管理。

第六条 税务总局机关绩效管理以司局为单位开展，司局主要负责人为第一责任人，确定一名副司级领导干部具体负责，综合处（办公室）负责绩效管理日常工作。司局应建立健全绩效管理工作机制，落实绩效管理工作任务。

第七条 税务总局应统筹推进绩效文化建设，做好宣传和培训工作，营造良好绩效氛围。

第三章 绩效计划和指标

第八条 绩效计划。围绕税收现代化战略目标及税务总局年度重点工作任务，制定工作要点，形成绩效计划。

第九条 绩效指标。围绕税收现代化的"六大体系"，按照税务总局机关年度绩效计划，编制考评机关共性指标和个性指标，主要包括以下几项内容：

（一）完备规范的税法体系，主要考评立法修改和监督反馈等方面的工作；

（二）成熟定型的税制体系，主要考评税制改革和完善政策等方面的工作；

（三）优质便捷的服务体系，主要考评纳税服务和权益保护等方面的工作；

（四）科学严密的征管体系，主要考评组织收入、税源管理、风险防控、税务稽查等方面的工作；

（五）稳固强大的信息体系，主要考评信息系统建设、数据质量及应用等方面的工作；

（六）高效清廉的组织体系，主要考评行政效能建设、干部队伍建设和党风廉政建设等方面的工作。

第十条 指标内容。指标内容主要包括以下几项要素：

（一）考评标准。考评标准应明确考点、目标值、计分方式等内容。

（二）指标分值。根据工作重要程度，合理确定指标的分值。

（三）考评周期。根据工作需要可按时点、月度、季度、半年和年度进行考评。

（四）工作监控。根据考评实施工作需要，确定指标审核评分和结果反馈的时间、方式和途径。

（五）责任主体。根据职责分工确定考评部门和被考评部门以及相关责任人。

第十一条 考评标准细则。考评司局应制定绩效指标的考评标准细则，包括考评标准解释、数据来源、评分依据、资料报送等内容。

考评标准细则应与绩效指标同步编制，及时发布。

第十二条 加减分项目。税务总局根据《办法》第十四条、十五条规定，在编制机关年度绩效指标时，结合工作实际确定总局机关绩效考评的加减分项目及考评方式。

第十三条 指标编制程序。

（一）指标初拟。根据绩效计划，绩效办组织协调各司局初拟对总局机关绩效考评的共性指标和个性指标。

（二）沟通审核。绩效办对机关绩效指标的目标一致性、要素规范性、操作可控性、考评差异性等方面，与考评司局沟通并进行审核。

（三）征求意见。绩效办将审核后的绩效指标征求司局意见，并反馈考评司局。考评司局根据反馈意见进行修订完善，并提交绩效办复核后报分管局领导审核。

（四）审定发布。绩效办汇总编制机关年度绩效指标，报领导小组审定发布。

第十四条 指标分解定责。司局应合理分解税务总局下达的绩效指标，明确责任处室和责任人。

第十五条 指标调整。指标调整的特殊情形及程序主要如下：

（一）党中央、国务院及税务总局新增重点工作任务和领导批示交办的重要工作事项，由绩效办和相关司局协同制定新增指标，报分管局领导审核后，提请绩效考评委员会审定。

（二）因工作任务发生变化，由相关司局向绩效办提出调整指标的意见，报分管局领导审核后，提请绩效考评委员会审定。

第四章 日常管理

第十六条 节点监控。考评司局和被考评司局应根据指标设置的时间节点，做好数据采集工作，建立相关台账，实时掌握绩效指标的执行落实情况。

第十七条 分析讲评。司局应开展绩效管理分析评估工作，对考评本司局和省税务局的重点工作任务落实情况开展日常分析。对于考评周期为半年和年度的绩效指标，应加强过程监控，及时准确掌握工作进度。在每项指标考评结束后，对指标考评情况进行绩效分析，总结工作完成情况，撰写《绩效指标考评情况分析》，经司局主要负责人签字确认后反馈绩效办。

司局应建立绩效讲评会议制度。绩效讲评会议原则上至少按季由司局主要负责人主持召开，并应形成会议纪要。

第十八条 监督检查。税务总局对绩效指标完成、绩效管理工作开展以及考评附证资料真实性等情况进行监督检查。检查结果纳入绩效考评。

巡视、督察、审计、督查督办、舆情监测等部门应在检查报告形成后，将发现的问题报绩效办，由绩效办反馈相关考评司局，作为指标考评的重要依据。

第十九条 沟通反馈。绩效办、考评司局、被考评司局应建立绩效沟通反馈机制，采取会商研究、调研走访、书面反馈等形式，协调解决绩效管理实施过程中的问题。

第二十条 资料管理。司局应及时整理绩效管理工作中的制度办法、台账数据、会议纪要、分析报告、讲评材料、考评工作底稿等相关文件资料，保证资料完整、数据真实，以备查验。

第五章 绩效考评

第二十一条 考评类型。

（一）平时考评。考评司局按照绩效指标考评周期，采集相关数据，进行审核评分。

（二）年度考评。绩效办汇总计算司局全年绩效指标和加减分项目成绩，确定考评结果等次。

第二十二条 平时考评程序。

（一）指标考评。被考评司局按照考评司局要求，通过绩效管理信息系统或其他方式报送指标完成情况及相关资料，由考评司局按照考评时间节点对指标完成情况进行考评。

（二）加分项目考评。需要自行申报的加分项目，被考评司局应向负责该项加分项目审核的司局报送，由考评司局汇总审核后提交绩效办复核。不需要自行申报的加分项目，由负责该项加分项目审核的司局汇总审核后提交绩效办复核。

（三）减分项目考评。由负责相关减分项目审核的司局直接向绩效办提报。

第二十三条 年度考评程序。

（一）成绩汇总。绩效办汇总司局的平时考评成绩，形成其年度绩效考评成绩。

（二）公示反馈。绩效办将考评成绩向司局反馈，并进行公示。

（三）结果审定。绩效办根据年度绩效考评成绩，提出考评结果建议，报领导小组审定。

第二十四条 争议处理。司局对考评成绩有异议的，应向绩效办提起申诉。绩效办核实申诉事项后，提请绩效考评委员会审定。

第二十五条 考评等次确定。依据年度绩效考评成绩，从高到低确定9个"优秀"等次单位。

第二十六条 相关司局有以下情形的，由考评司局提交绩效办报领导小组审定，年度绩效考评结果不得确定为"优秀"等次。

（一）被党中央、国务院通报批评的；

（二）司局级领导干部因职务行为被追究刑事责任的；

（三）司局工作人员3人（含）以上因职务行为在同一案件中被追究刑事责任的；

（四）领导小组报税务总局党组审定的其他事项。

第六章　结果运用

第二十七条 税务总局机关年度绩效考评结果作为评价司局业绩、改进工作和激励约束的重要依据，并按照有关规定运用于干部任用、评先评优、公务员年度考核等方面。

第二十八条 年度绩效考评结束后，司局应根据年度绩效考评结果，认真总结全年绩效指标执行情况及成效，分析问题及成因，并将改进措施纳入下一年度绩效计划。

第七章　附　则

第二十九条 税务总局另行制定对总局机关的年度绩效考评规则。

第三十条 本细则由税务总局绩效办负责解释。

第三十一条 本细则自2016年1月1日起施行。

附录5
《全国税务系统个人绩效管理办法》

第一章　总　则

第一条　为促进税务人员干事创业，激发动力活力，强化责任落实，科学评价工作业绩，制定本办法。

第二条　本办法所称个人绩效管理，是指运用绩效管理原理和方法，对税务人员履行职责、完成工作任务实施考评，促进工作持续改进，提升工作绩效的管理方式。

第三条　个人绩效管理遵循统一领导、分级管理，以人为本、激励约束，科学评价、客观公正，持续改进、自我提升的原则。

第四条　本办法适用于税务系统工作人员。

第二章　组织管理

第五条　个人绩效管理在各级税务机关党组统一领导下，由绩效管理工作领导小组及其办公室统筹组织开展。各级税务机关内设机构（含直属机构、直属事业单位，以下简称部门）负责本部门个人绩效管理的日常运转工作。

第六条　各级税务机关领导班子成员由其上一级税务机关考评，部门负责人由本级税务机关考评，其他工作人员由本级税务机关根据实际情况确定考评单位。

第三章　绩效内容

第七条　个人绩效内容一般包括组织绩效成绩、个人工作任务、工作努力程度、加减分项目。

（一）组织绩效成绩是指将本级税务机关或部门的年度组织绩效考评结果，按照税务人员不同职务确定相应挂钩比例得出的成绩。

（二）个人工作任务是指税务人员具体负责或承担的组织绩效任务和其他

工作任务。各级税务机关可结合工作实际，按照税务人员不同职务确定其工作任务。各级税务机关及其部门的主要负责人可不设个人工作任务。

（三）工作努力程度是指税务人员完成个人工作任务的努力程度及质效，可采取领导鉴定或民主测评等方式进行。

（四）加减分项目。加分项目是指个人因工作业绩突出、做出重要贡献等情形予以加分的项目；减分项目是指个人因工作履职不到位、违反工作纪律或机关日常管理规范等情形予以减分的项目。

第八条　各级税务机关可根据管理权限和工作需要，参照本办法第七条规定，设置或调整个人绩效内容及具体考评方式。

第四章　日常管理

第九条　各级税务机关应进一步完善岗责体系，积极探索个人绩效管理运行机制，通过任务确定、过程管理、分析改进等方式加强个人绩效日常管理。

第十条　确定任务。个人工作任务由税务人员所属税务机关或部门确定，按考评周期制定。制定个人工作任务，应明确工作目标、标准、完成时限及具体措施。

（一）因岗位职责及工作性质等原因，个人工作任务难以提前计划和制定的，可按个人实际已完成任务进行考评。

（二）个人工作任务确定后，因工作需要发生变化的，应及时进行调整。具体调整方法由各级税务机关确定。

第十一条　过程管理。各级税务机关和税务人员应加强个人工作任务执行的过程管理。通过制定任务分解落实计划、制作工作台账、建立绩效沟通机制等措施，实施过程控制，促进自我管理。税务人员确因岗位职责及工作性质无法制定工作任务计划的，可根据实际承办具体任务情况，及时逐项进行工作纪实或工作小结。

第十二条　分析改进。税务人员应对个人绩效运行情况，结合平时考评或年度考评进行分析，查找问题，改进完善。各级税务机关可通过工作例会、绩效分析会、任务执行情况通报等方式，提供指导帮助，促进税务人员持续改进工作。

第五章　考评实施

第十三条　考评方式。个人绩效考评一般实行百分制，采取平时考评与年度考评，个人自评和组织考评相结合等方式进行。

第十四条　平时考评。对个人工作任务和工作努力程度实行平时考评。平时考评按照确定考评指标、个人工作纪实、领导审核评鉴、反馈考评结果、公示考评情况、汇总考评情况的程序进行。

（一）确定考评指标。根据职位职责和工作目标，将工作任务逐级分解，确定每名工作人员的平时考评指标。

（二）个人工作纪实。个人以日、周或阶段性工作为周期，及时准确记录平时工作情况，实事求是进行自我评价。

（三）领导审核评鉴。考评对象的主管领导根据个人工作纪实情况，按月、季或完成任务的工作周期，客观公正地进行评鉴，可采取分数、名次、等次、评语等确定平时考评结果。

（四）反馈考评结果。主管领导应采取谈话或书面形式向考评对象及时反馈考评结果。

（五）公示考评情况。采取适当形式在一定范围内公示平时考评情况。

（六）汇总考评情况。个人绩效管理部门负责将平时考评情况汇总留存。

第十五条　年度考评。年度组织绩效考评成绩公布后，各级税务机关根据个人的组织绩效成绩、个人工作任务成绩、工作努力程度成绩、加减分项目成绩，对税务人员个人绩效进行年度综合考评。

（一）组织绩效成绩。将所在单位或部门年度组织绩效考评成绩以百分制换算后，按相应权重纳入个人绩效成绩。

（二）个人工作任务成绩。根据个人工作任务平时考评结果，年终进行汇总计算，按相应权重纳入个人绩效成绩。

（三）工作努力程度成绩。根据确定的具体考评内容、方式及个人实际考评得分，按相应权重纳入个人绩效成绩。

（四）加减分项目成绩。可根据税务人员在其所在单位或部门组织绩效加减分项目中的实际得分，按组织绩效与个人绩效分制比例计算，确定年度加减分成绩，纳入个人绩效成绩。

（五）年度绩效成绩。各级税务机关可以按照实际设置的个人绩效内容，参照上述相应方法汇总计算全年个人绩效成绩。

第十六条　等次评定。年度绩效成绩在规定的评定范围内从高到低排名前40%的，考评等次为"优秀"。

第十七条　评定范围。税务总局机关司局主要负责人和副职在税务总局机关分别确定等次，处级及以下人员在本司局确定等次。省税务局主要负责人在全国税务系统确定等次，其他领导班子成员在本班子范围内确定等次，其他人员由各级税务机关自行确定等次评定范围。

第十八条 考评结果确定。税务人员的绩效考评结果由考评部门审核确认，并向个人反馈；对考评结果有异议的，可提交考评部门核实裁定。

第六章 结果运用

第十九条 个人绩效考评结果作为干部管理的重要参考，主要运用于税务人员干部任用、评先评优、公务员年度考核等方面。

第二十条 各级税务机关应建立税务人员个人绩效档案，记录个人年度绩效考评实际成绩、考评等次等内容。

第七章 附　则

第二十一条 本办法所称"领导班子成员""部门负责人"包括同级别领导职务和非领导职务人员。

第二十二条 税务人员因工作需要或其他特殊原因，在本单位或部门工作不足一个考评年度的，由其所在税务机关确定个人绩效考评内容和方式。

第二十三条 各级税务机关可根据本办法，结合实际制定个人绩效管理实施细则。

第二十四条 本办法由税务总局绩效管理工作领导小组负责解释。

第二十五条 本办法自 2016 年 1 月 1 日起施行。

附录6

《国家税务总局对省税务局领导班子成员个人绩效管理实施细则》

第一章 总 则

第一条 根据《全国税务系统个人绩效管理办法》(以下简称《办法》)的规定,制定本细则。

第二条 本细则适用于各省、自治区、直辖市及计划单列市国家税务局、地方税务局(以下简称省税务局)领导班子成员。

第二章 组织管理

第三条 省税务局领导班子成员个人绩效管理在税务总局党组统一领导下,由税务总局绩效管理工作领导小组(以下简称领导小组)及其办公室(以下简称绩效办)统筹组织开展,省税务局绩效办配合落实。

第三章 绩效内容

第四条 省税务局主要负责人的绩效内容为其所在省税务局的组织绩效成绩;省税务局副职的个人绩效内容包括组织绩效成绩、分管或协管(以下统称分管)处室及联系点绩效成绩、工作努力程度、加减分项目。

第五条 组织绩效成绩。实行与当年度省税务局组织绩效成绩按一定比例挂钩方式进行考评。

第六条 分管处室及联系点绩效成绩。将省税务局考评其分管处室及联系点当年度组织绩效成绩,实行按一定比例与个人绩效成绩进行挂钩方式进行考评。

第七条 工作努力程度。按照个人完成工作任务的努力程度及质效,采取领导测评的方式进行考评。

第八条 加减分项目。个人绩效的加减分项目为其所在省税务局组织绩效考评中的加减分项目。

第九条 分值权重。除加减分项目外，个人绩效考评实行百分制，根据职务分别设置绩效内容的分值权重。

（一）省税务局主要负责人：省税务局的组织绩效成绩占100%权重。

（二）省税务局副职：省税务局的组织绩效成绩占30%权重，分管处室绩效成绩占20%权重，联系点绩效成绩占10%权重，工作努力程度占40%权重。

对省税务局领导班子成员中没有分管处室和联系点的省税务局副职，按省税务局其他副职该部分成绩的平均分值计算。

（三）对副省级城市税务局主要负责人：省税务局的组织绩效成绩占30%权重，省税务局对其所在单位考评的组织绩效成绩占30%权重，工作努力程度占40%权重。

第四章　考评实施

第十条 考评周期。省税务局领导班子成员的个人绩效，以年度为考评周期。

第十一条 考评计分。

（一）组织绩效成绩。将省税务局组织绩效成绩以百分制换算后，按相应权重计算个人绩效成绩。计算公式如下：

个人的省税务局组织绩效成绩=（省税务局组织绩效成绩÷1000）×100（分）×权重比例

（二）分管处室绩效成绩。将省税务局考评省税务局副职分管处室组织绩效成绩的平均分以百分制换算后，按相应权重计算个人绩效成绩。计算公式如下：

分管处室绩效成绩=（分管处室组织绩效成绩平均分÷对省税务局机关处室设定的考评指标标准分值）×100（分）×权重比例

（三）联系点绩效成绩。将省税务局考评省税务局副职联系点组织绩效成绩的平均分以百分制换算后，按相应权重计算个人绩效成绩。计算公式如下：

联系点组织绩效成绩=（联系点组织绩效成绩平均分÷省税务局对联系点设定的考评指标标准分值）×100（分）×权重比例

（四）工作努力程度成绩。按百分制进行计分并按相应权重换算个人绩效成绩。

省税务局主要负责人和其他领导班子成员分别占60%和40%的权重。计算公式如下：

工作努力程度成绩=（主要负责人测评分数×60%+其他领导班子成员测评分数的平均分×40%）×权重比例

（五）加减分项目成绩。省税务局副职以其在所在省税务局组织绩效考评加减分项目中的实际得分，以百分制换算后，纳入个人绩效成绩，不设上下限。其中，省税务局在"舆情应对"减分项目中被总局考评减分，如属于省税务局副职分管工作和联系点发生的，对其个人绩效成绩予以减分。

第十二条 年度考评成绩确认。

（一）对省税务局主要负责人，在年度组织绩效成绩公布后，由省税务局绩效办直接得出其全年实际成绩，报经税务总局绩效办提交领导小组审定。

（二）对省税务局其他领导班子成员，在年度组织绩效成绩公布后，由省税务局绩效办将其个人的组织绩效成绩、分管处室及联系点绩效成绩、工作努力程度成绩、加减分项目成绩汇总计算，得出全年实际成绩，经省税务局党组评议后，确定考评等次为"优秀"的人员，报经税务总局绩效办提交领导小组审定。

省税务局领导班子成员对考评成绩有异议的，由税务总局绩效办受理并反馈。

第十三条 考评结果。考评结果确定按照《办法》第十六条、第十七条和第十八条规定执行。

第五章 结果运用

第十四条 个人绩效考评结果运用按照《办法》第十九条规定执行。

第十五条 税务总局建立省税务局领导班子成员个人绩效档案，记录其年度绩效考评成绩、考评结果等次等内容。

第六章 附 则

第十六条 本细则所称"省税务局副职"是指除省税务局主要负责人以外的其他领导班子成员，包括厅局级领导职务和非领导职务人员。

第十七条 本细则由税务总局绩效管理工作领导小组负责解释。

第十八条 本细则自2016年1月1日起施行。

附录7
《国家税务总局机关个人绩效管理实施细则》

第一章 总 则

第一条 根据《全国税务系统个人绩效管理办法》（以下简称《办法》），结合税务总局机关工作实际，制定本细则。

第二条 本细则适用于税务总局机关各单位（以下简称司局）工作人员。

第二章 组织管理

第三条 税务总局机关个人绩效管理在税务总局党组统一领导下，由绩效管理工作领导小组（以下简称领导小组）及其办公室（以下简称绩效办）统筹组织开展，司局综合处（办公室，下同）负责本司局个人绩效管理日常运转工作。

第四条 司局负责人的绩效管理由领导小组统一领导，绩效办组织实施；司局其他人员的绩效管理由其所在司局组织实施。

第三章 绩效内容

第五条 司局主要负责人的绩效内容为其所在司局的组织绩效成绩；司局副职及以下人员绩效内容包括组织绩效成绩、工作努力程度、加减分项目。

第六条 组织绩效成绩。实行与当年度司局组织绩效成绩按一定比例挂钩方式进行考评。

第七条 工作努力程度。按照个人完成工作任务的努力程度及质效，采取领导测评的方式进行考评。个人工作任务包括司局人员承接的组织绩效任务、岗位工作任务和司局安排的其他工作任务。

第八条 加减分项目。个人绩效的加减分项目为其所在司局组织绩效考评中的加减分项目。

第九条 分值权重。除加减分项目外，个人绩效考评实行百分制，根据职务分别设置绩效内容的分值权重。

（一）司局主要负责人：本司局的组织绩效成绩占100%权重。

（二）司局副职：本司局的组织绩效成绩占40%权重，工作努力程度占60%权重。

（三）处室主要负责人：本司局的组织绩效成绩占30%权重，工作努力程度占70%权重。

（四）处室其他处级干部：本司局的组织绩效成绩占20%权重，工作努力程度占80%权重。

（五）其他工作人员：本司局的组织绩效成绩占10%权重，工作努力程度占90%权重。

第四章 日常管理

第十条 司局应明确岗位职责，从确定任务、过程管理、分析改进等方面，对司局的个人绩效实施日常管理。

第十一条 确定任务。司局可结合工作实际，根据职务分别确定司局副职及以下工作人员的工作任务。

第十二条 过程管理。司局及其工作人员应按照《办法》第十一条的规定，加强个人工作任务执行的过程管理。

第十三条 分析改进。司局应定期对个人工作任务执行过程中的问题，提出改进意见，督促整改落实。

第五章 考评实施

第十四条 考评周期。司局主要负责人的个人绩效，以年度为考评周期；司局副职的个人绩效，以半年度为考评周期；司局其他工作人员的个人绩效，以季度为考评周期。

第十五条 平时考评。平时考评按照个人工作纪实、领导审核评鉴、工作努力程度测评的程序进行。

（一）个人工作纪实。处级及以下工作人员按周进行个人工作纪实，及时准确记录平时工作情况，实事求是进行自我评价。

（二）领导审核评鉴。被考评个人的主管领导根据个人工作纪实情况，按月进行评鉴，可采取分数、名次、等次、评语等方式。

（三）工作努力程度测评。对司局副职，按半年进行工作努力程度测评。

对处级及以下工作人员，按季度进行工作努力程度测评。

第十六条 考评计分。

（一）组织绩效成绩。将司局年度组织绩效成绩以百分制换算后，按相应权重计算个人的组织绩效成绩。计算公式如下：

个人的组织绩效成绩＝（司局组织绩效成绩÷1000）×100（分）×权重比例

（二）工作努力程度成绩。每个考评周期按百分制进行计分，年终平均计算并按相应权重换算个人绩效成绩。

1. 对司局副职的测评。

（1）司局副职为 1 人时，测评主体范围为分管局领导和司局主要负责人，分值权重分别为 60% 和 40%。计算公式为：

司局副职工作努力程度成绩＝（分管局领导测评分数×60%＋司局主要负责人测评分数×40%）×权重比例

（2）司局副职 2 人（含）以上的，测评主体范围为分管局领导、本司局主要负责人、本司局其他副职，分值权重分别为 50%、30% 和 20%。计算公式为：

司局副职工作努力程度成绩＝（分管局领导测评分数×50%＋本司局主要负责人测评分数×30%＋本司局其他副职测评分数×20%）×权重比例

2. 对处室主要负责人的测评。

（1）司局副职为 1 人时，测评主体范围为司局主要负责人、分管司领导和司局其他处室主要负责人，分值权重分别为 50%、40% 和 10%。计算公式为：

处室主要负责人工作努力程度成绩＝（司局主要负责人测评分数×50%＋分管司领导测评分数×40%＋司局其他处室主要负责人测评分数×10%）×权重比例

（2）司局副职 2 人（含）以上的，测评主体范围为司局主要负责人、分管司领导、司局其他副职、司局其他处室主要负责人，分值权重分别为 50%、25%、15% 和 10%。计算公式为：

处室主要负责人工作努力程度成绩＝（司局主要负责人测评分数×50%＋分管司领导测评分数×25%＋本司局其他副职测评分数×15%＋司局其他处室主要负责人测评分数×10%）×权重比例

3. 对其他处级干部的测评。

（1）司局副职为1人时，测评主体范围为司局主要负责人、分管司领导和处室主要负责人，分值权重分别为30%、50%和20%。计算公式为：

其他处级干部工作努力程度成绩＝（司局主要负责人测评分数×30%＋分管司领导测评分数×50%＋处室主要负责人测评分数×20%）×权重比例

（2）司局副职2人（含）以上的，测评主体范围为司局主要负责人、分管司领导、本司局其他副职和处室主要负责人，分值权重分别为30%、30%、20%和20%。计算公式为：

其他处级干部工作努力程度成绩＝（司局主要负责人测评分数×30%＋分管司领导测评分数×30%＋本司局其他副职测评分数×20%＋本处室主要负责人测评分数×20%）×权重比例

4. 对其他工作人员的测评。

（1）司局副职为1人时，测评主体范围为司局主要负责人、分管司领导、处室主要负责人和分管处领导，分值权重分别为10%、20%、50%和20%。计算公式为：

其他工作人员工作努力程度成绩＝（司局主要负责人测评分数×10%＋司局分管司领导测评分数×20%＋处室主要负责人测评分数×50%＋处室分管处领导测评分数×20%）×权重比例

（2）司局副职2人（含）以上的，测评主体范围为司局主要负责人、分管司领导、本司局其他副职、处室主要负责人和分管处领导，分值权重分别为10%、20%、10%、40%和20%。计算公式为：

其他工作人员工作努力程度成绩＝（司局主要负责人测评分数×10%＋分管司领导测评分数×20%＋本司局其他副职测评分数×10%＋本处室主要负责人测评分数×40%＋本处室分管处领导测评分数×20%）×权重比例

5. 没有分管处领导的，其权重并入处室主要负责人所占权重。

（三）加减分项目成绩。司局副职及以下工作人员以其所在司局组织绩效考评加减分项目中的实际得分，按组织绩效与个人绩效分制比例计算，不设上下限。

第十七条 年度考评成绩确认。

（一）对司局主要负责人，在年度组织绩效成绩公布后，由绩效办直接得出其全年实际成绩，报领导小组审定。

（二）对司局副职，在年度组织绩效成绩公布后，由绩效办将其年度个人的组织绩效成绩、工作努力程度成绩和加减分项目成绩汇总计算，得出全年实际成绩，经总局党组评议后，确定考评等次为"优秀"的人员。

（三）对司局处级及以下工作人员，在年度组织绩效成绩公布后，由司局综合处将其年度组织绩效挂钩成绩、工作努力程度成绩和加减分项目成绩汇总计算，得出全年实际成绩，经司局领导评议后，确定考评等次为"优秀"的人员。

司局负责人对考评成绩有异议的，由绩效办受理并反馈；司局其他人员对考评成绩有异议的，由所在司局处理。

第十八条 考评结果。考评结果确定按照《办法》第十六条、第十七条和第十八条规定执行。

第六章　结果运用

第十九条 个人绩效考评结果运用按照《办法》第十九条规定执行。

第二十条 税务总局建立干部个人绩效档案，记录司局工作人员年度绩效考评成绩、考评结果等次等内容。

第七章　附　则

第二十一条 本细则所称"司局副职"是指除司局主要负责人以外的其他司局负责人；"司局负责人"包括司局级领导职务和非领导职务人员；"处室其他处级干部"包括副处长和处级非领导职务人员。

第二十二条 本细则由税务总局绩效管理工作领导小组负责解释。各司局可根据工作需要，参照本细则制定具体操作规范。

第二十三条 本细则自 2016 年 1 月 1 日起施行。

重要术语索引表

B

标杆管理 …………… 030
BSC 战略管理系统 …………… 194

C

程序公平 …………… 014

D

对等承诺关系 …………… 003
多维建构 …………… 003
第三条道路 …………… 039

E

二八定律 …………… 273
EVA 管理系统 …………… 194

F

非营利组织 …………… 156

G

关键结果领域 …………… 005
关系绩效 …………… 005
关键绩效指标 …………… 006
个人绩效管理 …………… 011
工作分析 …………… 023
关键事件法 …………… 152
个人绩效合约 …………… 164
公共部门 …………… 038

J

绩效管理 …………… 003
绩效 …………… 003
结果公平 …………… 014
经济人 …………… 016
激励理论 …………… 016
绩效考核 …………… 003
绩效评价 …………… 009
绩效驱动指标 …………… 062
绩效指标 …………… 006
绩效标准 …………… 016
绩效监控 …………… 092
绩效计划 …………… 010
绩效反馈 …………… 010
绩效失效模式分析 …………… 269

K

控制论 …………… 030
凯恩斯主义 …………… 038

L

领导理论 …………… 016
流程再造 …………… 039

M

目标管理理论 …………… 016

P

评价中心测评法 ················ 164

Q

群体绩效管理 ················ 011
群氓假设 ···················· 016
权变理论 ···················· 016

R

任务绩效 ···················· 005
人际公平 ···················· 014
软指标 ······················ 089

S

社会人 ······················ 016
3P 模型 ····················· 023
SMART 原则 ················· 058
胜任力 ······················ 023
360 度绩效考核法 ············ 164

私营部门 ···················· 038

X

薪酬体系 ···················· 023
系统论 ······················ 030
信息论 ······················ 030
新公共管理理论 ·············· 030
小政府理论 ·················· 039

Y

硬指标 ······················ 089

Z

知识型员工 ·················· 005
组织绩效管理 ················ 003
战略管理理论 ················ 016
政府失灵论 ·················· 039
行为锚定等级评价表法 ········ 169